CANTONESE DICTIONARY

EDITION NUMBER 1

LAWRENCE CHUI

Cantonese Dictionary

Edition Number 1

Copyright © 2018 Lawrence Chui

All rights reserved.

ISBN: 9781973407829

DEDICATION

I have completed this book at last, and I would like to express my heartfelt appreciation to my beloved family and friends, who have all provided me with continuous support and encouragement throughout the time of compiling this meaningful book.

Sincerely yours

Lawrence

PREFACE

This small dictionary is an affordable reference guide ideal for any readers who have an interest in learning the vocabularies of Cantonese language.

This book is divided into two sections being English to Cantonese dictionary and Cantonese to English dictionary. All the lexical entries are arranged in alphabetical order first section of this book. All the lexical entries are sorted base on the number of strokes in the second section of the dictionary.

This dictionary uses Sidney Lau Cantonese Romanisation System for all the Chinese characters including the unique ones of Cantonese to indicate the actual Cantonese pronunciation by native speakers.

This book is a first edition printed in black and white with larger fonts for better viewing.

Sincerely yours

Lawrence

ABBREVIATIONS OR SYMBOLS USED IN THIS DICTIONARY

adv.　　Adverb　副詞
adj.　　Adjective　形容詞
conj.　　Conjunction　連詞
det.　　Determiner　限定詞
idiom　Idiom　成語
interj.　Interjection　感嘆詞
modal v.　Modal Verb　情態動詞
n.　　Noun　名詞
num.　Number　數目
pl.　　Plural　雙數
phr.　Phrase　短語
phr. v.　Phrasal Verb　短語動詞
prep.　Preposition　介詞
pron.　Pronoun　代名詞
usu.　usually　通常地
v.　　Verb　動詞

TABLE OF CONTENT

ENGLISH TO CANTONESE DICTIONARY 1

CANTONESE TO ENGLISH DICTIONARY 69

USEFUL CANTONESE EXPRESSIONS 136

SIDNEY LAU CANTONESE ROMANISATION SYSTEM
PRONUNCIATION GUIDE 145

ENGLISH TO CANTONESE DICTIONARY

A King's Ransom *idiom* **(1)** 一大筆錢 [yat1 daai6 bat1 chin2]

A.M. *adv.* **(1)** 上晝 [seung6 jau3]

Abacus *n.* **(1)** 算盤 [suen3 poon4]

Abalone *n.* **(1)** 鮑魚 [baau1 yue4]

Abandon *v.* **(1)** 放棄 [fong3 hei3]；遺棄 [wai4 hei3]

Abbess *n.* **(1)** 女修道院院長 [nui5 sau1 dou6 yuen2 yuen2 jeung2]

Abbey *n.* **(1)** 修道院 [sau1 dou6 yuen2]

Abbot *n.* **(1)** 男修道院院長 [naam4 sau1 dou6 yuen2 yuen2 jeung2]

Abbreviate *v.* **(1)** 縮寫 [suk1 se2]

Abbreviation *n.* **(1)** 撮寫 [chuet3 se2]；簡稱 [gaan2 ching1]；縮寫 [suk1 se2]

Abdomen *n.* **(1)** 腹部 [fuk1 bou6]

Abdomenal *adj.* **(1)** 腹部嘅 [fuk1 bou6 ge3]

Abeyance *n.* **(1)** 擱置 [gok3 ji3]

Ability *n.* **(1)** 能力 [nang4 lik6]

Abortion *n.* **(1)** 墮胎 [doh6 toi1]

About *adv.* **(1)**(nearly) 差唔多 [cha1 m4 doh1]；就快 [jau6 faai3] *prep.* **(2)**(connected with) 關於 [gwaan1 yue1]

Abroad *adv.* **(1)**(in or to a foreign country or countries) 國外 [gwok3 ngoi6]；海外 [hoi2 ngoi6]

Abrupt *adj.* **(1)** 唐突 [tong4 dat6]

Abuse *v.* **(1)**(to use something in a way that is considered either harmful or morally wrong) 濫用 [laam5 yung6]

Accident *n.* **(1)** 意外 [yi3 ngoi6]

Accommodation *n.* **(1)** 住宿 [jue6 suk1]

Accurate *adj.* **(1)** 精確 [jing1 kok3]；準確 [jun2 kok3]

Action Movies *n.* **(1)** 動作片 [dung6 jok3 pin2]

Activist *n.* **(1)** 積極份子 [jik1 gik6 fan6 ji2]

Actor *n.* **(1)** 男演員 [naam4 yin2 yuen4]

Actress *n.* **(1)** 女演員 [nui5 yin2 yuen4]

Acupuncture *n.* **(1)** 針灸 [jam1 gau3]

ENGLISH TO CANTONESE DICTIONARY

Adapter *n.* **(1)**(it is a device that is used to connect two pieces of equipment)轉插 [juen3 chaap3]

Address *n.* **(1)**地址 [dei6 ji2]

Addressee *n.* **(1)**收信人 [sau1 sun3 yan4]

Adhere *v.* **(1)**遵守 [jun1 sau2]

Adherence *n.* **(1)**遵守 [jun1 sau2]

Adhesive Bandage *n.* **(1)**膠布 [gaau1 bou3] ；藥水膠布 [yeuk6 sui2 gaau1 bou3]

Adjacent *adj.* **(1)**隔籬 [gaak3 lei4]

Adjective *n.* **(1)**形容詞 [ying4 yung4 chi4]

Adjoining *adj.* **(1)**隔籬 [gaak3 lei4]

Adjust *v* **(1)**調校 [tiu4 gaau3]

Admire *v.* **(1)**敬佩 [ging3 pooi3]

Admit *v.* **(1)**認 [ying6]

Adolescence *n.* **(1)**青春期 [ching1 chun1 kei4]

Adopt *v.* **(1)**採用 [choi2 yung6]

Adorable *adj.* **(1)**可愛 [hoh2 oi3]

Adore *v.* **(1)**愛 [oi3]

Adult *n.* **(1)**大人 [daai6 yan4]

Advantage *n.* **(1)**優點 [yau1 dim2]

Adverb *n.* **(1)**副詞 [foo3 chi4]

Adversary *n.* **(1)**對手 [dui3 sau2]

Aeon *n.* **(1)**千秋萬世 [chin1 chau1 maan6 sai3]

Aeroplane *n.* **(1)**飛機 [fei1 gei1]

Affix *n.* **(1)**詞綴 [chi4 jui3] *v.* **(2)**黏 [nim4]

Afford *v.* **(1)**買得起 [maai5 dak1 hei2]

Affront *n.* **(1)**侮辱 [mou5 yuk6] *v.* **(2)**侮辱 [mou5 yuk6]

Afraid *adj.* **(1)**驚 [geng1]

Africa *n.* **(1)**非洲 [fei1 jau1]

African *n.* **(1)**非洲人 [fei1 jau1 yan4]

Afternoon *n.* **(1)**下晝 [ha6 jau3]

Afterwards *adv.* **(1)**後來 [hau6 loi4]

Again *adv.* **(1)**再 [joi3]；又 [yau6]

Age *n.* **(1)**年紀 [nin4 gei2]；歲 [sui3]

Aged *adj.* **(1)**(to describe a person as being old)年老 [nin4 lou5]；年邁 [nin4 maai6]

Agenda *n.* **(1)**日程 [yat6 ching4]

Agile *adj.* **(1)**(physically)身手靈活 [san1 sau2 ling4 woot6] **(2)**(mentally)敏捷 [man5 jit3]

Ago *adv.* **(1)**之前 [ji1 chin4]

Agony *n.* **(1)**痛苦 [tung3 foo2]

Agree *v.* **(1)**同意 [tung4 yi3]

Agricultural *adj.* **(1)**農業 [nung4 yip6]

Agriculture *n.* **(1)**農業 [nung4 yip6]

Agronomy *n.* **(1)**農學 [nung4 hok6]

Air *n.* **(1)**空氣 [hung1 hei3]

ENGLISH TO CANTONESE DICTIONARY

Air Mass *n.* **(1)** 氣團 [hei3 tuen4]

Airplane *n.* **(1)** 飛機 [fei1 gei1]

Aisle *n.* **(1)** 通道 [tung1 dou6]

Albeit *conj.* **(1)** 就算 [jau6 suen3]

Albion *n.* **(1)** 英國蘭 [ying1 gwok3 laan4]

Alchemy *n.* **(1)** 煉金術 [lin6 gam1 sut6]

Alcove *n.* **(1)** 龕 [ham1]

Ale *n.* **(1)** 麥芽啤酒 [mak6 nga4 be1 jau2]

Alfalfa *n.* **(1)** 苜蓿 [muk6 suk1]

Alfalfa Sprout *n.* **(1)** 苜蓿芽 [muk6 suk1 nga4]

Alien *n.* **(1)** 外星人 [ngoi6 sing1 yan4]

Aliferous *adj.* **(1)** 有翼嘅 [yau5 yik6 ge3]

Allay *v.* **(1)** 減輕 [gaam2 heng1]

Allegation *n.* **(1)** 指控 [ji2 hung3]

Allergy *n.* **(1)** 敏感 [man5 gam2]

Alleyway *n.* **(1)** 巷仔 [hong6 jai2]

Allowance *n.* **(1)** 津貼 [jun1 tip3]

Ally *n.* **(1)** 盟友 [mang4 yau5]

Almond *n.* **(1)** 杏仁 [hang6 yan4]

Almond Oil *n.* **(1)** 杏仁油 [hang6 yan4 yau4]

Almost *adv.* **(1)** 差唔多 [cha1 m4 doh1]；就快 [jau6 faai3]

Alms *n.* **(1)** 救濟品 [gau3 jai3 ban2]

Aloe *n.* **(1)** 蘆薈 [lou4 wooi6]

Aloud *adv.* **(1)** 大聲 [daai6 seng1]

Alphabet *n.* **(1)** 字母 [ji6 mou5]

Also *adv.* **(1)** 而且 [yi4 che2]

Altar *n.* **(1)** 祭壇 [jai3 taan4]

Alter *v.* **(1)** 更改 [gang1 goi2]

Alteration *n.* **(1)** 修改 [sau1 goi2]

Altimeter *n.* **(1)** 高度計 [gou1 dou6 gai3]

Altocumulus *n.* **(1)** 高積雲 [gou1 jik1 wan4]

Alveoli *n.* **(1)** 肺泡 [fai3 paau1]

Always *adv.* **(1)** 成日 [seng4 yat6]

Ambrosia *n.* **(1)** 美酒佳餚 [mei5 jau2 gaai1 ngaau4]；美味佳餚 [mei5 mei6 gaai1 ngaau4]

Amen *interj.* **(1)** 阿門 [a3 moon4]；阿們 [a3 moon4]；誠心所願 [sing4 sam1 soh2 yuen6]

Amity *n.* **(1)** 和睦 [woh4 muk6]

Amniotic fluid *n.* **(1)** 羊水 [yeung4 sui2]

Amour *n.* **(1)** 私情 [si1 ching4]

Amphibious *adj.* **(1)** (of animals) 水陸兩棲嘅 [sui2 luk6 leung5 chai1 ge3]

(2) (of vehicles) 水陸兩用嘅 [sui2 luk6 leung5 yung6 ge3]

Ample *adj.* **(1)** 夠 [gau3]

Amplifier *n.* **(1)** 擴音器 [kwong3 yam1 hei3]

ENGLISH TO CANTONESE DICTIONARY

Amulet *n.* (1)護身符 [woo6 san1 foo4]
Amusement Park *n.* (1)遊樂園 [yau4 lok6 yuen4]
Anadem *n.* (1)花冠 [fa1 goon1]
Analyse *v.* (1)分析 [fan1 sik1]
Anarchism *n.* (1)無政府主義 [mou4 jing3 foo2 jue2 yi6]
Anatomy *n.* (1)(it is the scientific study of the structure of the body)解剖學 [gaai2 fau2 hok6]
Ancestor *n.* (1)祖先 [jou2 sin1]
Ancestral *adj.* (1)祖先嘅 [jou2 sin1 ge3]
Ancestry *n.* (1)祖先 [jou2 sin1]
Anchor *n.* (1)錨 [maau4]
Anchovy *n.* (1)鳳尾魚 [fung6 mei5 yue2]
Ancient *adj.* (1)古老 [goo2 lou5]
And *conj.* (1)同埋 [tung4 maai4]
Anemia *n.* (1)貧血症 [pan4 huet3 jing3]
Anemic *adj.* (1)貧血 [pan4 huet3]
Anemometer *n.* (1)風速計 [fung1 chuk1 gai3]
Anew *adv.* (1)重新 [chung4 san1]
Angel *n.* (1)天使 [tin1 si3]
Angle *n.* (1)角度 [gok3 dou6]
Angry *adj.* (1)嬲 [nau1]
Angular *adj.* (1)有角 [yau5 gok3]

Animal *n.* (1)動物 [dung6 mat6]
Animal Rights *n.* (1)動物權利 [dung6 mat6 kuen4 lei6]
Animated *adj.* (1)動畫 [dung6 wa2]
Animated Films *n.* (1)動畫片 [dung6 wa2 pin2]；卡通片 [ka1 tung1 pin2]
Animation *n.* (1)動畫 [dung6 wa2]
Animosity *n.* (1)仇恨 [sau4 han6]
Anise *n.* (1)茴芹 [wooi4 kan4]
Ankle *n.* (1)腳眼 [geuk3 ngaan5]
Anklet *n.* (1)腳鍊 [geuk3 lin2]
Annalist *n.* (1)史官 [si2 goon1]
Annals *n.* (1)歷史記載 [lik6 si2 gei3 joi3]
Annihilate *v.* (1)(defeat completely)徹底打敗 [chit3 dai2 da2 baai6]；徹底擊敗 [chit3 dai2 gik1 baai6] (2)(destroy completely)殲滅 [chim1 mit6]；毀滅 [wai2 mit6]
Anniversary *n.* (1)紀念日 [gei2 nim6 yat6]
Announce *v.* (1)宣佈 [suen1 bou3]
Annoy *v.* (1)煩 [faan4]
Annoyance *n.* (1)煩惱 [faan4 nou5]
Annual *adj.* (1)年年 [nin4 nin4]
Annually *adv.* (1)年年 [nin4 nin4]
Anoint *v.* (1)搽油 [cha4 yau4]

ENGLISH TO CANTONESE DICTIONARY

Anomalous *adj.* (1)異常嘅 [yi6 seung4 ge3]
Anomaly *n.* (1)異常 [yi6 seung4]
Anon *adv.* (1)好快 [hou2 faai3]
Anonymity *n.* (1)匿名 [nik1 ming4]
Anonymous *adj.* (1)匿名 [nik1 ming4]
Anorak *n.* (1)滑雪衫 [waat6 suet3 saam1]
Answer *n.* (1)答案 [daap3 on3] *v.* (2)答 [daap3]
Ant *n.* (1)螞蟻 [ma5 ngai5]
Antarctic *n.* (1)南極 [naam4 gik6]
Antelope *n.* (1)羚羊 [ling4 yeung4]
Antenna *n.* (1)天線 [tin1 sin3]
Anthem *n.* (1)國歌 [gwok3 goh1]
Anthropologist *n.* (1)人類學家 [yan4 lui6 hok6 ga1]
Antibody *n.* (1)抗體 [kong3 tai2]
Anticyclone *n.* (1)高氣壓 [gou1 hei3 aat3]
Antidote *n.* (1)解藥 [gaai2 yeuk6]
Antique *n.* (1)古董 [goo2 dung2]
Antique Shop *n.* (1)古董舖 [goo2 dung2 pou3]
Antiseptic *n.* (1)消毒劑 [siu1 duk6 jai1]
Antivirus Software *n.* (1)防毒軟件 [fong4 duk6 yuen5 gin2]
Antler *n.* (1)鹿角 [luk2 gok3]

Apartment *n.* (1)公寓 [gung1 yue6]
Apathy *n.* (1)冷漠 [laang5 mok6]
Apiary *n.* (1)養蜂場 [yeung5 fung1 cheung4]
Apnoea *n.* (1)窒息 [jat6 sik1]
Apologise *v.* (1)道歉 [dou6 hip3]
Apology *n.* (1)道歉 [dou6 hip3]
Apostle *n.* (1)使徒 [si3 tou4]
Appendage *n.* (1)附件 [foo6 gin2]
Applaud *v.* (1)拍手 [paak3 sau2]
Applause *n.* (1)掌聲 [jeung2 seng1]
Apple *n.* (1)蘋果 [ping4 gwoh2]
Appliance *n.* (1)器具 [hei3 gui6]
Applicable *adj.* (1)適合 [sik1 hap6]
Apply *v.* (1)申請 [san1 ching2]
Appoint *v.* (1)委任 [wai2 yam6]
Appointment *n.* (1)預約 [yue6 yeuk3]
Apposite *adj.* (1)適合 [sik1 hap6]
Appreciation *n.* (1)感激 [gam2 gik1]
Apprise *v.* (1)通知 [tung1 ji1]
Approach *n.* (1)方式 [fong1 sik1] *v.* (2)接近 [jip3 gan6]
Approbate *v.* (1)批准 [pai1 jun2]
Appropriate *adj.* (1)適當 [sik1 dong3]
Approval *n.* (1)批准 [pai1 jun2]
Approve *v.* (1)批准 [pai1 jun2]

ENGLISH TO CANTONESE DICTIONARY

Approximate *adj.* (1)大概 [daai6 koi3]；大約 [daai6 yeuk3]

Apricot *n.* (1)杏 [hang6]

April *n.* (1)四月 [sei3 yuet6]

Apron *n.* (1)圍裙 [wai4 kwan2]

Apt *adj.* (1)適當嘅 [sik1 dong3 ge3]

Aptitude *n.* (1)天份 [tin1 fan6]

Aquarium *n.* (1)水族館 [sui2 juk6 goon2]

Aqueduct *n.* (1)輸水管 [sue1 sui2 goon2]

Arable *adj.* (1)適合耕種嘅 [sik1 hap6 gaang1 jung3 ge3]

Archaeologist *n.* (1)考古學家 [haau2 goo2 hok6 ga1]

Archaeology *n.* (1)考古學 [haau2 goo2 hok6]

Architect *n.* (1)建築師 [gin3 juk1 si1]

Argil *n.* (1)陶土 [tou4 tou2]

Argot *n.* (1)切口 [chit3 hau2]

Aristocracy *n.* (1)貴族 [gwai3 juk6]

Aristocrat *n.* (1)貴族 [gwai3 juk6]

Ark *n.* (1)方舟 [fong1 jau1]

Arm *n.* (1)手臂 [sau2 bei3]

Army Day *n.* (1)建軍節 [gin3 gwan1 jit3]

Arrangement *n.* (1)安排 [on1 paai4]

Arrest *v.* (1)(the police will take them away due to a crime that they might have committed)逮捕 [dai6 bou6]；拘捕 [kui1 bou6]

Arrow *n.* (1)箭 [jin3]

Art Gallery *n.* (1)畫廊 [wa2 long4]

Art *n.* (1)藝術 [ngai6 sut6]

Artery *n.* (1)動脈 [dung6 mak6]

Arthritis *n.* (1)關節炎 [gwaan1 jit3 yim4]

Artichoke *n.* (1)洋薊 [yeung4 gai3]

Article *n.* (1)文章 [man4 jeung1]

Artillery *n.* (1)大炮 [daai6 paau3]

Artisan *n.* (1)工匠 [gung1 jeung6]

Artist *n.* (1)藝術家 [ngai6 sut6 ga1]

Artistic *adj.* (1)藝術 [ngai6 sut6]

Artwork *n.* (1)藝術作品 [ngai6 sut6 jok3 ban2]

Ash *n.* (1)灰 [fooi1]

Asia *n.* (1)亞洲 [a3 jau1]

Asian *adj.* (1)亞洲 [a3 jau1] *n.* (2)亞洲人 [a3 jau1 yan4]

Aspic *n.* (1)肉凍 [yuk6 dung3]

Assistant *n.* (1)助手 [joh6 sau2]

Asthma *n.* (1)哮喘 [haau1 chuen2]

Astronomer *n.* (1)天文學家 [tin1 man4 hok6 ga1]

Astrophysicist *n.* (1)天文物理學家 [tin1 man4 mat6 lei5 hok6 ga1]

ENGLISH TO CANTONESE DICTIONARY

At sixes or sevens *idiom* **(1)**亂七八糟 [luen6 chat1 baat3 jou1]

ATM Card *n.* **(1)**提款卡 [tai4 foon2 kaat1]

ATM(Automated Teller Machine) *n.* **(1)**自動提款機 [ji6 dung6 tai4 foon2 gei1]

Atmospheric pressure *n.* **(1)**大氣壓力 [daai6 hei3 aat3 lik6]

Atom *n.* **(1)**原子 [yuen4 ji2]

Atomic Bomb *n.* **(1)**原子彈 [yuen4 ji2 daan2]

Atomic Energy *n.* **(1)**原子能 [yuen4 ji2 nang4]

Atomic Clock *n.* **(1)**原子鐘 [yuen4 ji2 jung1]

Atonement *n.* **(1)**贖罪 [suk6 jui6]

Attend *v.* **(1)**參加 [chaam1 ga1]

Attitude *n.* **(1)**態度 [taai3 dou6]

Atypical *adj.* **(1)**非典型嘅 [fei1 din2 ying4 ge3]

Auditory *adj.* **(1)**聽覺嘅 [ting1 gok3 ge3]

August *n.* **(1)**八月 [baat3 yuet6]

Aunt *n.* **(1)**(wife of father's younger brother)阿嬸 [a3 sam2] **(2)**(mother's younger sister)阿姨 [a3 yi1] **(3)**(wife of father's elder brother)伯娘 [baak3 neung4] **(4)**(father's younger sister)姑姐 [goo1 je1] **(5)**(father's elder sister)姑媽 [goo1 ma1] **(6)**(wife of mother's brother)妗母 [kam5 mou5]；舅母 [kau5 mou5] **(7)**(mother's elder sister)姨媽 [yi4 ma1]

Aurora *n.* **(1)**北極光 [bak1 gik6 gwong1]

Auspicious *adj.* **(1)**吉利 [gat1 lei6]

Australia *n.* **(1)**澳洲 [ou3 jau1]

Australian *n.* **(1)**澳洲人 [ou3 jau1 yan4]

Author *n.* **(1)**作家 [jok3 ga1]

Autumn *n.* **(1)**秋天 [chau1 tin1]

Avalanche *n.* **(1)**雪崩 [suet3 bang1]

Avocado *n.* **(1)**牛油果 [ngau4 yau4 gwoh2]

Axe *n.* **(1)**斧頭 [foo2 tau2]

Babble *v.* **(1)**(to say or talk something in a confused, excited, quick or silly way)噏 [ngap1]

Bachelor *n.* **(1)**學士 [hok6 si6]

Bacteria *n.* **(1)**細菌 [sai3 kwan2]

Bake *v.* **(1)**焗 [guk6]

Baker *n.* **(1)**麵包師傅 [min6 baau1 si1 foo2]

Bakery *n.* **(1)**麵包店 [min6 baau1 dim3]

Baking Pan *n.* **(1)**焗盤 [guk6 poon2]

Baking Soda *n.* **(1)**蘇打粉 [sou1 da2 fan2]

ENGLISH TO CANTONESE DICTIONARY

Balance *n.* **(1)**平衡 [ping4 hang4] *v.* **(2)** 平衡 [ping4 hang4]

Ball Game *n.* **(1)**球賽 [kau4 choi3]

Ball *n.* **(1)**波 [boh1]

Ballet *n.* **(1)**芭蕾舞 [ba1 lui4 mou5]

Balloon *n.* **(1)**氣球 [hei3 kau4]

Ballot *n.* **(1)**選票 [suen2 piu3] *v.* **(2)** 投票 [tau4 piu3]

Ball-Point Pen *n.* **(1)**原子筆 [yuen4 ji2 bat1]

Ballroom *n.* **(1)**跳舞廳 [tiu3 mou5 teng1]

Banana Leaves *n.* **(1)**蕉葉 [jiu1 yip6]

Banana *n.* **(1)**香蕉 [heung1 jiu1]

Bandage *n.* **(1)**繃帶 [bang1 daai2]

Bandit *n.* **(1)**土匪 [tou2 fei2]

Bangkok *n.* **(1)**曼谷 [maan6 guk1]

Bank *n.* **(1)**銀行 [ngan4 hong4]

Bankrupt *adj.* **(1)**破產 [poh3 chaan2]

Bankruptcy *n.* **(1)**破產 [poh3 chaan2]

Baptism *n.* **(1)**洗禮 [sai2 lai5]

Barbecue Sauce *n.* **(1)**燒烤醬 [siu1 haau1 jeung3]

Bard *n.* **(1)**詩人 [si1 yan4]

Barometer *n.* **(1)**(It is an instrument for measuring air pressure)氣壓計 [hei3 aat3 gai3]

Baron *n.* **(1)**(it is a man who is a member of a specific rank of the nobility) 男爵 [naam4 jeuk3] **(2)**(an important or powerful person in a particular area of business or industry)巨頭 [gui6 tau4]

Baroness *n.* **(1)**(it is a woman who is a member of a specific rank of the nobility) 女爵 [nui5 jeuk3] **(2)**(it is a wife of a Baron)男爵夫人 [naam4 jeuk3 foo1 yan4]

Basement *n.* **(1)**地爐 [dei6 lou4]

Basket *n.* **(1)**籃 [laam2]

Battery *n.* **(1)**電心 [din6 sam1]

Battle *n.* **(1)**戰鬥 [jin3 dau3]

Battle Site *n.* **(1)**戰場 [jin3 cheung4]

Battlement *n.* **(1)**城垛 [sing4 doh2] ; 城堞 [sing4 dip6]

Bay *n.* **(1)**海灣 [hoi2 waan1]

BBQ Sauce *n.* **(1)**燒烤醬 [siu1 haau1 jeung3]

Be That As It May *phr.* **(1)**就算係噉 [jau6 suen3 hai6 gam2]

Beach *n.* **(1)**沙灘 [sa1 taan1]

Bean Curd *n.* **(1)**豆腐 [dau6 foo6]

Beautiful *adj.* **(1)**靚 [leng3]

Bed *n.* **(1)**牀 [chong4]

Bed Sheet *n.* **(1)**牀單 [chong4 daan1]

Bedroom *n.* **(1)**睡房 [sui6 fong2]

Beer *n.* **(1)**啤酒 [be1 jau2]

Beige *adj.* **(1)**(colour) 米色 [mai5 sik1]

Beijing *n.* **(1)**北京 [bak1 ging1]

Bequest *n.* **(1)**遺產 [wai4 chaan2]

8

ENGLISH TO CANTONESE DICTIONARY

Bib *n.* **(1)** 口水肩 [hau2 sui2 gin1]

Bible *n.* **(1)** 聖經 [sing3 ging1]

Bicentenary *n.* **(1)** 二百週年 [yi6 baak3 jau1 nin4]

Bicycle *n.* **(1)** 單車 [daan1 che1]

Bidet *n.* **(1)** 坐浴盆 [choh5 yuk6 poon4]；**(2)** 坐浴桶 [choh5 yuk6 tung2]

Big *adj.* **(1)** 大 [daai6]

Big Bang *n.* **(1)** 宇宙大爆炸 [yue5 jau6 daai6 baau3 ja3]

Bike *n.* **(1)** 單車 [daan1 che1]

Bike Path *n.* **(1)** 單車徑 [daan1 che1 ging3]

Bikini *n.* **(1)** 比堅尼 [bei2 gin1 nei4]

Bilateralism *n.* **(1)** 雙邊主義 [seung1 bin1 jue2 yi6]

Bile *n.* **(1)** (a fluid produced by the liver that helps with the digestion of fat) 膽汁 [daam2 jap1]

Billiards *n.* **(1)** 枱波 [toi2 boh1]

Billion *num.* **(1)** 十億 [sap6 yik1]

Billionth *adj.* **(1)** (ordinal number) 第十億 [dai6 sap6 yik1]

Binary *n.* **(1)** 二進制 [yi6 jun3 jai3]

Biofuel *n.* **(1)** 生物燃料 [sang1 mat6 yin4 liu2]

Biography *n.* **(1)** 傳記 [juen6 gei3]

Biologist *n.* **(1)** 生物學家 [sang1 mat6 hok6 ga1]

Biology *n.* **(1)** 生物學 [sang1 mat6 hok6]

Biomass *n.* **(1)** 生物質 [sang1 mat6 jat1]

Biomass Energy *n.* **(1)** 生物質能 [sang1 mat6 jat1 nang4]

Bird *n.* **(1)** 雀仔 [jeuk3 jai2]

Birth Certificate *n.* **(1)** 出世紙 [chut1 sai3 ji2]

Birthday *n.* **(1)** 生日 [saang1 yat6]

Biscuit *n.* **(1)** 餅乾 [beng2 gon1]

Bishop *n.* **(1)** (a priest of high rank) 主教 [jue2 gaau3]

Black *adj.* **(1)** (colour) 黑色 [hak1 sik1]

Black Bean *n.* **(1)** 黑豆 [hak1 dau2]

Black Coffee *n.* **(1)** 齋啡 [jaai1 fe1]

Black Pepper *n.* **(1)** 黑椒 [hak1 jiu1]

Black Pepper Sauce *n.* **(1)** 黑椒汁 [hak1 jiu1 jap1]

Black Rice *n.* **(1)** 黑米 [hak1 mai5]

Black Comedy *n.* **(1)** 黑色喜劇 [hak1 sik1 hei2 kek6]

Blackberry *n.* **(1)** 黑莓 [hak1 mooi2]

Blackcurrant *n.* **(1)** 黑加侖子 [hak1 ga1 lun4 ji2]

Black-Eyed Peas *n.* **(1)** 黑眼豆 [hak1 ngaan5 dau2]

Blade *n.* **(1)** 刀片 [dou1 pin2]

ENGLISH TO CANTONESE DICTIONARY

Blizzard *n.* (1)(a severe snowstorm characterised by strong winds)暴風雪 [bou6 fung1 suet3]

Blood *n.* (1)血 [huet3]；血液 [huet3 yik6]

Blood Pressure *n.* (1)血壓 [huet3 aat3]

Blood Vessel *n.* (1)血管 [huet3 goon2]

Blood Transfusion *n.* (1)輸血 [sue1 huet3]

Blood Type *n.* (1)血型 [huet3 ying4]

Blood Pressure Monitor *n.* (1)血壓計 [huet3 aat3 gai3]

Blood Test *n.* (1)驗血 [yim6 huet3]

Blood Sugar *n.* (1)血糖 [huet3 tong4]

Blue *adj.* (1)(colour)藍色 [laam4 sik1]

Blueberry *n.* (1)藍莓 [laam4 mooi2]

Book *n.* (1)書 [sue1]

Book Of Odes *n.* (1)詩經 [si1 ging1]

Book Of Songs *n.* (1)詩經 [si1 ging1]

Bookcase *n.* (1)書櫃 [sue1 gwai6]

Bookshelf *n.* (1)書架 [sue1 ga2]

Bookstore *n.* (1)書店 [sue1 dim3]

Bookworm *n.* (1)書蟲 [sue1 chung4]

Bored *adj* (1)悶 [moon6]

Bored Stiff *idiom* (1)悶到抽筋 [moon6 dou3 chau1 gan1]

Bored To Death *idiom* (1)悶到抽筋 [moon6 dou3 chau1 gan1]

Bored To Tears *idiom* (1)悶到抽筋 [moon6 dou3 chau1 gan1]

Bowl *n.* (1)碗 [woon2]

Bowling *n.* (1)(it is a game that involves rolling a heavy ball down on a track with the aim of knocking down all the pins)保齡球 [bou2 ling4 kau4]

Boyfriend *n.* (1)男朋友 [naam4 pang4 yau5]

Bra *n.* (1)胸圍 [hung1 wai4]；文胸 [man4 hung1]

Brain *n.* (1)腦 [nou5]

Bran *n.* (1)糠 [hong1]

Branch *n.* (1)部門 [bou6 moon4]

Brand *n.* (1)品牌 [ban2 paai4]

Brand-new *adj.* (1)全新 [chuen4 san1]

Brandy *n.* (1)白蘭地 [baak6 laan1 dei2]

Brassiere *n.* (1)胸圍 [hung1 wai4]；文胸 [man4 hung1]

Brave *adj.* (1)勇敢 [yung5 gam2]

Bread *n.* (1)麵包 [min6 baau1]

Breadcrumbs *n.* (1)麵包糠 [min6 baau1 hong1]

Breadstick *n.* (1)麵包棍 [min6 baau1 gwan3]

Breakfast *n.* (1)早餐 [jou2 chaan1]

Bribe *n.* (1)賄賂 [kooi2 lou6] *v.* (2)賄賂 [kooi2 lou6]

ENGLISH TO CANTONESE DICTIONARY

Briefly *adv.* **(1)**略略 [leuk6 leuk2]
Brine *n.* **(1)**鹽水 [yim4 sui2]
Broil *v.* **(1)**燒烤 [siu1 haau1]
Bronchitis *n.* **(1)**支氣管炎 [ji1 hei3 goon2 yim4]
Broom *n.* **(1)**掃把 [sou3 ba2]
Broth *n.* **(1)**湯 [tong1]
Brother-In-Law *n.* **(1)**(the elder brother of one's husband) 大伯 [daai6 baak3] **(2)**(the elder brother of one's wife) 大舅 [daai6 kau5] **(3)**(the husband of one's elder sister) 姐夫 [je2 foo1] **(4)**(the younger brother of one's wife) 舅仔 [kau5 jai2] **(5)**(the husband of one's younger sister) 妹夫 [mooi6 foo1] **(6)**(the younger brother of one's husband) 叔仔 [suk1 jai2]
Brothers *n.* **(1)**兄弟 [hing1 dai6]
Brown *adj.* **(1)**(colour)啡色 [fe1 sik1] ; 咖啡色 [ga3 fe1 sik1]
Bruise *n.* **(1)**瘀青 [yue2 cheng1] *v.* **(2)**整瘀 [jing2 yue2]
Brunch *n.* **(1)**早午餐 [jou2 ng5 chaan1]
Brunei *n.* **(1)**文萊 [man4 loi4]
Bucket *n.* **(1)**桶 [tung2]
Buckwheat *n.* **(1)**蕎麥 [kiu4 mak6]
Buddha *n.* **(1)**佛 [fat6]
Buddhism *n.* **(1)**佛教 [fat6 gaau3]

Buddhist Monk *n.* **(1)**和尚 [woh4 seung2]
Buddhist *n.* **(1)**佛教徒 [fat6 gaau3 tou4]
Budget *n.* **(1)**預算 [yue6 suen3]
Bug *n.* **(1)**蟲 [chung4]
Build *v.* **(1)**起 [hei2]
Bullet *n.* **(1)**子彈 [ji2 daan2]
Bulletproof *adj.* **(1)**防彈 [fong4 daan2]
Bulletproof Glass *n.* **(1)**防彈玻璃 [fong4 daan2 boh1 lei1]
Bulletproof Vest *n.* **(1)**防彈衣 [fong4 daan2 yi1]
Bureaucracy *n.* **(1)**官僚主義 [goon1 liu4 jue2 yi6]
Burst A Blood Vessel *idiom* **(1)**火紅火綠 [foh2 hung4 foh2 luk6]
Bury *v.* **(1)**葬 [jong3]
Bus *n.* **(1)**巴士 [ba1 si2]
Bus Driver *n.* **(1)**巴士司機 [ba1 si2 si1 gei1]
Bus Fare *n.* **(1)**巴士飛 [ba1 si2 fei1]
Bus Lane *n.* **(1)**巴士專線 [ba1 si2 juen1 sin3]
Bus Stop *n.* **(1)**巴士站 [ba1 si2 jaam6]
Busker *n.* **(1)**街頭藝人 [gaai1 tau4 ngai6 yan4]
Bustling *adj.* **(1)**熱鬧 [yit6 naau6]

11

ENGLISH TO CANTONESE DICTIONARY

Butler *n.* **(1)** 男管家 [naam4 goon2 ga1]

Butter *n.* **(1)** 牛油 [ngau4 yau4]

Cab *n.* **(1)** 的士 [dik1 si2]

Cabbage *n.* **(1)** 椰菜 [ye4 choi3]

Cable Car *n.* **(1)** 纜車 [laam6 che1]

Cactus *n.* **(1)** 仙人掌 [sin1 yan4 jeung2]

Cafeteria *n.* **(1)** 飯堂 [faan6 tong4]

Caffeine *n.* **(1)** 咖啡因 [ga3 fe1 yan1]

Cage *n.* **(1)** 籠 [lung4]

Cage-free *adj.* **(1)** 走地 [jau2 dei6]

Cairo *n.* **(1)** 開羅 [hoi1 loh4]

Cajole *v.* **(1)** 勾引 [ngau1 yan5]

Cake *n.* **(1)** 蛋糕 [daan6 gou1]

Calamity *n.* **(1)** 災難 [joi1 naan6]

Calcium *n.* **(1)** 鈣 [koi3]

Calculate *v.* **(1)** 計數 [gai3 sou3]

Calculation *n.* **(1)**(numbers) 計算 [gai3 suen3]

Calculator *n.* **(1)** 計數機 [gai3 sou3 gei1]

Calendar *n.* **(1)** 日曆 [yat6 lik6]

Calligraphy *n.* **(1)** 書法 [sue1 faat3]

Callous *adj.* **(1)** 冷酷無情 [laang5 huk6 mou4 ching4]

Calm *adj.* **(1)** 鎮定 [jan3 ding6]

Calorie *n.* **(1)** 卡路里 [ka1 lou6 lei5]

Calorimetre *n.* **(1)** 熱量計 [yit6 leung6 gai3]

Cambodia *n.* **(1)** 柬埔寨 [gaan2 bou3 jaai6]

Cambodian *adj.* **(1)** 柬埔寨 [gaan2 bou3 jaai6]

Camera *n.* **(1)** 相機 [seung2 gei1]

Canal *n.* **(1)** 運河 [wan6 hoh4]

Cancer *n.* **(1)** 癌 [ngaam4]

Candle *n.* **(1)** 蠟燭 [laap6 juk1]

Candlestick *n.* **(1)** 燭台 [juk1 toi4]

Candy *n.* **(1)** 糖 [tong2]

Canoe *n.* **(1)** 獨木舟 [duk6 muk6 jau1]

Canoe Polo *n.* **(1)** 獨木舟水球 [duk6 muk6 jau1 sui2 kau4]

Canteen *n.* **(1)** 飯堂 [faan6 tong4]

Canyon *n.* **(1)** 峽谷 [haap6 guk1]

Capillary *n.* **(1)** 微絲血管 [mei4 si1 huet3 goon2]

Capital City *n.* **(1)** 首都 [sau2 dou1]

Capitalism *n.* **(1)** 資本主義 [ji1 boon2 jue2 yi6]

Capricious *adj.* **(1)** 反覆無常 [faan2 fuk1 mou4 seung4]

Captive *n.* **(1)** 俘虜 [foo1 lou5]

Car Accident *n.* **(1)** 交通意外 [gaau1 tung1 yi3 ngoi6]

Car Key *n.* **(1)** 車匙 [che1 si4]

Car *n.* **(1)** 車 [che1]

ENGLISH TO CANTONESE DICTIONARY

Caramel *n.* **(1)**(burnt sugar used for flavouring or colouring of other foods)焦糖 [jiu1 tong4]

Caraway *n.* **(1)**葛縷子 [got3 lui5 ji2]

Carbohydrate *n.* **(1)**碳水化合物 [taan3 sui2 fa3 hap6 mat6]

Carbon *n.* **(1)**碳 [taan3]

Carbon Footprint *n.* **(1)**碳腳印 [taan3 geuk3 yan3]

Cardinal Number *n.* **(1)**基數 [gei1 sou3]

Carpet *n.* **(1)**地氈 [dei6 jin1]

Cart *n.* **(1)**手推車 [sau2 tui1 che1]

Cartilage *n.* **(1)**軟骨 [yuen5 gwat1]

Cartoon *n.* **(1)**卡通片 [ka1 tung1 pin2]

Cat *n.* **(1)**貓 [maau1]

Catalyst *n.* **(1)**(a substance that speeds up a chemical reaction without itself undergoing any permanent chemical change)催化劑 [chui1 fa3 jai1]

Catastrophe *n.* **(1)**災難 [joi1 naan6]

Category *n.* **(1)**類型 [lui6 ying4]

Cattle *n.* **(1)**牛 [ngau4]

Cavalry *n.* **(1)**騎兵 [ke4 bing1]

Caviar *n.* **(1)**魚子醬 [yue4 ji2 jeung3]

Cavity *n.* **(1)**蛀牙 [jue3 nga4]

Celery *n.* **(1)**芹菜 [kan4 choi3]

Cell *n.* **(1)**(the building blocks of life)細胞 [sai3 baau1]

Cell Phone *n.* **(1)**手機 [sau2 gei1]

Cellist *n.* **(1)**大提琴家 [daai6 tai4 kam4 ga1]

Cello *n.* **(1)**大提琴 [daai6 tai4 kam4]

Cellulose *n.* **(1)**纖維素 [chim1 wai4 sou3]

Celsius *n.* **(1)**攝氏 [sip3 si6]

Cement *n.* **(1)**(building material)水泥 [sui2 nai4]

Cemetery *n.* **(1)**墳場 [fan4 cheung4]

Censorship *n.* **(1)**審查制度 [sam2 cha4 jai3 dou6]

Census *n.* **(1)**人口調查 [yan4 hau2 diu6 cha4]；人口普查 [yan4 hau2 pou2 cha4]

Cent *n.* **(1)**一分錢 [yat1 fan1 chin4]

Centaur *n.* **(1)**半人馬 [boon3 yan4 ma5]

Centenary *n.* **(1)**一百週年 [yat1 baak3 jau1 nin4]

Centigrade *n.* **(1)**攝氏 [sip3 si6]

Centimetre *n.* **(1)**公分 [gung1 fan1]；釐米 [lei4 mai5]

Ceremony *n.* **(1)**(it is a set of formal acts, which is often fixed and traditional and performed on important religious or social occasions)典禮 [din2 lai5] **(2)**(a display of very formal and polite behavior by a person)禮儀 [lai5 yi4]

Chalet *n.* **(1)**細木屋 [sai3 muk6 uk1]

Champagne *n.* **(1)**香檳 [heung1 ban1]

ENGLISH TO CANTONESE DICTIONARY

Charcoal *n.* (1)炭 [taan3]

Charm *n.* (1)魅力 [mei6 lik6]

Chase *v.* (1)追 [jui1]

Cheese *n.* (1)芝士 [ji1 si2]

Chemical Reaction *n.* (1)化學反應 [fa3 hok6 faan2 ying3]

Chervil *n.* (1)香葉芹 [heung1 yip6 kan4]；山蘿蔔葉 [saan1 loh4 baak6 yip6]

Chest *n.* (1)心口 [sam1 hau2]

Chestnut *n.* (1)粟子 [lut6 ji2]

Chewing Gum *n.* (1)香口膠 [heung1 hau2 gaau1]

Chicken *n.* (1)雞 [gai1]

Chicken Breast *n.* (1)雞胸肉 [gai1 hung1 yuk6]

Chicken Broth *n.* (1)雞湯 [gai1 tong1]

Chicken Feet *n.* (1)鳳爪 [fung6 jaau2]

Chicken Soup *n.* (1)雞湯 [gai1 tong1]

Chicken Wings *n.* (1)雞翼 [gai1 yik6]

Chicken Wrap *n.* (1)雞肉卷 [gai1 yuk6 guen2]

Children's Day *n.* (1)兒童節 [yi4 tung4 jit3]

Chile *n.* (1)智利 [ji3 lei6]

Chilli *n.* (1)辣椒 [laat6 jiu1]

Chilli Oil *n.* (1)辣椒油 [laat6 jiu1 yau4]

Chilli Powder *n.* (1)辣椒粉 [laat6 jiu1 fan2]

Chilli Sauce *n.* (1)辣椒醬 [laat6 jiu1 jeung3]

China *n.* (1)中國 [jung1 gwok3] (2)(porcelain)瓷器 [chi4 hei3]

Chinese *adj.* (1)中國 [jung1 gwok3] *n.* (2)中國人 [jung1 gwok3 yan4]

Chinese National Day *n.* (1)國慶節 [gwok3 hing3 jit3]

Chives *n.* (1)韭菜 [gau2 choi3]

Cholera *n.* (1)霍亂 [fok3 luen6]

Christmas *n.* (1)聖誕節 [sing3 daan3 jit3]

Christmas Carol *n.* (1)聖誕歌 [sing3 daan3 goh1]

Christmas Eve *n.* (1)聖誕前夕 [sing3 daan3 chin4 jik6]

Christmas Gift *n.* (1)聖誕禮物 [sing3 daan3 lai5 mat6]

Chromosome *n.* (1)染色體 [yim5 sik1 tai2]

Church *n.* (1)教堂 [gaau3 tong2]

Chutney *n.* (1)酸辣醬 [suen1 laat6 jeung3]

Chyme *n.* (1)食糜 [sik6 mei4]

Circle *n.* (1)圓圈 [yuen4 huen1]

Circular *adj.* (1)圓形 [yuen4 ying4]

Cirrocumulus *n.* (1)卷積雲 [guen2 jik1 wan4]

Cirrostratus *n.* (1)卷層雲 [guen2 chang4 wan4]

ENGLISH TO CANTONESE DICTIONARY

Cirrus n. (1)卷雲 [guen2 wan4]

Cite v. (1)引用 [yan5 yung6]

Citron n. (1)香櫞 [heung1 yuen4]

City n. (1)(a large town)城市 [sing4 si5]

Civilian n. (1)平民 [ping4 man4]

Clam n. (1)蜆 [hin2]

Clamour n. (1)吵雜聲 [chaau2 jaap6 seng1]

Clarify v. (1)澄清 [ching4 ching1]

Class n. (1)班 [baan1]

Classic Of Poetry n. (1)詩經 [si1 ging1]

Classicism n. (1)古典主義 [goo2 din2 jue2 yi6]

Classify v. (1)分類 [fan1 lui6]

Classy adj. (1)上等 [seung6 dang2]

Clay n. (1)黏土 [nim1 tou2]

Clever adj. (1)醒目 [sing2 muk6]

Cliff n. (1)懸崖 [yuen4 ngaai4]

Climate n. (1)氣候 [hei3 hau6]

Climatologist n. (1)氣候學家 [hei3 hau6 hok6 ga1]

Climax n. (1)高潮 [gou1 chiu4]

Climb n. (1)爬 [pa4] v. (2)爬 [pa4]

Clinic n. (1)診所 [chan2 soh2]

Clinical adj. (1)臨床 [lam4 chong4]

Cliquism n. (1)小圈體主義 [siu2 tuen4 tai2 jue2 yi6]

Clock n. (1)鐘 [jung1]

Cloud n. (1)(it is a grey or white visible body of very fine water droplets or ice particles suspended in the atmosphere, which moves around, typically high above the general level of the ground.)雲 [wan4]

Cloudy adj. (1)多雲 [doh1 wan4]

Clove n. (1)丁香 [ding1 heung1]

Clown n. (1)小丑 [siu2 chau2]

Coast n. (1)海岸 [hoi2 ngon6]

Cobblestone n. (1)鵝卵石 [ngoh4 lun2 sek6]

Cocktail n. (1)雞尾酒 [gai1 mei5 jau2]

Coffee n. (1)咖啡 [ga3 fe1]

Coffee Bean n. (1)咖啡豆 [ga3 fe1 dau2]

Coffee Grinder n. (1)咖啡磨 [ga3 fe1 moh2]

Coffee House n. (1)咖啡屋 [ga3 fe1 uk1]；咖啡館 [ga3 fe1 goon2]

Coffee Lounge n. (1)咖啡閣 [ga3 fe1 gok3]

Coffee Maker n. (1)咖啡機 [ga3 fe1 gei1]

Coffee Mug n. (1)咖啡杯 [ga3 fe1 booi1]

Coffee Pot n. (1)咖啡壺 [ga3 fe1 woo2]

Coffee Shop n. (1)咖啡店 [ga3 fe1 dim3]

15

ENGLISH TO CANTONESE DICTIONARY

Cognac *n.* (1)干邑白蘭地 [gon1 yap1 baak6 laan1 dei2]
Cogwheel *n.* (1)齒輪 [chi2 lun4]
Coin *n.* (1)硬幣 [ngaang6 bai6]
Cold Drinks *n.* (1)凍飲 [dung3 yam2]
Cold-Blooded *adj.* (1)冷酷無情 [laang5 huk6 mou4 ching4]
Collectivism *n.* (1)集體主義 [jaap6 tai2 jue2 yi6]
Colloquialisms *n.* (1)口語 [hau2 yue5]
Colonialism *n.* (1)殖民主義 [jik6 man4 jue2 yi6]
Colosseum *n.* (1)鬥獸場 [dau3 sau3 cheung4]
Combination *n.* (1)組合 [jou2 hap6]；配合 [pooi3 hap6]
Combine *v.* (1)加埋 [ga1 maai4]
Combustible *adj.* (1)容易燒着 [yung4 yi6 siu1 jeuk6]
Combustion *n.* (1)燃燒 [yin4 siu1]
Come Back *phr. v.* (1)嚟 [lei4]
Come *v.* (1)嚟 [lei4]
Comedy *n.* (1)喜劇 [hei2 kek6]
Comfort *n.* (1)舒服 [sue1 fuk6] *v.* (2)安慰 [on1 wai3]
Comfortable *adj.* (1)舒服 [sue1 fuk6]
Comfortably *adv.* (1)舒服 [sue1 fuk6]
Comma *n.* (1)逗號 [dau6 hou6]
Common Carp *n.* (1)鯉魚 [lei5 yue2]

Common Guava *n.* (1)番石榴 [faan1 sek6 lau4]
Communism *n.* (1)共產主義 [gung6 chaan2 jue2 yi6]
Companion *n.* (1)(someone who you often spend time with or who you are travelling with)伴侶 [boon6 lui5]
Comparison *n.* (1)(examining differences between two or more people or things)比較 [bei2 gaau3]
Compass *n.* (1)指南針 [ji2 naam4 jam1]；羅經 [loh4 gaang1]
Compasses *n.* (1)圓規 [yuen4 kwai1]
Competition *n.* (1)競爭 [ging3 jang1]
Complainant *n.* (1)原告 [yuen4 gou3]
Compost *n.* (1)肥料 [fei4 liu2]
Compress *v.* (1)壓縮 [aat3 suk1]
Computer *n.* (1)電腦 [din6 nou5]
Computer Virus *n.* (1)電腦病毒 [din6 nou5 beng6 duk6]
Concert *n.* (1)演唱會 [yin2 cheung3 wooi2]
Conclusion *n.* (1)結論 [git3 lun6]
Concrete *n.* (1)石屎 [sek6 si2]
Concubine *n.* (1)妾 [chip3]
Condiment *n.* (1)調味料 [tiu4 mei6 liu2]
Confidant *n.* (1)知己 [ji1 gei2]
Confidence *n.* (1)自信 [ji6 sun3]；信心 [sun3 sam1]

ENGLISH TO CANTONESE DICTIONARY

Conflagration *n.* **(1)**(a large fire) 大火 [daai6 foh2]

Confucianism *n.* **(1)** 儒教 [yue4 gaau3]

Confucius *n.* **(1)** 孔子 [hung2 ji2]

Conjunction *n.* **(1)**(connecting word) 連詞 [lin4 chi4]；連接詞 [lin4 jip3 chi4]

Conpoy *n.* **(1)** 乾瑤柱 [gon1 yiu4 chue5]；江珧柱 [gong1 yiu4 chue5]

Conservatism *n.* **(1)** 保守主義 [bou2 sau2 jue2 yi6]

Conservative *adj.* **(1)** 保守 [bou2 sau2]

Constipation *n.* **(1)** 便秘 [bin6 bei3]

Constitute *v.* **(1)** 構成 [kau3 sing4]

Consult *v.* **(1)** 請教 [ching2 gaau3]

Consultant *n.* **(1)** 顧問 [goo3 man6]

Consume *v.* **(1)** 消費 [siu1 fai3]

Consumer *n.* **(1)** 消費者 [siu1 fai3 je2]

Consumption *n.* **(1)** 消費 [siu1 fai3]

Content *n.* **(1)** 內容 [noi6 yung4]

Contest *n.* **(1)** 比賽 [bei2 choi3]

Context *n.* **(1)** 上下文 [seung6 ha6 man4]

Continent *n.* **(1)** 大洲 [daai6 jau1]

Continue *v.* **(1)** 繼續 [gai3 juk6]

Continuous *adj.* **(1)** 連續 [lin4 juk6]

Contraception *n.* **(1)** 避孕 [bei6 yan6]

Contractor *n.* **(1)** 承包人 [sing4 baau1 yan4]

Contribute *v.* **(1)** 貢獻 [gung3 hin3]

Contribution *n.* **(1)** 貢獻 [gung3 hin3]

Conurbation *n.* **(1)** 集合都市 [jaap6 hap6 dou1 si5]

Convent *n.* **(1)** 女修道院 [nui5 sau1 dou6 yuen2]

Cool *adj.* **(1)** 有型 [yau5 ying4]

Corn *n.* **(1)** 粟米 [suk1 mai5]

Corn Oil *n.* **(1)** 粟米油 [suk1 mai5 yau4]

Cornflakes *n.* **(1)** 粟米片 [suk1 mai5 pin2]

Cornflour *n.* **(1)** 粟粉 [suk1 fan2]

Cornstarch *n.* **(1)** 粟粉 [suk1 fan2]

Coronation *n.* **(1)** 加冕典禮 [ga1 min5 din2 lai5]

Cot *n.* **(1)** 牀仔 [chong4 jai2]

Cottage *n.* **(1)** 屋仔 [uk1 jai2]

Cough *n.* **(1)** 咳 [kat1]

Countryside *n.* **(1)** 鄉村 [heung1 chuen1]

Cove *n.* **(1)** 小海灣 [siu2 hoi2 waan1]

Cow *n.* **(1)** 母牛 [mou5 ngau4]

Coward *n.* **(1)** 冇膽鬼 [mou5 daam2 gwai2]

CPU(Central Processing Unit) *n.* **(1)** 中央處理器 [jung1 yeung1 chue2 lei5 hei3]

Crab Meat *n.* **(1)** 蟹肉 [haai5 yuk6]

ENGLISH TO CANTONESE DICTIONARY

Crab *n.* **(1)** 蟹 [haai5]

Crack *n.* **(1)** 罅 [la3]

Craftsmen *n.* **(1)** 工匠 [gung1 jeung6]

Cramp *n.* **(1)** 抽筋 [chau1 gan1]；痙攣 [ging3 luen4]

Crazy *adj.* **(1)** (mentally ill) 黐線 [chi1 sin3]

Cricket *n.* **(1)** (sport) 板球 [baan2 kau4] **(2)** (insect) 蟋蟀 [sik1 sut1]

Crime *n.* **(1)** (illegal activities) 犯罪活動 [faan6 jui6 woot6 dung6]

Criminal Law *n.* **(1)** 刑法 [ying4 faat3]

Criminologist *n.* **(1)** 犯罪學家 [faan6 jui6 hok6 ga1]

Crop *n.* **(1)** (an amount of produce harvested) 農作物 [nung4 jok3 mat6]

Crown *n.* **(1)** 王冠 [wong4 goon1] *v.* **(2)** 加冕 [ga1 min5]

Crutches *n.* **(1)** 拐杖 [gwaai2 jeung2]

Cry *v.* **(1)** 流眼淚 [lau4 ngaan5 lui6]

Crypt *n.* **(1)** 地下聖堂 [dei6 ha6 sing3 tong4]

Crystal *n.* **(1)** 水晶 [sui2 jing1]

Crystallised *adj.* **(1)** 結晶 [git3 jing1]

Cuba *n.* **(1)** 古巴 [goo2 ba1]

Cuban *adj.* **(1)** 古巴 [goo2 ba1]

Cube *n.* **(1)** 立方體 [laap6 fong1 tai2]

Cucumber *n.* **(1)** 黃瓜 [wong4 gwa1]

Cuisine *n.* **(1)** 菜 [choi3]

Culinary *adj.* **(1)** 烹飪 [paang1 yam6]

Cultural *adj.* **(1)** 文化 [man4 fa3]

Culture *n.* **(1)** 文化 [man4 fa3]

Cumin *n.* **(1)** 孜然 [ji1 yin4]

Cumulonimbus *n.* **(1)** 積雨雲 [jik1 yue5 wan4]

Cumulus *n.* **(1)** 積雲 [jik1 wan4]

Cup *n.* **(1)** 杯 [booi1]

Cupboard *n.* **(1)** 杯櫃 [booi1 gwai6]

Curb *v.* **(1)** 制止 [jai3 ji2]

Curious *adj.* **(1)** 好奇 [hou3 kei4]

Curry Beef *n.* **(1)** 咖喱牛肉 [ga3 lei1 ngau4 yuk6]

Curry Chicken *n.* **(1)** 咖喱雞 [ga3 lei1 gai1]

Curry *n.* **(1)** 咖喱 [ga3 lei1]

Curry Powder *n.* **(1)** 咖喱粉 [ga3 lei1 fan2]

Curry Rice *n.* **(1)** 咖喱飯 [ga3 lei1 faan6]

Curry Squid *n.* **(1)** 咖喱魷魚 [ga3 lei1 yau4 yue2]

Customs *n.* **(1)** 海關 [hoi2 gwaan1]

Cutpurse *n.* **(1)** 拳手 [pa4 sau2]

Dad *n.* **(1)** 爹哋 [de1 di4]

Daft *adj.* **(1)** 矇查查 [mung4 cha4 cha4]

Dahlia *n.* **(1)** 大曬花 [daai6 saai3 fa1]

18

ENGLISH TO CANTONESE DICTIONARY

Daikon *n.* **(1)** 白蘿蔔 [baak6 loh4 baak6]

Dandelion *n.* **(1)** 蒲公英 [pou4 gung1 ying1]

Dandelion Greens *n.* **(1)** 蒲公英嫩葉 [pou4 gung1 ying1 nuen6 yip6]

Dandelion Leaves *n.* **(1)** 蒲公英葉 [pou4 gung1 ying1 yip6]

Dandruff *n.* **(1)** 頭皮碎 [tau4 pei4 sui3]

Danger *n.* **(1)** 危險 [ngai4 him2]

Dangerous *adj.* **(1)** 危險 [ngai4 him2]

Dare *v.* **(1)** 敢 [gam2]

Dark Soy Sauce *n.* **(1)** 老抽 [lou5 chau1]

Darwinism *n.* **(1)** 達爾文主義 [daat6 yi5 man4 jue2 yi6]

Data *n.* **(1)** 數據 [sou3 gui3]

Database *n.* **(1)** 數據庫 [sou3 gui3 foo3]

Daughter *n.* **(1)** 女 [nui2]

Daughter-In-Law *n.* **(1)** 新抱 [san1 pou5]

Daunt *v.* **(1)** 嚇 [haak3]

Dawdle *v.* **(1)** 慢吞吞 [maan6 tan1 tan1]

Dawn *n.* **(1)** 黎明 [lai4 ming4]；天矇光 [tin1 mung1 gwong1]

Day *n.* **(1)**(A period of 24 hours) 日 [yat6]

Daybreak *n.* **(1)** 黎明 [lai4 ming4]

Daytime *n.* **(1)** 日頭 [yat6 tau2]

Dead *adj.* **(1)** 死 [sei2]

Deaf *adj.* **(1)** 聾 [lung4]

Debit Card *n.* **(1)** 轉賬卡 [juen2 jeung3 kaat1]

December *n.* **(1)** 十二月 [sap6 yi6 yuet6]

Decimate *v.* **(1)** 毀滅 [wai2 mit6]

Deck *n.* **(1)** 甲板 [gaap3 baan2]

Decompose *v.* **(1)** 分解 [fan1 gaai3]

Decoration *n.* **(1)** 裝飾 [jong1 sik1]

Deem *v.* **(1)** 認爲 [ying6 wai4]

Deep *adj.* **(1)** 深 [sam1]

Deep Valley *n.* **(1)** 峽谷 [haap6 guk1]

Deer *n.* **(1)** 鹿 [luk2]

Defendant *n.* **(1)** 被告 [bei6 gou3]

Deference *n.* **(1)** 尊重 [juen1 jung6]

Deficit *n.* **(1)** 赤字 [chek3 ji6]

Define *v.* **(1)** 定義 [ding6 yi6]

Definition *n.* **(1)** 定義 [ding6 yi6]

Defrost *v.* **(1)**(thaw (frozen food)) 解凍 [gaai2 dung3]

Delectable *adj.* **(1)** 好味 [hou2 mei6]；好食 [hou2 sik6]

Delicious *adj.* **(1)** 好味 [hou2 mei6]；好食 [hou2 sik6]

Deluge *n.* **(1)** 洪水 [hung4 sui2]

Democracy *n.* **(1)** 民主 [man4 jue2]

ENGLISH TO CANTONESE DICTIONARY

Democrats *n.* (1)民主主義者 [man4 jue2 jue2 yi6 je2]

Demographer *n.* (1)人口統計學家 [yan4 hau2 tung2 gai3 hok6 ga1]

Denominator *n.* (1)分母 [fan1 mou5]

Density *n.* (1)密度 [mat6 dou6]

Department Store *n.* (1)百貨公司 [baak3 foh3 gung1 si1]

Dependable *adj.* (1)靠得住 [kaau3 dak1 jue6]

Depressing *adj.* (1)令人抑鬱 [ling6 yan4 yik1 wat1]

Desert *n.* (1)沙漠 [sa1 mok6]

Dew *n.* (1)露水 [lou6 sui2]

Dialect *n.* (1)方言 [fong1 yin4]

Dictionary *n.* (1)詞典 [chi4 din2]

Dietician *n.* (1)營養師 [ying4 yeung5 si1]

Dietitian *n.* (1)營養師 [ying4 yeung5 si1]

Digestion *n.* (1)消化 [siu1 fa3]

Diligence *n.* (1)努力 [nou5 lik6]

Diligent *adj.* (1)勤力 [kan4 lik6]

Dill *n.* (1)蒔蘿 [si4 loh4]；小茴香 [siu2 wooi4 heung1]

Dilly-Dally *v.* (1)慢吞吞 [maan6 tan1 tan1]

Dilute *v.* (1)沖淡 [chung1 taam5]

Dim Sum *n.* (1)點心 [dim2 sam1]

Dine *v.* (1)食飯 [sik6 faan6]

Dining Room *n.* (1)飯廳 [faan6 teng1]

Dining Table *n.* (1)餐枱 [chaan1 toi2]；飯枱 [faan6 toi2]

Diplomat *n.* (1)外交官 [ngoi6 gaau1 goon1]

Direct Flight *n.* (1)直飛 [jik6 fei1]

Directive *n.* (1)指令 [ji2 ling6]

Directly *adv.* (1)直接 [jik6 jip3]

Director *n.* (1)董事 [dung2 si2]

Directory *n.* (1)電話簿 [din6 wa2 bou2]

Dirt *n.* (1)塵 [chan4]

Dirty *adj.* (1)邋遢 [laat6 taat3]；污糟 [woo1 jou1]

Disabled *adj.* (1)殘疾 [chaan4 jat6]

Disabled Person *n.* (1)殘疾人士 [chaan4 jat6 yan4 si6]

Disappear *v.* (1)唔見咗 [m4 gin3 joh2]

Disappointed *adj.* (1)失望 [sat1 mong6]

Disappointing *adj.* (1)令人失望 [ling6 yan4 sat1 mong6]

Disaster *n.* (1)災難 [joi1 naan6]

Disbarment *n.* (1)取消律師資格 [chui2 siu1 lut6 si1 ji1 gaak3]

Disc *n.* (1)唱片 [cheung3 pin2]

Discipline *n.* (1)紀律 [gei2 lut6]

Disco *n.* (1)的士高 [dik1 si6 gou1]

ENGLISH TO CANTONESE DICTIONARY

Discrimination *n.* **(1)**(treating a particular group of people or a person differently because of their race, sex, sexuality, skin colour, etc.)歧視 [kei4 si6]

Disease *n.* **(1)**疾病 [jat6 beng6]

Disgusting *adj.* **(1)**令人反感 [ling6 yan4 faan2 gam2]

Dishwasher *n.* **(1)**洗碗機 [sai2 woon2 gei1]

Dismissal *n.* **(1)**(sacking)炒魷魚 [chaau2 yau4 yue2]

Dissection *n.* **(1)**(the action of cutting open a dead body or a plant to study its internal structure)解剖 [gaai2 fau2]

Diuretic *adj.* **(1)**利尿 [lei6 niu6]

Dive *v.* **(1)**(to move down under the water)潛水 [chim4 sui2] **(2)**(to jump into the water)跳水 [tiu3 sui2]

Diver *n.* **(1)**潛水員 [chim4 sui2 yuen4]

Diving Board *n.* **(1)**跳板 [tiu3 baan2]

Divorce *n.* **(1)**離婚 [lei4 fan1] *v.* **(2)**離婚 [lei4 fan1]

DNA(Deoxyribonucleic Acid) *n.* **(1)**脫氧核糖核酸 [tuet3 yeung5 hat6 tong4 hat6 suen1]

Dock *n.* **(1)**埗頭 [bou6 tau4]；碼頭 [ma5 tau4]

Document *n.* **(1)**文件 [man4 gin2]

Documentary *n.* **(1)**紀錄片 [gei3 luk6 pin2]

Dog *n.* **(1)**狗 [gau2]

Dogmatism *n.* **(1)**教條主義 [gaau3 tiu4 jue2 yi6]

Doll *n.* **(1)**公仔 [gung1 jai2]

Donkey *n.* **(1)**驢 [lui4]

Donut *n.* **(1)**冬甩 [dung1 lat1]

Door *n.* **(1)**門 [moon4]

Doorway *n.* **(1)**出入口 [chut1 yap6]；門口 [moon4 hau2]

Dormitory *n.* **(1)**宿舍 [suk1 se3]

Dosage *n.* **(1)**劑量 [jai1 leung6]

Dose *n.* **(1)**劑量 [jai1 leung6]

Dough *n.* **(1)**麵團 [min6 tuen4]

Dowry *n.* **(1)**嫁妝 [ga3 jong1]

Draft Paper *n.* **(1)**稿紙 [gou2 ji2]

Dragon Boat Festival *n.* **(1)**端午節 [duen1 ng5 jit3]

Dragon *n.* **(1)**龍 [lung4]

Dried Scallop *n.* **(1)**乾瑤柱 [gon1 yiu4 chue5]；江珧柱 [gong1 yiu4 chue5]

Dried Shrimp *n.* **(1)**蝦米 [ha1 mai5]

Drip *v.* **(1)**滴 [dik6]

Driver *n.* **(1)**司機 [si1 gei1]

Driving License *n.* **(1)**車牌 [che1 paai4]

Drought *n.* **(1)**乾旱 [gon1 hon5]

Drowsy *adj.* **(1)**眼瞓 [ngaan5 fan3]

ENGLISH TO CANTONESE DICTIONARY

Drugs *n.* **(1)**(illegal substance)毒品 [duk6 ban2]

Drunk *n.* **(1)**酒鬼 [jau2 gwai2] *adj.* **(2)**醉 [jui3]

Drunkard *n.* **(1)**酒鬼 [jau2 gwai2]

Dryer *n.* **(1)**乾衣機 [gon1 yi1 gei1]

Duck *n.* **(1)**鴨 [aap3]

Durian *n.* **(1)**榴槤 [lau4 lin4]

Dusk *n.* **(1)**黃昏 [wong4 fan1]

Dust Storm *n.* **(1)**沙塵暴 [sa1 chan4 bou6]

Duty-Free *adj.* **(1)**免稅 [min5 sui3]

Dynamite *n.* **(1)**炸藥 [ja3 yeuk6]

Dynasty *n.* **(1)**朝代 [chiu4 doi6]

Dyspepsia *n.* **(1)**消化不良 [siu1 fa3 bat1 leung4]

Each And Every One *phr.* **(1)**個個 [goh3 goh3]；一個二個 [yat1 goh3 yi6 goh3]

Each Other *pron.* **(1)**互相 [woo6 seung1]

Eagle *n.* **(1)**麻鷹 [ma4 ying1]

Ear *n.* **(1)**耳仔 [yi5 jai2]

Earache *n.* **(1)**耳仔痛 [yi5 jai2 tung3]

Earn *v.* **(1)**賺 [jaan6]

Earth *n.* **(1)**(soil)地 [dei6] **(2)**(planet)地球 [dei6 kau4]

Earthquake *n.* **(1)**地震 [dei6 jan3]

East *n.* **(1)**(one of the points of the compass)東 [dung1]

East North East *n.* **(1)**(one of the points of the compass)東北偏東 [dung1 bak1 pin1 dung1]

East South East *n.* **(1)**(one of the points of the compass)東南偏東 [dung1 naam4 pin1 dung1]

Ebony *n.* **(1)**黑檀木 [hak1 taan4 muk6]；烏木 [woo1 muk6]

Eclipse *n.* **(1)**日蝕 [yat6 sik6]

Ecologist *n.* **(1)**生態學家 [sang1 taai3 hok6 ga1]

Economics *n.* **(1)**經濟學 [ging1 jai3 hok6]

Economist *n.* **(1)**經濟學家 [ging1 jai3 hok6 ga1]

Economy *n.* **(1)**經濟 [ging1 jai3]

Edition *n.* **(1)**版本 [baan2 boon2]

Editor *n.* **(1)**編輯 [pin1 chap1]

Educate *v.* **(1)**教育 [gaau3 yuk6]

Eel *n.* **(1)**鱔 [sin5]

Efficiency *n.* **(1)**效率 [haau6 lut2]

Effort *n.* **(1)**努力 [nou5 lik6]

Egalitarianism *n.* **(1)**平等主義 [ping4 dang2 jue2 yi6]

Egg *n.* **(1)**蛋 [daan2]

Egg Tart *n.* **(1)**蛋撻 [daan2 taat1]

Egg White *n.* **(1)**蛋白 [daan2 baak6]

Egg Yolk *n.* **(1)**蛋黃 [daan2 wong2]

ENGLISH TO CANTONESE DICTIONARY

Eggplant n. (1)矮瓜 [ai2 gwa1]

Egotism n. (1)自負 [ji6 foo6]

Eight num. (1)八 [baat3]

Eighteen num. (1)十八 [sap6 baat3]

Eighteenth adj. (1)(ordinal number)第十八 [dai6 sap6 baat3]

Eighth adj. (1)(ordinal number)第八 [dai6 baat3]

Eightieth adj. (1)(ordinal number)第八十 [dai6 baat3 sap6]

Eighty num. (1)八十 [baat3 sap6]

Elder Brother n. (1)阿哥 [a3 goh1]；哥哥 [goh4 goh1]

Elder Sister n. (1)家姐 [ga1 je1]；姐姐 [je4 je1]

Electric Rice Cooker n. (1)電飯煲 [din6 faan1 bou1]

Electric Charge n. (1)電荷 [din6 hoh6]

Electrical Appliance n. (1)電器 [din6 hei3]

Electrical Plug n. (1)插蘇頭 [chaap3 sou1 tau2]；插頭 [chaap3 tau2]

Electrical Socket n. (1)插蘇 [chaap3 sou1]

Electricity Bill n. (1)電費 [din6 fai3]；電費單 [din6 fai3 daan1]

Elegant adj. (1)高貴 [gou1 gwai3]

Elephant n. (1)大笨象 [daai6 ban6 jeung6]；象 [jeung6]

Eleven num. (1)十一 [sap6 yat1]

Eleventh adj. (1)(ordinal number)第十一 [dai6 sap6 yat1]

Email n. (1)電郵 [din6 yau4]

Embarrassing adj. (1)令人尷尬 [ling6 yan4 gaam3 gaai3]

Embassy n. (1)大使館 [daai6 si3 goon2]

Embryo n. (1)胚胎 [pooi1 toi1]

Emigrate v. (1)移民 [yi4 man4]

Emperor n. (1)皇帝 [wong4 dai3]

Empiricism n. (1)經驗主義 [ging1 yim6 jue2 yi6]

Empress n. (1)女皇 [nui5 wong4]；皇后 [wong4 hau6]

Emu n. (1)鴯鶓 [yi4 miu4]

Encyclopedia n. (1)百科全書 [baak3 foh1 chuen4 sue1]

Ending n. (1)結局 [git3 guk6]

Endive n. (1)苦苣 [foo2 gui6]

Endocrine Glands n. (1)內分泌腺 [noi6 fan1 bei3 sin3]

Enemy n. (1)敵人 [dik6 yan4]

Energy n. (1)精力 [jing1 lik6]

Engine n. (1)機器 [gei1 hei3]

Engineer n. (1)工程師 [gung1 ching4 si1]

ENGLISH TO CANTONESE DICTIONARY

England *n.* **(1)**英國 [ying1 gwok3]

English *n.* **(1)**(language)英文 [ying1 man2]

Engulf *v.* **(1)**吞沒 [tan1 moot6]

Entomology *n.* **(1)**昆蟲學 [kwan1 chung4 hok6]

Envelope *n.* **(1)**信封 [sun3 fung1]

Enzyme *n.* **(1)**酶 [mooi4]

Erotic *adj.* **(1)**色情 [sik1 ching4]

Error *n.* **(1)**錯誤 [choh3 ng6]

Eternity *n.* **(1)**永恆 [wing5 hang4]

Europe *n.* **(1)**歐洲 [au1 jau1]

Evening *n.* **(1)**挨晚 [aai1 maan1]

Everlasting *adj.* **(1)**永久 [wing5 gau2]

Everyday *adv.* **(1)**每日 [mooi5 yat6]；日日 [yat6 yat6]

Everyone *pron.* **(1)**個個人 [goh3 goh3 yan4]

Everything *pron.* **(1)**所有 [soh2 yau5]

Everywhere *adv.* **(1)**度度 [dou6 dou6]

Evict *v.* **(1)**趕走 [gon2 jau2]

Eviction *n.* **(1)**趕走 [gon2 jau2]

Evidence *n.* **(1)**證據 [jing3 gui3]

Evident *adj.* **(1)**明顯 [ming4 hin2]

Evildoer *n.* **(1)**歹徒 [daai2 tou4]

Evolution *n.* **(1)**進化 [jun3 fa3]

Evolutionary *adj.* **(1)**進化 [jun3 fa3]

Evolve *v.* **(1)**進化 [jun3 fa3]

Exaggerate *v.* **(1)**誇張 [kwa1 jeung1]

Exam *n.* **(1)**考試 [haau2 si3]

Examination *n.* **(1)**考試 [haau2 si3]

Examine *v.* **(1)**仔細檢查 [ji2 sai3 gim2 cha4]

Example *n.* **(1)**例子 [lai6 ji2]

Exceed *v.* **(1)**超過 [chiu1 gwoh3]

Exception *n.* **(1)**例外 [lai6 ngoi6]

Exchange Rate *n.* **(1)**貨幣匯率 [foh3 bai6 wooi6 lut2]；匯率 [wooi6 lut2]

Excited *adj.* **(1)**興奮 [hing1 fan5]

Excitement *n.* **(1)**興奮 [hing1 fan5]

Exciting *adj.* **(1)**令人興奮 [ling6 yan4 hing1 fan5]

Exclamation Point *n.* **(1)**感嘆號 [gam2 taan3 hou6]

Exclude *v.* **(1)**排除 [paai4 chui4]

Exclusive *adj.* **(1)**獨家 [duk6 ga1]

Excursion *n.* **(1)**遠足 [yuen5 juk1]

Exemption *n.* **(1)**免除 [min5 chui4]

Exhaust *v.* **(1)**耗盡 [hou3 jun6]

Exhausted *adj.* **(1)**好劫 [hou2 gooi6]

Exhibition *n.* **(1)**展覽 [jin2 laam5]

Exist *v.* **(1)**存在 [chuen4 joi6]

Existence *n.* **(1)**存在 [chuen4 joi6]

Existentialism *n.* **(1)**存在主義 [chuen4 joi6 jue2 yi6]

Exocrine Glands *n.* **(1)**外分泌腺 [ngoi6 fan1 bei3 sin3]

ENGLISH TO CANTONESE DICTIONARY

Expenditure *n.* **(1)** 費用 [fai3 yung6]

Expense *n.* **(1)** 費用 [fai3 yung6]

Expensive *adj.* **(1)** 貴 [gwai3]

Experience *n.* **(1)** 經驗 [ging1 yim6] *v.* **(2)** 經歷 [ging1 lik6]

Experienced *adj.* **(1)** 有經驗 [yau5 ging1 yim6]

Expert *n.* **(1)** 專家 [juen1 ga1]

Extempore *adj.* **(1)** 即場 [jik1 cheung4] *adv.* **(2)** 即場 [jik1 cheung4]

Extend *n.* **(1)** 程度 [ching4 dou6]

Extremely *adv.* **(1)** 極之 [gik6 ji1]

Eyeball *n.* **(1)** 眼球 [ngaan5 kau4]

Eyebrow *n.* **(1)** 眼眉 [ngaan5 mei4]

Fable *n.* **(1)** 寓言 [yue6 yin4]

Fabric *n.* **(1)** 布料 [bou3 liu2]

Fabricate *v.* **(1)** 偽造 [ngai6 jou6]

Face *n.* **(1)** 面 [min6] *v.* **(2)** 面對 [min6 dui3]

Facial *adj.* **(1)** 面部 [min6 bou6]

Facial Features *n.* **(1)** 面部特徵 [min6 bou6 dak6 jing1]

Facilities *n.* **(1)** 設施 [chit3 si1]

Facility *n.* **(1)** 設備 [chit3 bei6]

Fact *n.* **(1)** 事實 [si6 sat6]

Factor *n.* **(1)** 因素 [yan1 sou3]

Factory *n.* **(1)** 工廠 [gung1 chong2]

Faeces *n.* **(1)** 糞便 [fan3 bin6]

Fahrenheit *n.* **(1)** 華氏 [wa4 si6]

Failure *n.* **(1)** 失敗 [sat1 baai6]

Faintly *adv.* **(1)** 有啲 [yau5 di1]

Fair *adj.* **(1)** 公平 [gung1 ping4]

Faith *n.* **(1)**(a particular religion) 宗教 [jung1 gaau3] **(2)**(strong belief in a particular religion) 宗教信仰 [jung1 gaau3 sun3 yeung5] **(3)**(great confidence or trust in someone or something) 信心 [sun3 sam1]；信任 [sun3 yam6]

Faithful *adj.* **(1)**(loyal) 忠誠 [jung1 sing4]

Falcon *n.* **(1)** 獵鷹 [lip6 ying1]

Falling Star *n.* **(1)** 流星 [lau4 sing1]

Fanaticism *n.* **(1)** 狂熱 [kwong4 yit6]

Fantasy *n.* **(1)** 幻想 [waan6 seung2]

Far *adv.* **(1)**(not near in distance) 遠 [yuen5]

Faraway *adj.* **(1)**(a long way away) 遙遠 [yiu4 yuen5]

Fare *n.* **(1)** 票價 [piu3 ga3]

Farm *n.* **(1)** 農場 [nung4 cheung4]

Farmer *n.* **(1)** 農夫 [nung4 foo1]

Father *n.* **(1)** 阿爸 [a3 ba4]；爸爸 [ba4 ba1]；爹哋 [de1 di4]；父親 [foo6 chan1]

Father's Day *n.* **(1)** 父親節 [foo6 chan1 jit6]

Father-In-Law *n.* **(1)**(father of one's husband) 老爺 [lou5 ye4] **(2)**(father of

25

ENGLISH TO CANTONESE DICTIONARY

one's wife) 外父 [ngoi6 foo2]；岳父 [ngok6 foo2]
Fatherland *n.* (1)祖國 [jou2 gwok3]
February *n.* (1)二月 [yi6 yuet6]
Feeling *n.* (1)感受 [gam2 sau6]
Felony *n.* (1)重罪 [chung5 jui6]
Female *adj.* (1)女性 [nui5 sing3] *n.* (2)女性 [nui5 sing3]
Feminine *adj.* (1)女性 [nui5 sing3]
Feminism *n.* (1)女權主義 [nui5 kuen4 jue2 yi6]
Feminist *n.* (1)女權主義者 [nui5 kuen4 jue2 yi6 je2]
Fence *n.* (1)圍欄 [wai4 laan4]
Fennel *n.* (1)茴香 [wooi4 heung1]
Fenugreek *n.* (1)葫蘆巴 [woo4 lou4 ba1]
Ferment *v.* (1)發酵 [faat3 haau1]
Ferry *n.* (1)渡輪 [dou6 lun4]
Fertilisation *n.* (1)受精 [sau6 jing1]
Festival *n.* (1)節日 [jit3 yat6]
Fettuccini *n.* (1)意大利闊條麵 [yi3 daai6 lei6 foot3 tiu2 min6]
Fetus *n.* (1)胎兒 [toi1 yi4]
Feud *n.* (1)世仇 [sai3 sau4]
Feudal *adj.* (1)封建 [fung1 gin3]
Feudalism *n.* (1)封建主義 [fung1 gin3 jue2 yi6]
Fever *n.* (1)發燒 [faat3 siu1]

Fiancé *n.* (1)未婚夫 [mei6 fan1 foo1]
Fiancée *n.* (1)未婚妻 [mei6 fan1 chai1]
Fiction *n.* (1)小說 [siu2 suet3]
Fictional *adj.* (1)虛構 [hui1 kau3]
Fifteen *num.* (1)十五 [sap6 ng5]
Fifteenth *adj.* (1)(ordinal number)第十五 [dai6 sap6 ng5]
Fifth *adj.* (1)(ordinal number)第五 [dai6 ng5]
Fiftieth *adj.* (1)(ordinal number)第五十 [dai6 ng5 sap6]
Fifty *num.* (1)五十 [ng5 sap6]
Filth *n.* (1)邋遢嘢 [laat6 taat3 ye5]
Filthy *adj.* (1)邋遢 [laat6 taat3]；污糟 [woo1 jou1]
Final *adj.* (1)最後 [jui3 hau6] *n.* (2)決賽 [kuet3 choi3]；總決賽 [jung2 kuet3 choi3]
Finally *adv.* (1)終於 [jung1 yue1]
Finger *n.* (1)手指 [sau2 ji2]
Fire Triangle *n.* (1)燃燒三角 [yin4 siu1 saam1 gok3]
Fire Tetrahedron *n.* (1)燃燒四面體 [yin4 siu1 sei3 min6 tai2]
Fire Blanket *n.* (1)滅火氈 [mit6 foh2 jin1]
Fire Alarm *n.* (1)火警 [foh2 ging2]

ENGLISH TO CANTONESE DICTIONARY

Fire Alarm Bell *n.* **(1)** 火警鐘 [foh2 ging2 jung1]

Fire Brigade *n.* **(1)** 消防局 [siu1 fong4 guk2]

Fire Engine *n.* **(1)** 消防車 [siu1 fong4 che1]

Fire Extinguisher *n.* **(1)** 滅火器 [mit6 foh2 hei3]

Fire Hydrant *n.* **(1)** 消防水龍頭 [siu1 fong4 sui2 lung4 tau4]

Firefighter *n.* **(1)** 消防員 [siu1 fong4 yuen4]

Firmware *n.* **(1)** 固件 [goo3 gin2]

First *adj.* **(1)**(ordinal number) 第一 [dai6 yat1]

First Aid *n.* **(1)** 急救 [gap1 gau3]

Fish Ball *n.* **(1)** 魚蛋 [yue2 daan2]

Fish Market *n.* **(1)** 魚市場 [yue4 si5 cheung4]

Fish *n.* **(1)** 魚 [yue2]

Fish Sauce *n.* **(1)** 魚露 [yue4 lou4]

Fishermen *n.* **(1)** 漁民 [yue4 man4]

Fishing Rod *n.* **(1)** 魚竿 [yue4 gon1]

Five *num.* **(1)** 五 [ng5]

Fjord *n.* **(1)** 峽灣 [haap6 waan1]

Flat Bread *n.* **(1)** 烤包 [haau1 baau1] ; 烤餅 [haau1 beng2]

Flatter *v.* **(1)** 奉承 [fung6 sing4]

Flaxseed *n.* **(1)** 亞麻籽 [a3 ma4 ji2]

Flesh *n.* **(1)** 肉 [yuk6]

Flip-Flop *n.* **(1)**(a light sandal) 人字拖 [yan4 ji6 toh1]

Flood *n.* **(1)** 洪水 [hung4 sui2]

Flooding *n.* **(1)** 水浸 [sui2 jam3]

Flower *n.* **(1)** 花 [fa1]

Flower Show *n.* **(1)** 花展 [fa1 jin2]

Fog *n.* **(1)**(it is a weather condition in which tiny visible water droplets or ice crystals clumped together and forming a cloudlike mass close to the surface of the Earth) 霧 [mou6]

Folding Umbrella *n.* **(1)** 縮骨遮 [suk1 gwat1 je1]

Folivore *n.* **(1)** 食葉動物 [sik6 yip6 dung6 mat6]

Folly *n.* **(1)**(stupidity) 愚蠢 [yue4 chun2]

Font *n.* **(1)** 字體 [ji6 tai2]

Food *n.* **(1)** 食物 [sik6 mat6]

Food Additives *n.* **(1)** 食物添加劑 [sik6 mat6 tim1 ga1 jai1]

Food Colouring *n.* **(1)** 食物色素 [sik6 mat6 sik1 sou3]

Food Festival *n.* **(1)** 美食節 [mei5 sik6 jit3]

Food Poisoning *n.* **(1)** 食物中毒 [sik6 mat6 jung3 duk6]

Food Preservatives *n.* **(1)** 食物防腐劑 [sik6 mat6 fong4 foo6 jai1]

Food Pyramid *n.* **(1)** 食物金字塔 [sik6 mat6 gam1 ji6 taap3]

Foot Brake *n.* **(1)** 腳掣 [geuk3 jai3]

ENGLISH TO CANTONESE DICTIONARY

Foot *n.* (1)腳 [geuk3]

Footbridge *n.* (1)行人天橋 [hang4 yan4 tin1 kiu4]

Footer *n.* (1)頁腳 [yip6 geuk3]

Footpath *n.* (1)行人路 [hang4 yan4 lou6]

Forearm *n.* (1)前臂 [chin4 bei3]

Forecast *n.* (1)預報 [yue6 bou3] *v.* (2)預測 [yue6 chak1]

Foreign *adj.* (1)外國 [ngoi6 gwok3]

Foreign Currency *n.* (1)外幣 [ngoi6 bai6]

Foreign Language *n.* (1)外語 [ngoi6 yue5]

Foreigner *n.* (1)外國人 [ngoi6 gwok3 yan4]

Foreleg *n.* (1)前腳 [chin4 geuk3]

Foreman *n.* (1)工頭 [gung1 tau2]

Forenoon *n.* (1)上晝 [seung6 jau3]

Forerunner *n.* (1)先驅 [sin1 kui1]

Forest *n.* (1)森林 [sam1 lam4]

Forestry *n.* (1)林業 [lam4 yip6]

Forgetful *adj.* (1)冇記性 [mou5 gei3 sing3]

Fork *n.* (1)(a utensil that has a handle with several tines at the end of it and it is used for picking up food and eat with) 叉 [cha1]

Fortress *n.* (1)城堡 [sing4 bou2]

Forty *num.* (1)四十 [sei3 sap6]

Forum *n.* (1)論壇 [lun6 taan4]

Fossil Fuel *n.* (1)化石原料 [fa3 sek6 yuen4 liu2]

Four *num.* (1)四 [sei3]

Fourteen *num.* (1)十四 [sap6 sei3]

Fourteenth *adj.* (1)(ordinal number) 第十四 [dai6 sap6 sei3]

Fourth *adj.* (1)(ordinal number) 第四 [dai6 sei3]

Fortieth *adj.* (1)(ordinal number) 第四十 [dai6 sei3 sap6]

Fraction *n.* (1)分數 [fan6 sou3]

Frank *adj.* (1)坦白 [taan2 baak6]

Frankly *adv.* (1)坦白 [taan2 baak6]

French Fries *n.* (1)薯條 [sue4 tiu2]

Fresh Fruit Platter *n.* (1)生果盤 [saang1 gwoh2 poon2]

Friday *n.* (1)禮拜五 [lai5 baai3 ng5]

Fried Egg *n.* (1)炒蛋 [chaau2 daan2]

Frog *n.* (1)(animal)青蛙 [ching1 wa1] (2)(food)田雞 [tin4 gai1]

Frogspawn *n.* (1)蛙卵 [wa1 lun2]

Frost *n.* (1)霜 [seung1]

Frugivore *n.* (1)食果動物 [sik6 gwoh2 dung6 mat6]

Fruit *n.* (1)生果 [saang1 gwoh2]

Full Stop *n.* (1)句號 [gui3 hou6]

Fund *n.* (1)基金 [gei1 gam1]

ENGLISH TO CANTONESE DICTIONARY

Funeral *n.* (1)葬禮 [jong3 lai5]

Fung Shui Practitioner *n.* (1)風水學家 [fung1 sui2 hok6 ga1]

Fungivore *n.* (1)食真菌動物 [sik6 jan1 kwan2 dung6 mat6]

Fungus *n.* (1)真菌 [jan1 kwan2]

Funny *adj.* (1)搞笑 [gaau2 siu3]

Fur *n.* (1)皮毛 [pei4 mou4]

Furthermore *adv.* (1)仲有 [jung6 yau5]；重有 [jung6 yau5]

Garden *n.* (1)花園 [fa1 yuen2]

Gardener *n.* (1)花王 [fa1 wong4]；園丁 [yuen4 ding1]

Gardening *n.* (1)園藝 [yuen4 ngai6]

Garlic Powder *n.* (1)蒜粉 [suen3 fan2]

Gas Exchange *n.* (1)氣體交換 [hei3 tai2 gaau1 woon6]

Gauze *n.* (1)紗布 [sa1 bou3]

Gauze Bandage *n.* (1)紗布繃帶 [sa1 bou3 bang1 daai2]

Gelatine *n.* (1)明膠 [ming4 gaau1]

Gem *n.* (1)寶石 [bou2 sek6]

Gemstone *n.* (1)寶石 [bou2 sek6]

Gender *n.* (1)性別 [sing3 bit6]

Generally *adv.* (1)通常 [tung1 seung4]

Genes *n.* (1)基因 [gei1 yan1]

Geneticist *n.* (1)遺傳學家 [wai4 chuen4 hok6 ga1]

Genial *adj.* (1)和睦 [woh4 muk6]

Genius *n.* (1)天才 [tin1 choi4]

Gentle *adj.* (1)溫柔 [wan1 yau4]

Gentleman *n.* (1)紳士 [san1 si2]

Geologist *n.* (1)地質學家 [dei6 jat1 hok6 ga1]

Germ *n.* (1)細菌 [sai3 kwan2]

German *adj.* (1)德國 [dak1 gwok3]

German Measles *n.* (1)德國麻疹 [dak1 gwok3 ma4 chan2]

Germany *n.* (1)德國 [dak1 gwok3]

Gerontologist *n.* (1)老人學家 [lou5 yan4 hok6 ga1]

Ginger Powder *n.* (1)薑粉 [geung1 fan2]

Giraffe *n.* (1)長頸鹿 [cheung4 geng2 luk2]

Girlfriend *n.* (1)女朋友 [nui5 pang4 yau5]

Glands *n.* (1)腺體 [sin3 tai2]

Glass *n.* (1)(a small container for drinks)玻璃杯 [boh1 lei1 booi1]；杯 [booi1] (2)(material)玻璃 [boh1 lei1]

Global *n.* (1)全球 [chuen4 kau4]

Globalisation *n.* (1)全球化 [chuen4 kau4 fa3]

Glory *n.* (1)榮譽 [wing4 yue6]

Glossary *n.* (1)詞彙表 [chi4 wai6 biu2]

Glove *n.* (1)手套 [sau2 tou3]

ENGLISH TO CANTONESE DICTIONARY

Glucose *n.* **(1)** 葡萄糖 [pou4 tou4 tong4]

Gluten *n.* **(1)** 麵筋 [min6 gan1]

Glycerol *n.* **(1)** 甘油 [gam1 yau4]

Goalkeeper *n.* **(1)** 守門員 [sau2 moon4 yuen4]

Goat Cheese *n.* **(1)** 山羊芝士 [saan1 yeung4 ji1 si1]

Goat Meat *n.* **(1)** 山羊肉 [saan1 yeung4 yuk6]

Goat *n.* **(1)** 山羊 [saan1 yeung4]

Golf *n.* **(1)** 哥爾夫球 [goh1 yi5 foo1 kau4]

Good Friday *n.* **(1)** 耶穌受難日 [ye4 sou1 sau6 naan6 yat6]

Gorilla *n.* **(1)** 大猩猩 [daai6 sing1 sing1]

Government *n.* **(1)**(the group of people with the authority to govern a country or state) 政府 [jing3 foo2]；內閣 [noi6 gok3]

Gradient *n.* **(1)** 坡度 [boh1 dou6]

Gradual *adj.* **(1)** 逐啲 [juk6 di1]

Gradually *adv.* **(1)** 逐啲 [juk6 di1]

Gram *n.* **(1)** 克 [hak1]

Graminivore *n.* **(1)** 食草動物 [sik6 chou2 dung6 mat6]

Grammar *n.* **(1)** 文法 [man4 faat3]；語法 [yue5 faat3]

Grammarian *n.* **(1)** 文法學家 [man4 faat3 hok6 ga1]

Grand *adj.* **(1)** 宏偉 [wang4 wai5]

Grand Jury *n.* **(1)** 大陪審團 [daai6 pooi4 sam2 tuen4]

Grandchild *n.* **(1)** 孫 [suen1]

Grandchildren *n.* **(1)** 孫 [suen1]

Granddaughter *n.* **(1)**(the daughter of one's son) 孫女 [suen1 nui2] **(2)**(the daughter of one's daughter) 外孫女 [ngoi6 suen1 nui2]

Grandfather *n.* **(1)**(mother's father) 阿公 [a3 gung1]；公公 [gung4 gung1]；外公 [ngoi6 gung1] **(2)**(father's father) 阿爺 [a3 ye4]；爺爺 [ye4 ye2]

Grandmother *n.* **(1)**(father's mother) 阿嫲 [a3 ma4]；嫲嫲 [ma4 ma4] **(2)**(mother's mother) 阿婆 [a3 poh4]；外婆 [ngoi6 poh4]；婆婆 [poh4 poh2]

Grandparent *n.* **(1)** 祖輩 [jou2 booi3]

Grandson *n.* **(1)**(the son of one's son) 孫仔 [suen1 jai2] **(2)**(the son of one's daughter) 外孫 [ngoi6 suen1]

Granny Smith Apple *n.* **(1)** 青蘋果 [cheng1 ping4 gwoh2]

Grape *n.* **(1)** 葡提子 [pou4 tai4 ji2]

Gravadlax *n.* **(1)** 醃製三文魚 [yip3 jai3 saam1 man4 yue2]

Gravlax *n.* **(1)** 醃製三文魚 [yip3 jai3 saam1 man4 yue2]

Greedy *adj.* **(1)** 貪心 [taam1 sam1]

Green *adj.* **(1)**(colour) 綠色 [luk6 sik1]

ENGLISH TO CANTONESE DICTIONARY

Greening *n.* **(1)**(plants)綠化 [luk6 fa3]

Greenwich Mean Time *n.* **(1)**格連尼治標準時間 [gaak3 lin4 nei4 ji6 biu1 jun2 si4 gaan3]

Greeting Card *n.* **(1)**問候卡 [man6 hau6 kaat1]

Grey *adj.* **(1)**(colour)灰色 [fooi1 sik1]

Guard *n.* **(1)**護衛 [woo6 wai6] *v.* **(2)**守護 [sau2 woo6]

Guava *n.* **(1)**(fruit)番石榴 [faan1 sek6 lau4] **(2)**(tree)番石榴樹 [faan1 sek6 lau4 sue6]

Guerrilla *n.* **(1)**游擊隊 [yau4 gik1 dui2]

Guess *n.* **(1)**推測 [tui1 chak1] *v.* **(2)**估 [goo2]

Guest *n.* **(1)**人客 [yan4 haak3]

Guesthouse *n.* **(1)**賓館 [ban1 goon2]

Guide Dog *n.* **(1)**導盲犬 [dou6 maang4 huen2]

Guide *n.* **(1)**導遊 [dou6 yau4] *v.* **(2)**帶路 [daai3 lou6]

Guidebook *n.* **(1)**旅行指南 [lui5 hang4 ji2 naam4]

Guile *n.* **(1)**蠱惑 [goo2 waak6]

Guise *n.* **(1)**外表 [ngoi6 biu2]

Gum *n.* **(1)**牙肉 [nga4 yuk6]

Gumdrop *n.* **(1)**橡皮軟糖 [jeung6 pei4 yuen5 tong2]

Gun *n.* **(1)**槍 [cheung1]

Gust *n.* **(1)**一陣強風 [yat1 jan6 keung4 fung1]

Gym *n.* **(1)**健身房 [gin6 san1 fong2]

Gymnastics *n.* **(1)**體操 [tai2 chou1]

Gynaecologist *n.* **(1)**婦科醫生 [foo5 foh1 yi1 sang1]

Gynaecology *n.* **(1)**婦科 [foo5 foh1]；婦科學 [foo5 foh1 hok6]

Gyroscope *n.* **(1)**陀螺 [toh4 loh4]

Habit *n.* **(1)**習慣 [jaap6 gwaan3]

Habitat *n.* **(1)**棲息地 [chai1 sik1 dei6]

Haddock *n.* **(1)**黑線鱈 [hak1 sin3 suet3]

Haemorrhoid *n.* **(1)**痔瘡 [ji6 chong1]

Haggis *n.* **(1)**羊肚雜碎布甸 [yeung4 tou5 jaap6 sui3 bou3 din1]

Hair *n.* **(1)**頭髮 [tau4 faat3]

Hair Conditioner *n.* **(1)**護髮素 [woo6 faat3 sou3]

Hair Dryer *n.* **(1)**吹風筒 [chui1 fung1 tung2]

Hair Follicle *n.* **(1)**毛囊 [mou4 nong4]

Hair Spray *n.* **(1)**噴髮膠 [pan3 faat3 gaau1]

Hairdo *n.* **(1)**髮型 [faat3 ying4]

Hairstyle *n.* **(1)**髮型 [faat3 ying4]

Hair-stylist *n.* **(1)**髮型師 [faat3 ying4 si1]

Hairy Melon *n.* **(1)**節瓜 [jit3 gwa1]

ENGLISH TO CANTONESE DICTIONARY

Halibut *n.* **(1)** 大比目魚 [daai6 bei2 muk6 yue2]

Hall *n.* **(1)** 大堂 [daai6 tong4]

Hallucination *n.* **(1)** 幻覺 [waan6 gok3]

Halt *n.* **(1)** 停止 [ting4 ji2] *v.* **(2)** 停止 [ting4 ji2]

Ham *n.* **(1)** 火腿 [foh2 tui2]

Hamburger *n.* **(1)** 漢堡包 [hon3 bou2 baau1]

Hammer *n.* **(1)** 槌 [chui4]

Hammock *n.* **(1)** 吊牀 [diu3 chong4]

Hand *n.* **(1)** 手 [sau2] *v.* **(2)** 遞 [dai6]

Hand Baggage *n.* **(1)** 手提行李 [sau2 tai4 hang4 lei5]

Hand Brake *n.* **(1)** 手掣 [sau2 jai3]

Hand Sewn *adj.* **(1)** 手縫 [sau2 fung4]

Hand Switch *n.* **(1)** 手掣 [sau2 jai3]

Handbag *n.* **(1)** 手袋 [sau2 doi2]

Handcuffs *n.* **(1)** 手扣 [sau2 kau3]

Handkerchief *n.* **(1)** 手巾仔 [sau2 gan1 jai2]

Handmade *adj.* **(1)** 手製 [sau2 jai3]

Handworked *adj.* **(1)** 手製 [sau2 jai3]

Hanger *n.* **(1)** 衫架 [saam1 ga2]；衣架 [yi1 ga2]

Hangover *n.* **(1)** 宿醉 [suk1 jui3]

Harass *v.* **(1)** 騷擾 [sou1 yiu2]

Harassment *n.* **(1)** 騷擾 [sou1 yiu2]

Hardworking *adj.* **(1)** 勤力 [kan4 lik6]

Hare *n.* **(1)** 野兔 [ye3 tou3]

Harmonica *n.* **(1)** 口琴 [hau2 kam4]

Harmonious *adj.* **(1)** 和睦 [woh4 muk6]

He *pron.* **(1)** 佢 [kui5]

Heading *n.* **(1)** 標題 [biu1 tai4]

Health *n.* **(1)** (a person's mental or physical condition) 健康 [bou2 him2]

Health Insurance *n.* **(1)** 健康保險 [gin6 hong1 bou2 him2]

Heart *n.* **(1)** 心臟 [sam1 jong6]

Heart Attack *n.* **(1)** 心臟病發作 [sam1 jong6 beng6 faat3 jok3]

Heartbeat *n.* **(1)** 心跳 [sam1 tiu3]

Heaven *n.* **(1)** 天堂 [tin1 tong4]

Heavy *adj.* **(1)** 重 [chung5]

Hedonism *n.* **(1)** 享樂主義 [heung2 lok6 jue2 yi6]

Heifer *n.* **(1)** 小母牛 [siu2 mou5 ngau4]

Height *n.* **(1)** 高度 [gou1 dou6]

Hell *n.* **(1)** 地獄 [dei6 yuk6]

Helmet *n.* **(1)** 頭盔 [tau4 kwai1]

Help! *interj.* **(1)** 救命呀！ [gau3 meng6 a3!] *n.* **(2)** 幫助 [bong1 joh6] *v.* **(3)** 幫 [bong1]

Helpmate *n.* **(1)** 伴侶 [boon6 lui5]

ENGLISH TO CANTONESE DICTIONARY

Hemagglutinin *n.* (1)血球凝集素 [huet3 kau4 ying4 jaap6 sou3]

Hemisphere *n.* (1)半球 [boon3 kau4]

Hemp *n.* (1)大麻 [daai6 ma4]

Hen *n.* (1)雞姆 [gai1 na2]

Hence *adv.* (1)因此 [yan1 chi2]

Her *det.* (1)佢 [kui5]；佢嘅 [kui5 ge3] *pron.* (2)佢 [kui5]

Herb *n.* (1)草本植物 [chou2 boon2 jik6 mat6]

Herbaceous *adj.* (1)草本 [chou2 boon2]

Herbaceous Plant *n.* (1)草本植物 [chou2 boon2 jik6 mat6]

Herbal *adj.* (1)草藥 [chou2 yeuk6]

Herbal Tea *n.* (1)涼茶 [leung4 cha4]

Herbicide *n.* (1)除草劑 [chui4 chou2 jai1]

Herbivore *n.* (1)食草動物 [sik6 chou2 dung6 mat6]

Here *adv.* (1)(at, in, or to this place or position)呢度 [ni1 dou6]

Heritage *n.* (1)遺產 [wai4 chaan2]

Hernia *n.* (1)疝氣 [saan3 hei3]

Hero *n.* (1)英雄 [ying1 hung4]

Heroine *n.* (1)女英雄 [nui5 ying1 hung4]

Hers *pron.* (1)佢嘅 [kui5 ge3]

Herself *pron.* (1)佢自己 [kui5 ji6 gei2]

Hexagon *n.* (1)六邊形 [luk6 bin1 ying4]

Hickory *n.* (1)山核桃 [saan1 hat6 tou4]

High Society *n.* (1)上流社會 [seung6 lau4 se5 wooi2]

High Blood Pressure *n.* (1)高血壓 [gou1 huet3 aat3]

High-Density Lipoprotein *n.* (1)高密度脂蛋白 [gou1 mat6 dou6 ji1 daan2 baak6]

High-Tech *adj.* (1)高科技 [gou1 foh1 gei6]

Him *pron.* (1)佢 [kui5]

Himself *pron.* (1)佢自己 [kui5 ji6 gei2]

Hindu *n.* (1)印度教徒 [yan3 dou6 gaau3 tou4]

Hinduism *n.* (1)印度教 [yan3 dou6 gaau3]

Hippopotamus *n.* (1)河馬 [hoh4 ma5]

Hirudin *n.* (1)水蛭素 [sui2 jat6 sou3]

His *det.* (1)佢 [kui5]；佢嘅 [kui5 ge3] *pron.* (2)佢嘅 [kui5 ge3]

Historian *n.* (1)歷史學家 [lik6 si2 hok6 ga1]

History *n.* (1)歷史 [lik6 si2]

Hobby *n.* (1)嗜好 [si3 hou3]

Hoisin Sauce *n.* (1)海鮮醬 [hoi2 sin1 jeung3]

ENGLISH TO CANTONESE DICTIONARY

Holland *n.* **(1)** 荷蘭 [hoh4 laan1]

Hollow *adj.* **(1)** 空心 [hung1 sam1]

Holy *adj.* **(1)** 神聖 [san4 sing3]

Home *n.* **(1)** 屋企 [uk1 kei2]

Homeland *n.* **(1)** 祖國 [jou2 gwok3]

Homeostasis *n.* **(1)** 恆定性 [hang4 ding6 sing3]

Honest *adj.* **(1)** 老實 [lou5 sat6]

Honey *n.* **(1)** 蜜糖 [mat6 tong4]

Honeycomb *n.* **(1)** 蜂巢 [fung1 chaau4]

Honeydew Melon *n.* **(1)** 密瓜 [mat6 gwa1]

Honeymoon *n.* **(1)** 蜜月 [mat6 yuet6]

Hong Kong *n.* **(1)** 香港 [heung1 gong2]

Honour *n.* **(1)** 榮譽 [wing4 yue6]

Hooray! *interj.* **(1)** 好嘢！ [hou2 ye5!]

Hope *n.* **(1)** 希望 [hei1 mong6] *v.* **(2)** 希望 [hei1 mong6]

Hopeless *adj.* **(1)** 冇行 [mou5 hong4]

Horn *n.* **(1)** 角 [gok3]

Horrible *adj.* **(1)** 得人驚 [dak1 yan4 geng1]；恐怖 [hung2 bou3]

Horse *n.* **(1)** 馬 [ma5]

Horse Stable *n.* **(1)** 馬房 [ma5 fong4]；馬廄 [ma5 gau3]；馬圈 [ma5 guen4]

Horticulturalist *n.* **(1)** 園藝學家 [yuen4 ngai6 hok6 ga1]

Hospital *n.* **(1)** 醫院 [yi1 yuen2]

Hostage *n.* **(1)** 人質 [yan4 ji3]

Hostel *n.* **(1)** 旅館 [lui5 goon2]

Hot *adj.* **(1)** 熱 [yit6]

Hot Chocolate *n.* **(1)** 熱朱古力 [yit6 jue1 goo1 lik1]

Hot Coffee *n.* **(1)** 熱咖啡 [yit6 ga3 fe1]

Hot Dog *n.* **(1)** 熱狗 [yit6 gau2]

Hot Spring *n.* **(1)** 溫泉 [wan1 chuen4]

Hot Tea *n.* **(1)** 熱茶 [yit6 cha4]

Hot Water *n.* **(1)** 熱水 [yit6 sui2]

Hot-Dog Stand *n.* **(1)** 熱狗檔 [yit6 gau2 dong3]

Hotel *n.* **(1)** 酒店 [jau2 dim3]

Hour *n.* **(1)** 鐘頭 [jung1 tau4]

House *n.* **(1)** 屋 [uk1]

Household *n.* **(1)** 一家人 [yat1 ga1 yan4]

Household Goods *n.* **(1)** 家庭用品 [ga1 ting4 yung6 ban2]

Housekeeping *n.* **(1)** 家務 [ga1 mou6]

Housewife *n.* **(1)** 家庭主婦 [ga1 ting4 jue2 foo5]

Housework *n.* **(1)** 家務 [ga1 mou6]

Housing *n.* **(1)** 住宅 [jue6 jaak2]

How much? *phr.* **(1)** 幾多？ [gei2 doh1?] **(2)** (used when asking for the price) 幾多錢？ [gei2 doh1 chin2?]

How many times? *phr.* **(1)** 幾多次？ [gei2 doh1 chi3?]

ENGLISH TO CANTONESE DICTIONARY

However *adv.* (1)但係 [daan6 hai6]

Human *adj.* (1)有人性 [yau5 yan4 sing3] *n.* (1)人類 [yan4 lui6]

Human Rights *n.* (1)人權 [yan4 kuen4]

Humanism *n.* (1)人文主義 [yan4 man4 jue2 yi6]

Humble *adj.* (1)謙虛 [him1 hui1]

Humidity *n.* (1)濕度 [sap1 dou6]

Hummus *n.* (1)鷹嘴豆泥 [ying1 jui2 dau6 nai4]

Humourous *adj.* (1)風趣 [fung1 chui3]

Hunch *n.* (1)直覺 [jik6 gok3]；預感 [yue6 gam2] *v.* (2)彎腰 [waan1 yiu1]

Hundred *num.* (1)百 [baak3]

Hundredth *adj.* (1)(ordinal number)第一百 [dai6 yat1 baak3]

Hung Jury *n.* (1)懸案陪審團 [yuen4 on3 pooi4 sam2 tuen4]

Hungarian *adj.* (1)匈牙利 [hung1 nga4 lei6]

Hungary *n.* (1)匈牙利 [hung1 nga4 lei6]

Hungry *adj.* (1)肚餓 [tou2 ngoh6]

Hunt *v.* (1)打獵 [da2 lip6]

Hunter *n.* (1)獵人 [lip6 yan4]

Husband *n.* (1)丈夫 [jeung6 foo1]；老公 [lou5 gung1]；先生 [sin1 saang1]

Husk *n.* (1)殼 [hok3]

Hut *n.* (1)棚 [paang4]

Hybrid *n.* (1)雜種 [jaap6 jung2]

Hydraulic Power *n.* (1)水力 [sui2 lik6]

Hydrofoil *n.* (1)水翼船 [sui2 yik6 suen4]

Hydrogen *n.* (1)氫 [hing1]

Hydrogenised *adj.* (1)氫化 [hing1 fa3]

Hygiene *n.* (1)衛生 [wai6 sang1]

Hygienist *n.* (1)牙醫助手 [nga4 yi1 joh6 sau2]

Hyperglycaemia *n.* (1)高血糖症 [gou1 huet3 tong4 jing3]

Hypertension *n.* (1)高血壓 [gou1 huet3 aat3]

Hyperthermia *n.* (1)體溫過高 [tai2 wan1 gwoh3 gou1]

Hyphen *n.* (1)連號 [lin4 hou6]

Hypnotise *v.* (1)催眠 [chui1 min4]

Hypoglycaemia *n.* (1)低血糖症 [dai1 huet3 tong4 jing3]

Hypotension *n.* (1)低血壓 [dai1 huet3 aat3]

Hypothermia *n.* (1)體溫過低 [tai2 wan1 gwoh3 dai1]

I *pron.* (1)我 [ngoh5]

Ice *n.* (1)冰 [bing1]

Ice Cream *n.* (1)雪糕 [suet3 gou1]

Ice Cream Cone *n.* (1)甜筒 [tim4 tung2]

ENGLISH TO CANTONESE DICTIONARY

Ice Cream Parlor *n.* (1)雪糕店 [suet3 gou1 dim3]

Iceberg *n.* (1)冰山 [bing1 saan1]

Iceberg Lettuce *n.* (1)西生菜 [sai1 saang1 choi3]

Iced Coffee *n.* (1)凍啡 [dung3 fe1]；凍咖啡 [dung3 ga3 fe1]

Iceland *n.* (1)冰島 [bing1 dou2]

Icelandic *adj.* (1)冰島 [bing1 dou2]

Icing *n.* (1)糖衣 [tong4 yi1]

Idea *n.* (1)(it is a plan or a suggestion for doing something)計仔 [gai2 jai2]

Idealism *n.* (1)理想主義 [lei5 seung2 jue2 yi6]；唯心主義 [wai4 sam1 jue2 yi6]

Illegal *adj.* (1)犯法 [faan6 faat3]

Illumination *n.* (1)照明 [jiu3 ming4]

Immigration *n.* (1)移民 [yi4 man4]

Immigration Department *n.* (1)入境處 [yap6 ging2 chue3]

Immigration Law *n.* (1)移民法 [yi4 man4 faat3]

Immigration Policy *n.* (1)移民政策 [yi4 man4 jing3 chaak3]

Immigration Officers *n.* (1)移民局官員 [yi4 man4 guk2 goon1 yuen4]

Immune System *n.* (1)免疫系統 [min5 yik6 hai6 tung2]

Imperialism *n.* (1)帝國主義 [dai3 gwok3 jue2 yi6]

Impressive *adj.* (1)令人印象深刻 [ling6 yan4 yan3 jeung6 sam1 hak1]

In Addition *adv.* (1)仲有 [jung6 yau5]；重有 [jung6 yau5]

Incite *v.* (1)煽動 [sin3 dung6]

Incubate *v.* (1)孵 [foo1]

Indigestion *n.* (1)消化不良 [siu1 fa3 bat1 leung4]

Indirect *adj.* (1)間接 [gaan3 jip3]

Individualism *n.* (1)個人主義 [goh3 yan4 jue2 yi6]

Indoor *adj.* (1)室內 [sat1 noi6]

Indoors *adv.* (1)室內 [sat1 noi6]

Influenza *n.* (1)流感 [lau4 gam2]；流行性感冒 [lau4 hang4 sing3 gam2 mou6]

Information Office *n.* (1)詢問處 [sun1 man6 chue3]

Injunction *n.* (1)禁制令 [gam3 jai3 ling6]

Ink *n.* (1)墨水 [mak6 sui2]

Inland Sea *n.* (1)內海 [noi6 hoi2]

Inn *n.* (1)(a small hotel)旅店 [lui5 dim3]

Innate *adj.* (1)天生 [tin1 saang1]

Innocent *adj.* (1)(not guilty)無辜 [mou4 goo1]

Innovate *v.* (1)創新 [chong3 san1]

Innovator *n.* (1)創新者 [chong3 san1 je2]

ENGLISH TO CANTONESE DICTIONARY

Inoculate v. (1)幫...打預防針 [bong1...da2 yue6 fong4 jam1]

Insect n. (1)蟲 [chung4]；昆蟲 [kwan1 chung4]

Insect Repellant n. (1)殺蟲水 [saat3 chung4 sui2]

Insecticide n. (1)殺蟲劑 [saat3 chung4 jai1]

Inseparable adj. (1)(unable to be separated or treated separately because two or more things are closely connected) 分不開嘅 [fan1 bat1 hoi1 ge3]

Instant Coffee n. (1)咖啡精 [ga3 fe1 jing1]

Instigate v. (1)煽動 [sin3 dung6]

Instigation n. (1)煽動 [sin3 dung6]

Insurance Policy n. (1)保單 [bou2 daan1]

Insurance Company n. (1)保險公司 [bou2 him2 gung1 si1]

Insurance Agent n. (1)保險經紀 [bou2 him2 ging1 gei2]

Intention n. (1)意圖 [yi3 tou4]

International Worker's Day n. (1)國際勞動節 [gwok3 jai3 lou4 dung6 jit3]

International Women's Day n. (1)國際婦女節 [gwok3 jai3 foo5 nui5 jit3]

Internationalism n. (1)國際主義 [gwok3 jai3 jue2 yi6]

Internet n. (1)互聯網 [woo6 luen4 mong5]

Interplanetary adj. (1)星際 [sing1 jai3]

Interpreter n. (1)傳譯 [chuen4 yik6]

Intersection n. (1)(it is a place where roads meet or cross)街口 [gaai1 hau2]

Interstellar adj. (1)星際 [sing1 jai3]

Iodine n. (1)碘 [din2]

Irrigation Ditch n. (1)水渠 [sui2 kui4]

Islam n. (1)(the Muslim religion)伊斯蘭教 [yi1 si1 laan4 gaau3]

Isobar n. (1)等壓線 [dang2 aat3 sin3]

It pron. (1)佢 [kui5]

Its det. (1)佢嘅 [kui5 ge3]

Itself pron. (1)佢自己 [kui5 ji6 gei2]

Jackfruit n. (1)菠蘿蜜 [boh1 loh4 mat6]

Jail n. (1)監獄 [gaam1 yuk6]

Jam n. (1)果醬 [gwoh2 jeung3]；果占 [gwoh2 jim1]

Jamaica n. (1)牙買加 [nga4 maai5 ga1]

Jamaican adj. (1)牙買加 [nga4 maai5 ga1]

January n. (1)一月 [yat1 yuet6]

Japan n. (1)日本 [yat6 boon2]

Japanese n. (1)日本人 [yat6 boon2 yan4]

Jar n. (1)罐 [goon3]

Jasmine n. (1)茉莉 [moot6 lei2]

ENGLISH TO CANTONESE DICTIONARY

Jasmine Extract *n.* **(1)** 茉莉花濃縮 [moot6 lei2 fa1 nung4 suk1]

Jasmine Flower *n.* **(1)** 茉莉花 [moot6 lei2 fa1]

Jasmine Tea *n.* **(1)** 香片 [heung1 pin2]；茉莉花茶 [moot6 lei2 fa1 cha4]

Jaw *n.* **(1)** 下扒 [ha6 pa4]

Jazz *n.* **(1)** 爵士音樂 [jeuk3 si6 yam1 ngok6]

Jeans *n.* **(1)** 牛仔褲 [ngau4 jai2 foo3]

Jeep *n.* **(1)** 吉普車 [gat1 pou2 che1]

Jelly Bean *n.* **(1)** 啫喱豆 [je1 lei2 dau2]

Jelly *n.* **(1)** 啫喱 [je1 lei2]

Jew *n.* **(1)** 猶太教徒 [yau4 taai3 gaau3 tou4]

Jicama *n.* **(1)** 沙葛 [sa1 got3]

Jockey *n.* **(1)** 騎師 [ke4 si1]

Joints *n.* **(1)** 關節 [gwaan1 jit3]

Jordan *n.* **(1)** 約旦 [yeuk3 daan3]

Joy *n.* **(1)** 樂趣 [lok6 chui3]

Judaism *n.* **(1)** 猶太教 [yau4 taai3 gaau3]

Judge *n.* **(1)** 法官 [faat3 goon1]

Jug *n.* **(1)** 壺 [woo2]

Jujube *n.* **(1)** 棗 [jou2]

July *n.* **(1)** 七月 [chat1 yuet6]

Jumper Cables *n.* **(1)** 充電電線 [chung1 din6 din6 sin3]

June *n.* **(1)** 六月 [luk6 yuet6]

Jungle *n.* **(1)** 叢林 [chung4 lam4]

Jury *n.* **(1)** 陪審團 [pooi4 sam2 tuen4]

Just *adv.* **(1)** 淨係 [jing6 hai6]

Justice *n.* **(1)** 公正 [gung1 jing3]

Kangaroo *n.* **(1)** 袋鼠 [doi6 sue2]

Kasha *n.* **(1)** 卡莎 [ka1 sa1]；麥片粥 [mak6 pin2 juk1]

Kerosene *n.* **(1)** 火水 [foh2 sui2]

King *n.* **(1)**(male ruler) 國王 [gwok3 wong4]

Kitchen *n.* **(1)** 廚房 [chue4 fong2]

Kite *n.* **(1)** 紙鷂 [ji2 yiu2]

Knife and Fork *n.* **(1)** 刀叉 [dou1 cha1]

Knife *n.* **(1)** 刀 [dou1]

Knit *n.* **(1)** 編織物 [pin1 jik1 mat6] *v.* **(2)** 織 [jik1]

Knock *v.* **(1)** 敲 [haau1]

Knot *n.* **(1)** 結 [git3]

Know *v.* **(1)** 知 [ji1]

Knowledge *n.* **(1)** 知識 [ji3 sik1]

Kohlrabi *n.* **(1)** 德國大頭菜 [dak1 gwok3 daai6 tau4 choi3]

Korean *adj.* **(1)** 韓國 [hon4 gwok3]

Kumquat *n.* **(1)** 金橘 [gam1 gwat1]

Lace *n.* **(1)**(material) 花邊 [fa1 bin1] **(2)**(string) 鞋帶 [haai4 daai2]

ENGLISH TO CANTONESE DICTIONARY

Ladyship *n.* (1)夫人 [foo1 yan4]

Lake *n.* (1)湖 [woo4]

Lamb *n.* (1)(animal)小羊 [siu2 yeung4] (2)(meat)羊肉 [yeung4 yuk6]

Lamb Chop *n.* (1)羊扒 [yeung4 pa2]

Lamp *n.* (1)燈 [dang1]

Lane *n.* (1)小路 [siu2 lou6]

Language *n.* (1)語言 [yue5 yin4]

Lantern *n.* (1)燈籠 [dang1 lung4]

Lard *n.* (1)豬膏 [jue1 gou1]；豬油 [jue1 yau4]

Latex *n.* (1)乳膠 [yue5 gaau1]

Law *n.* (1)法律 [faat3 lut6]

Lawsuit *n.* (1)官司 [goon1 si1]

Lawyer *n.* (1)律師 [lut6 si1]

Laxative *n.* (1)瀉藥 [se3 yeuk6]

Layer *n.* (1)層 [chang4]

Lazy *adj.* (1)懶 [laan5]；懶惰 [laan5 doh6]

Learn *v.* (1)學 [hok6]

Lectin *n.* (1)凝集素 [ying4 jaap6 sou3]

Leech *n.* (1)水蛭 [sui2 jat6]

Leek *n.* (1)蒜 [suen3]

Legible *adj.* (1)清楚 [ching1 choh2]

Legion *n.* (1)(Soldier)軍團 [gwan1 tuen4] (2)(Large number of (people))大批嘅（人）[daai6 pai1 ge3 (yan4)]

Length *n.* (1)長度 [cheung4 dou6]

Lettuce *n.* (1)玻璃生菜 [boh1 lei1 saang1 choi3]；生菜 [saang1 choi3]

Liberalism *n.* (1)自由主義 [ji6 yau4 jue2 yi6]

Library *n.* (1)圖書館 [tou4 sue1 goon2]

Life Insurance *n.* (1)人壽保險 [yan4 sau6 bou2 him2]

Light Blood Pressure *n.* (1)低血壓 [dai1 huet3 aat3]

Lighter *n.* (1)打火機 [da2 foh2 gei1]

Lighthouse *n.* (1)燈塔 [dang1 taap3]

Lighting *n.* (1)燈光 [dang1 gwong1]

Lightning *n.* (1)閃電 [sim2 din6]

Lilac *n.* (1)(plant)丁香 [ding1 heung1] *adj.* (2)(colour)紫丁香色嘅 [ji2 ding1 heung1 sik1 ge3]

Lily *n.* (1)百合花 [baak3 hap6 fa1]

Limited *adj.* (1)有限 [yau5 haan6]

Lineage *n.* (1)血統 [huet3 tung2]；世系 [sai3 hai6]

Linguist *n.* (1)語言學家 [yue5 yin4 hok6 ga1]

Linguistics *n.* (1)語言學 [yue5 yin4 hok6]

Lion *n.* (1)獅子 [si1 ji2]

Lipstick *n.* (1)唇膏 [sun4 gou1]

Little by Little *phr.* (1)逐啲 [juk6 di1]

ENGLISH TO CANTONESE DICTIONARY

Liver *n.* (1)肝 [gon1]

Living Room *n.* (1)客廳 [haak3 teng1]

Living Standard *n.* (1)生活水平 [sang1 woot6 sui2 ping4]

Loan Shark *n.* (1)大耳窿 [daai6 yi5 lung1]

Localism *n.* (1)本土主義 [boon2 tou2 jue2 yi6]

Locomotive *n.* (1)火車頭 [foh2 che1 tau4]

Locust *n.* (1)蝗蟲 [wong4 chung4]

Lodestar *n.* (1)(a star)北斗星 [bak1 dau2 sing1]

Logic *n.* (1)邏輯 [loh4 chap1]

Logical *adj.* (1)符合邏輯 [foo4 hap6 loh4 chap1]

Lollipop *n.* (1)波板糖 [boh1 baan2 tong2]

London *n.* (1)倫敦 [lun4 dun1]

Loom *n.* (1)(weaving machine)織布機 [jik1 bou3 gei1] *v.* (2)(approach)逼近 [bik1 gan6]

Lordly *adj.* (1)高竇 [gou1 dau3]；高傲 [gou1 ngou6]

Lordship *n.* (1)大人 [daai6 yan4]；閣下 [gok3 ha6]

Lorry *n.* (1)貨車 [foh3 che1]

Lotus Root *n.* (1)蓮藕 [lin4 ngau5]

Lotus Seed *n.* (1)蓮子 [lin4 ji2]

Loud *adj.* (1)大聲 [daai6 seng1] *adv.* (2)大聲 [daai6 seng1]

Louse *n.* (1)蝨 [sat1]

Love *n.* (1)愛 [oi3]；愛情 [oi3 ching4] *v.* (2)愛 [oi3]

Love Poem *n.* (1)情詩 [ching4 si1]

Lovely *adj.* (1)可愛 [hoh2 oi3]

Lover *n.* (1)情人 [ching4 yan4]

Low-Density Lipoprotein *n.* (1)低密度脂蛋白 [dai1 mat6 dou6 ji1 daan2 baak6]

Luffa *n.* (1)絲瓜 [si1 gwa1]

Lump *n.* (1)一嚿 [yat1 gau6]

Lunar *adj.* (1)月亮嘅 [yuet6 leung6 ge3]

Lunatic *n.* (1)(of male)癲佬 [din1 lou2] *adj.* (2)黐線嘅 [chi1 sin3 ge3]

Lunch *n.* (1)晏晝飯 [aan3 jau3 faan6] *v.* (2)食晏 [sik6 aan3]

Lungs *n.* (1)肺 [fai3]

Lustre *n.* (1)光澤 [gwong1 jaak6]

Lychee *n.* (1)荔枝 [lai6 ji1]

Macaroni *n.* (1)通心粉 [tung1 sam1 fan2]

Macau *n.* (1)澳門 [ou3 moon2]

Machine *n.* (1)機械 [gei1 haai6]；機器 [gei1 hei3]

ENGLISH TO CANTONESE DICTIONARY

Machinery *n.* (1)機械 [gei1 haai6]；機器 [gei1 hei3]

Mad *adj.* (1)發神經 [faat3 san4 ging1]

Madagascar *n.* (1)馬達加斯加 [ma5 daat6 ga1 si1 ga1]

Madam *n.* (1)女士 [nui5 si6]

Magazine *n.* (1)雜誌 [jaap6 ji3]

Magic *n.* (1)魔術 [moh1 sut6]

Magician *n.* (1)魔術師 [moh1 sut6 si1]

Magnesium *n.* (1)鎂 [mei5]

Magnet *n.* (1)磁石 [chi4 sek6]

Magnetic *adj.* (1)磁性 [chi4 sing3]

Magnetism *n.* (1)磁性 [chi4 sing3]

Magnify *v.* (1)放大 [fong3 daai6]

Magpie *n.* (1)(bird)喜鵲 [hei2 cheuk3]

Mainly *adv.* (1)主要 [jue2 yiu3]

Malaria *n.* (1)瘧疾 [yeuk6 jat6]

Malefactor *n.* (1)歹徒 [daai2 tou4]

Malfunction *v.* (1)壞咗 [waai6 joh2]

Malnutrition *n.* (1)唔夠營養 [m4 gau3 ying4 yeung5]

Maltose *n.* (1)麥芽糖 [mak6 nga4 tong4]

Mammoth *n.* (1)毛象 [mou4 jeung6]

Manager *n.* (1)經理 [ging1 lei5]

Mango *n.* (1)芒果 [mong1 gwoh2]

Manner *n.* (1)態度 [taai3 dou6]

Mansion *n.* (1)豪宅 [hou4 jaak2]

Manslaughter *n.* (1)誤殺 [ng6 saat3]

Manual *n.* (1)指南 [ji2 naam4]

Manufacture *v.* (1)生產 [saang1 chaan2]

Manure *n.* (1)肥料 [fei4 liu2]

Manuscript *n.* (1)手稿 [sau2 gou2]

Maoist *n.* (1)毛澤東主義 [mou4 jaak6 dung1 jue2 yi6]

Maotai *n.* (1)茅臺酒 [maau4 toi4 jau2]

Map *n.* (1)地圖 [dei6 tou4]

Marathon *n.* (1)馬拉松 [ma5 laai1 chung4]

Marble *n.* (1)大理石 [daai6 lei5 sek6]；雲石 [wan4 sek6]

March *n.* (1)三月 [saam1 yuet6]

Margarine *n.* (1)人造牛油 [yan4 jou6 ngau4 yau4]

Margin *n.* (1)邊緣 [bin1 yuen4]

Marijuana *n.* (1)大麻 [daai6 ma4]

Market *n.* (1)市場 [si5 cheung4]

Marriage *n.* (1)婚姻 [fan1 yan1]

Marriage Ceremony *n.* (1)結婚典禮 [git3 fan1 din2 lai5]

Marriage Certificate *n.* (1)結婚證書 [git3 fan1 jing3 sue1]

Mars *n.* (1)火星 [foh2 sing1]

Marsh *n.* (1)沼澤 [jiu2 jaak6]

ENGLISH TO CANTONESE DICTIONARY

Marxism n. (1)馬克思主義 [ma5 hak1 si1 jue2 yi6]

Materialism n. (1)唯物主義 [wai4 mat6 jue2 yi6]

Mathematician n. (1)數學家 [sou3 hok6 ga1]

Matrimony n. (1)婚姻 [fan1 yan1]；婚姻生活 [fan1 yan1 sang1 woot6]

Mausoleum n. (1)陵墓 [ling4 mou6]

Maxim n. (1)格言 [gaak3 yin4]

May modal v. (1)可以 [hoh2 yi5] n. (2)五月 [ng5 yuet6]

Mayor n. (1)市長 [si5 jeung2]

Maze n. (1)迷宮 [mai4 gung1]

Me pron. (1)我 [ngoh5]

Mead n. (1)蜜蜂酒 [mat6 fung1 jau2]

Meadow n. (1)草地 [chou2 dei6]

Meal n. (1)(food)餐 [chaan1]；飯 [faan6]

Mean v. (1)(express)意思 [yi3 si1] (2)(is important to...)對...好重要嘅 [dui3...hou2 jung6 yiu3 ge3] (3)(intend)打算 [da2 suen3]

Meaning n. (1)意思 [yi3 si1]

Means n. (1)(income)收入 [sau1 yap6] (2)(method)方法 [fong1 faat3]；手段 [sau2 duen6] (3)(money)錢 [chin2]；金錢 [gam1 chin4]

Meanwhile adv. (1)同時 [tung4 si4]

Measles n. (1)痲疹 [ma4 chan2]

Measurement n. (1)尺寸 [chek3 chuen3]

Measuring Cup n. (1)量杯 [leung4 booi1]

Meat n. (1)肉 [yuk6]

Meatballs n. (1)肉丸 [yuk6 yuen2]

Meatloaf n. (1)肉卷 [yuk6 guen2]

Medal n. (1)獎牌 [jeung2 paai4]

Meddler n. (1)諸事丁 [jue1 si6 ding1]；諸事理 [jue1 si6 lei1]

Mediate v. (1)調解 [tiu4 gaai3]

Mediation n. (1)調解 [tiu4 gaai3]

Mediator n. (1)調解員 [tiu4 gaai3 yuen4]

Medic n. (1)醫生 [yi1 sang1]

Medical Card n. (1)醫療卡 [yi1 liu4 kaat1]

Medical Prescription n. (1)處方 [chue2 fong1]

Medicine n. (1)醫藥 [yi1 yeuk6]

Medieval adj. (1)中世紀 [jung1 sai3 gei2]

Meditate v. (1)冥想 [ming4 seung2]

Meditation n. (1)冥想 [ming4 seung2]

Melody n. (1)旋律 [suen4 lut2]

Melon n. (1)瓜 [gwa1]

Melt v. (1)溶 [yung4]

ENGLISH TO CANTONESE DICTIONARY

Member *n.* **(1)** 會員 [wooi2 yuen4]

Memorandum *n.* **(1)** 備忘錄 [bei6 mong4 luk6]

Memory *n.* **(1)** 記憶 [gei3 yik1]

Mercantilism *n.* **(1)** 重商主義 [jung6 seung1 jue2 yi6]

Merry Christmas *phr.* **(1)** 聖誕快樂 [sing3 daan3 faai3 lok6]

Metabolism *n.* **(1)** 新陳代謝 [san1 chan4 doi6 je6]

Metal *n.* **(1)** 金屬 [gam1 suk6]

Metaphor *n.* **(1)** 暗喻 [am3 yue6]

Meteor *n.* **(1)** 流星 [lau4 sing1]

Meteorologist *n.* **(1)** 氣象學家 [hei3 jeung6 hok6 ga1]

Meteorologist *n.* **(1)** 氣象學家 [hei3 jeung6 hok6 ga1]

Meteorology *n.* **(1)** 氣象學 [hei3 jeung6 hok6]

Method *n.* **(1)** 方法 [fong1 faat3]

Metonymy *n.* **(1)** 借喻 [je3 yue6]；轉喻 [juen3 yue6]

Metro *n.* **(1)** 地鐵 [dei6 tit3]

Metro Station *n.* **(1)** 地鐵站 [dei6 tit3 jaam6]

Metropolis *n.* **(1)** 大都市 [daai6 dou1 si5]；大都會 [daai6 dou1 wooi6]

Mica *n.* **(1)** 雲母 [wan4 mou5]

Mickey Mouse *n.* **(1)** (a Disney cartoon character) 米奇老鼠 [mai5 kei4 lou5 sue2]

Microwave *n.* **(1)** (it is a very short electromagnetic wave that is used for cooking, defrosting or reheating food in an oven or for sending information by radar or radio) 微波 [mei4 boh1]

(2) (short for microwave oven) 微波爐 [mei4 boh1 lou4]

Microwave Oven *n.* **(1)** 微波爐 [mei4 boh1 lou4]

Mid-Autumn Festival *n.* **(1)** 中秋節 [jung1 chau1 jit3]

Midday *n.* **(1)** 中午 [jung1 ng5]

Middle Eastern *adj.* **(1)** 中東 [jung1 dung1]

Middle *n.* **(1)** 中間 [jung1 gaan1]

Midnight *n.* **(1)** 半夜 [boon3 ye2]

Midwife *n.* **(1)** 執仔婆 [jap1 jai2 poh2]；接生婆 [jip3 saang1 poh2]

Milestone *n.* **(1)** 里程碑 [lei5 ching4 bei1]

Militarism *n.* **(1)** 軍國主義 [gwan1 gwok3 jue2 yi6]

Milk *n.* **(1)** 牛奶 [ngau4 naai5]

Milkshake *n.* **(1)** 奶昔 [naai5 sik1]

Millimetre *n.* **(1)** 公釐 [gung1 lei4]；毫米 [hou4 mai5]

Million *num.* **(1)** 百萬 [baak3 maan6]

Millionaire *n.* **(1)** 百萬富翁 [baak3 maan6 foo3 yung1]

ENGLISH TO CANTONESE DICTIONARY

Millionth *adj.* (1)(ordinal number) 第一百萬 [dai6 yat1 baak3 maan6]

Mime *n.* (1) 啞劇 [a2 kek6]

Minced Meat *n.* (1) 肉碎 [yuk6 sui3]

Mine *pron.* (1) 我嘅 [ngoh5 ge3]

Minibus *n.* (1) 小巴 [siu2 ba1]

Minister *n.* (1) 部長 [bou6 jeung2]

Mirror *n.* (1) 鏡 [geng3] *v.* (2)(reflect) 反映 [faan2 ying2]

Miscarriage *n.* (1) 流產 [lau4 chaan2]

Mist *n.* (1)(a thin fog) 薄霧 [bok6 mou6]

Mistake *n.* (1) 錯誤 [choh3 ng6]

Mistress *n.* (1) 二奶 [yi6 naai1]

Mobile Phone *n.* (1) 手機 [sau2 gei1]

Modest *adj.* (1) 謙虛 [him1 hui1]

Modify *v.* (1) 修改 [sau1 goi2]

Moisten *v.* (1) 整濕 [jing2 sap1]

Molar *n.* (1) 臼齒 [kau5 chi2]

Molasses *n.* (1) 糖蜜 [tong4 mat6]

Moment *n.* (1) 瞬間 [sun3 gaan1]

Monastery *n.* (1) 寺院 [ji6 yuen2]

Monday *n.* (1) 禮拜一 [lai5 baai3 yat1]

Monetary *adj.* (1) 貨幣 [foh3 bai6]

Money *n.* (1) 錢 [chin2]

Money Order *n.* (1) 匯票 [wooi6 piu3]

Monounsaturated Fat *n.* (1) 單元不飽和脂肪 [daan1 yuen4 bat1 baau2 woh4 ji1 fong1]

Month *n.* (1) 月 [yuet6]

Moose *n.* (1) 麋鹿 [mei4 luk6]

Mope *v.* (1) 悶悶不樂 [moon6 moon6 bat1 lok6]

Moreover *adv.* (1) 仲有 [jung6 yau5]；重有 [jung6 yau5]

Morning *n.* (1) 朝早 [jiu1 jou2]；朝頭早 [jiu1 tau4 jou2]

Mosquito *n.* (1) 蚊 [man1]

Mother *n.* (1) 阿媽 [a3 ma1]；媽咪 [ma1 mi4]；媽媽 [ma4 ma1]；母親 [mou5 chan1]

Mother's Day *n.* (1) 母親節 [mou5 chan1 jit3]

Mother-In-Law *n.* (1)(mother of one's husband) 家婆 [ga1 poh2]；奶奶 [naai4 naai2] (2)(mother of one's wife) 外母 [ngoi6 mou2]；岳母 [ngok6 mou2]

Motherland *n.* (1) 祖國 [jou2 gwok3]

Motive *n.* (1) 動機 [dung6 gei1]

Motorbike *n.* (1) 電單車 [din6 daan1 che1]

Motorcycle *n.* (1) 電單車 [din6 daan1 che1]

Motto *n.* (1) 座右銘 [joh6 jau6 ming2]

Mound *n.* (1) 土堆 [tou2 dui1]

44

ENGLISH TO CANTONESE DICTIONARY

Mountain *n.* **(1)** 山 [saan1]

Mountainous *adj.* **(1)** 多山 [doh1 saan1]

Mouse *n.* **(1)** 老鼠 [lou5 sue2]

Mousse *n.* **(1)** 慕絲 [mou6 si1]

Multilateralism *n.* **(1)** 多邊主義 [doh1 bin1 jue2 yi6]

Mum *n.* **(1)** 媽咪 [ma1 mi4]

Muscle *n.* **(1)** 肌肉 [gei1 yuk6]

Muse *n.* **(1)** 靈感 [ling4 gam2]

Museum *n.* **(1)** 博物館 [bok3 mat6 goon2]；博物院 [bok3 mat6 yuen2]

Music *n.* **(1)** 音樂 [yam1 ngok6]

Musical Box *n.* **(1)** 音樂盒 [yam1 ngok6 hap2]

Musician *n.* **(1)** 音樂家 [yam1 ngok6 ga1]

Musk *n.* **(1)** 麝香 [se6 heung1]

Muslim *n.* **(1)** 回教徒 [wooi4 gaau3 tou4]

Mussel *n.* **(1)** 青口 [cheng1 hau2]；淡菜 [daam6 choi3]

Must *modal v.* **(1)** 一定 [yat1 ding6]

Mustard *n.* **(1)** 芥辣 [gaai3 laat3]

Mutton *n.* **(1)** 羊肉 [yeung4 yuk6]

My *det.* **(1)** 我 [ngoh5]；我嘅 [ngoh5 ge3]

Myself *pron.* **(1)** 我自己 [ngoh5 ji6 gei2]

Mysterious *adj.* **(1)** 神秘 [san4 bei3]

Mystery *n.* **(1)** 神秘 [san4 bei3]

Mysticism *n.* **(1)** 神秘主義 [san4 bei3 jue2 yi6]

Nanjing *n.* **(1)** 南京 [naam4 ging1]

Napkin *n.* **(1)** 餐巾 [chaan1 gan1]

Narcissism *n.* **(1)** 自戀 [ji6 luen2]

Narration *n.* **(1)** 旁白 [pong4 baak6]

Narrow *adj.* **(1)** (a small width) 窄 [jaak3]

National Anthem *n.* **(1)** 國歌 [gwok3 goh1]

Nationalism *n.* **(1)** 民族主義 [man4 juk6 jue2 yi6]

Naturalism *n.* **(1)** 自然主義 [ji6 yin4 jue2 yi6]

Naughty *adj.* **(1)** 百厭 [baak3 yim3]

Navy *adj.* **(1)** (colour) 深藍色 [sam1 laam4 sik1] *n.* **(2)** (sea force) 海軍 [hoi2 gwan1]

Near *adv.* **(1)** (not far in distance) 近 [kan5] *prep.* **(2)** (not far in distance) 近 [kan5]

Nearby *adv.* **(1)** 附近 [foo6 gan6] *adj.* **(2)** 附近 [foo6 gan6]

Nebula *n.* **(1)** 星雲 [sing1 wan4]

Nectarivore *n.* **(1)** 食蜜動物 [sik6 mat6 dung6 mat6]

Needle *n.* **(1)** 針 [jam1]

Neocolonialism *n.* **(1)** 新殖民主義 [san1 jik6 man4 jue2 yi6]

ENGLISH TO CANTONESE DICTIONARY

Nephew *n.* **(1)**(son of one's brother) 姪 [jat2] **(2)**(son of one's sister) 外甥 [ngoi6 sang1]

Nerve *n.* **(1)** 神經 [san4 ging1]

Nervous *adj.* **(1)** 緊張 [gan2 jeung1]

Nettle *n.* **(1)** 蕁麻 [cham4 ma4]

Neuraminidase *n.* **(1)** 神經氨酸酶 [san4 ging1 on1 suen1 mooi4]

Newspaper *n.* **(1)** 報紙 [bou3 ji2]；新聞報 [san1 man4 bou3]

Newsreader *n.* **(1)** 新聞主播 [san1 man4 jue2 boh3]

Niece *n.* **(1)**(daughter of one's brother) 姪女 [jat6 nui2] **(2)**(daughter of one's sister) 外甥女 [ngoi6 sang1 nui2]

Nigh *adv.* **(1)** 接近 [jip3 gan6] *prep.* **(2)** 接近 [jip3 gan6]

Night *n.* **(1)** 夜晚 [ye6 maan5]

Nightfall *n.* **(1)** 黃昏 [wong4 fan1]

Nightgown *n.* **(1)** 睡袍 [sui6 pou4]

Nimbostratus *n.* **(1)** 雨層雲 [yue5 chang4 wan4]

Nimbus *n.* **(1)** 雨雲 [yue5 wan4]

Nine *num.* **(1)** 九 [gau2]

Nineteen *num.* **(1)** 十九 [sap6 gau2]

Nineteenth *adj.* **(1)**(ordinal number) 第十九 [dai6 sap6 gau2]

Ninetieth *adj.* **(1)**(ordinal number) 第九十 [dai6 gau2 sap6]

Ninety *num.* **(1)** 九十 [gau2 sap6]

Ninth *adj.* **(1)**(ordinal number) 第九 [dai6 gau2]

No One *pron.* **(1)** 冇人 [mou5 yan4]

Nobel *n.* **(1)** 貴族 [gwai3 juk6]

Node *n.* **(1)**(a lump) 結 [git3]

Noise *n.* **(1)** 噪音 [chou3 yam1]

Noon *n.* **(1)** 晏晝 [aan3 jau3]

North East *n.* **(1)**(one of the points of the compass) 東北 [dung1 bak1]

North Korea *n.* **(1)** 北韓 [bak1 hon4]

North *n.* **(1)**(one of the points of the compass) 北 [bak1]

North North East *n.* **(1)**(one of the points of the compass) 東北偏北 [dung1 bak1 pin1 bak1]

North North West *n.* **(1)**(one of the points of the compass) 西北偏北 [sai1 bak1 pin1 bak1]

North West *n.* **(1)**(one of the points of the compass) 西北 [sai1 bak1]

Nose *n.* **(1)** 鼻 [bei6]；鼻哥 [bei6 goh1]

Nostril *n.* **(1)** 鼻哥窿 [bei6 goh1 lung1]

Nosy *adj.* **(1)** 諸事 [jue1 si6]

Notation *n.* **(1)** 記號 [gei3 hou6]

Nought *num.* **(1)** 零 [ling4]

ENGLISH TO CANTONESE DICTIONARY

Noun *n.* **(1)**名詞 [ming4 chi4]

Nourish *v.* **(1)**滋潤 [ji1 yun6]

Nourishment *n.* **(1)**營養 [ying4 yeung5]

Novel *n.* **(1)**小説 [siu2 suet3]

Novelist *n.* **(1)**小説家 [siu2 suet3 ga1]

November *n.* **(1)**十一月 [sap6 yat1 yuet6]

Numeral *n.* **(1)**數字 [sou3 ji6]

Numerator *n.* **(1)**分子 [fan1 ji2]

Nunnery *n.* **(1)**女修道院 [nui5 sau1 dou6 yuen2]

Nurse *n.* **(1)**護士 [woo6 si6]

Nursery *n.* **(1)**幼兒園 [yau3 yi4 yuen2]

Nut *n.* **(1)**果仁 [gwoh2 yan4]

Nutmeg *n.* **(1)**肉豆蔻 [yuk6 dau6 kau3]

Nutrient *n.* **(1)**養分 [yeung5 fan6]

Nutrition *n.* **(1)**營養 [ying4 yeung5]

Nutritious *adj.* **(1)**有營養 [yau5 ying4 yeung5]

Nutty *adj.* **(1)**(crazy)黐線 [chi1 sin3] **(2)**(containing nuts)含堅果嘅 [ham4 gin1 gwoh2 ge3] **(3)**(having the taste of or similar to nuts)堅果口味嘅 [gin1 gwoh2 hau2 mei6 ge3]

Nylon *n.* **(1)**尼龍 [nei4 lung4]

Oak *n.* **(1)**(wood)橡木 [jeung6 muk6]
(2)(tree)橡樹 [jeung6 sue6]

Oar *n.* **(1)**槳 [jeung2]

Oarsman *n.* **(1)**槳手 [jeung2 sau2]

Oasis *n.* **(1)**綠洲 [luk6 jau1]

Oat *n.* **(1)**燕麥 [yin3 mak6]

Oath *n.* **(1)**(a promise)誓言 [sai6 yin4]

Oatmeal *n.* **(1)**麥皮 [mak6 pei4]

Obedient *adj.* **(1)**聽話 [teng1 wa6]

Obese *adj.* **(1)**肥胖 [fei4 boon6]

Obesity *n.* **(1)**肥胖症 [fei4 boon6 jing3]

Obey *v.* **(1)**遵守 [jun1 sau2]

Obituary *n.* **(1)**訃告 [foo6 gou3]

Object *n.* **(1)**(cause)對象 [dui3 jeung6] **(2)**(thing)物體 [mat6 tai2] **(3)**(purpose)目的 [muk6 dik1] **(4)**(grammatical term)受詞 [sau6 chi4] *v.* **(5)**反對 [faan2 dui3]；唔贊成 [m4 jaan3 sing4]

Objectivism *n.* **(1)**客觀主義 [haak3 goon1 jue2 yi6]

Oblation *n.* **(1)**祭品 [jai3 ban2]

Obligation *n.* **(1)**義務 [yi6 mou6]

Obligatory *adj.* **(1)**有義務嘅 [yau5 yi6 mou6 ge3]

Obnoxious *adj.* **(1)**令人作嘔 [ling6 yan4 jok3 au2]

Obscene *adj.* **(1)**下流嘅 [ha6 lau4 ge3]

ENGLISH TO CANTONESE DICTIONARY

Observant adj. (1)觀察力強 [goon1 chaat3 lik6 keung4]

Observation n. (1)觀察 [goon1 chaat3]

Observatory n. (1)天文台 [tin1 man4 toi4]

Observe v. (1)觀察 [goon1 chaat3]

Obstinate adj. (1)硬頸 [ngaang6 geng2]

Obstruct v. (1)阻 [joh2]；阻擋 [joh2 dong2]

Obtain v. (1)得到 [dak1 dou2]

Obvious adj. (1)明顯 [ming4 hin2]

Occasion n. (1)場合 [cheung4 hap6]

Occasional adj. (1)間唔中 [gaan3 m4 jung1]

Occasionally adv. (1)耐唔中 [noi6 m4 jung1]

Occult adj. (1)神秘嘅 [san4 bei3 ge3] n. (2)神秘學 [san4 bei3 hok6]

Occupation n. (1)職業 [jik1 yip6]

Occupy v. (1)佔用 [jim3 yung6]

Ocean n. (1)海洋 [hoi2 yeung4]

Octagon n. (1)八邊形 [baat3 bin1 ying4]

October n. (1)十月 [sap6 yuet6]

Offend v. (1)(to make someone angry or upset)得罪 [dak1 jui6]

Offering n. (1)供品 [gung3 ban2]

Ointment n. (1)藥膏 [yeuk6 gou1]

Olfactory adj. (1)嗅覺嘅 [chau3 gok3 ge3]

Olive n. (1)橄欖 [gaam3 laam2]

Olive Oil n. (1)橄欖油 [gaam3 laam2 yau4]

Omelette n. (1)庵列 [am1 lit6]

On the Spot phr. (1)(immediately)即刻 [jik1 hak1] (2)(at the actual place where something is happening)即場 [jik1 cheung4]

Once adv. (1)一次 [yat1 chi3]

One num. (1)一 [yat1]

One-Way adj. (1)單程 [daan1 ching4]

Onion n. (1)洋蔥 [yeung4 chung1]

Onomatopoeia n. (1)象聲詞 [jeung6 sing1 chi4]

Onset n. (1)開始 [hoi1 chi2]

Onslaught n. (1)攻擊 [gung1 gik1]

Onus n. (1)職責 [jik1 jaak3]

Opera House n. (1)歌劇院 [goh1 kek6 yuen2]

Opera n. (1)歌劇 [goh1 kek6]

Opium n. (1)鴉片 [a1 pin3]

Opportunism n. (1)機會主義 [gei1 wooi6 jue2 yi6]

Oppose v. (1)反對 [faan2 dui3]

Opposite adj. (1)(facing)對面 [dui3 min6]

Oppress v. (1)壓制 [aat3 jai3]

Opt v. (1)揀 [gaan2]

ENGLISH TO CANTONESE DICTIONARY

Optimism *n.* **(1)**樂觀主義 [lok6 goon1 jue2 yi6]

Optimist *n.* **(1)**樂觀派 [lok6 goon1 paai3]

Optimistic *adj.* **(1)**樂觀 [lok6 goon1]

Option *n.* **(1)**選擇 [suen2 jaak6]

Opulence *n.* **(1)**(wealth)財富 [choi4 foo3] **(2)**(expensive and luxurious)奢華 [che1 wa4]

Opulent *adj.* **(1)**奢華 [che1 wa4]

Oracle *n.* **(1)**神諭 [san4 yue6]

Orange *adj.* **(1)**(colour)橙色 [chaang2 sik1] *n.* **(2)**(fruit)橙 [chaang2]

Ordinal Number *n.* **(1)**序數 [jui6 sou3]

Orphan *n.* **(1)**孤兒 [goo1 yi4]

Orphanage *n.* **(1)**孤兒院 [goo1 yi4 yuen2]

Ostrich *n.* **(1)**鴕鳥 [toh4 niu5]

Otter *n.* **(1)**水獺 [sui2 chaat3]

Our *det.* **(1)**我哋嘅 [ngoh5 dei6 ge3]

Ours *pron.* **(1)**我哋嘅 [ngoh5 dei6 ge3]

Ourselves *pron.* **(1)**我哋自己 [ngoh5 dei6 ji6 gei2]

Outstanding *adj.* **(1)**標青 [biu1 cheng1]

Ovary *n.* **(1)**卵巢 [lun2 chaau4]

Oven *n.* **(1)**焗爐 [guk6 lou4]

Owl *n.* **(1)**貓頭鷹 [maau1 tau4 ying1]

Oxygen *n.* **(1)**氧氣 [yeung5 hei3]

Oyster *n.* **(1)**蠔 [hou4]

Oyster Sauce *n.* **(1)**蠔油 [hou4 yau4]

P.M. *adv.* **(1)**下晝 [ha6 jau3]

Pacifier *n.* **(1)**奶嘴 [naai5 jui2]

Pacifism *n.* **(1)**和平主義 [woh4 ping4 jue2 yi6]

Package *n.* **(1)**包裝 [baau1 jong1]

Paddy *n.* **(1)**水田 [sui2 tin4]

Painter *n.* **(1)**畫家 [wa2 ga1]

Palace *n.* **(1)**皇宮 [wong4 gung1]

Palm *n.* **(1)**(it is the inner surface part of the hand that extends from the waist to the base of the fingers)手掌 [sau2 jeung2]

Panda *n.* **(1)**熊貓 [hung4 maau1]

Panic *adj.* **(1)**慌失失 [fong1 sat1 sat1]

Papaya *n.* **(1)**(fruit)番木瓜 [faan1 muk6 gwa1] **(2)**(tree)番木瓜樹 [faan1 muk6 gwa1 sue6]

Paper Towel *n.* **(1)**紙巾 [ji2 gan1]

Paper Bag *n.* **(1)**紙袋 [ji2 doi2]

Parachute *n.* **(1)**降落傘 [gong3 lok6 saan3]

Paradise *n.* **(1)**天堂 [tin1 tong4]

Parents *n.* **(1)**父母 [foo6 mou5]

Parliament *n.* **(1)**國會 [gwok3 wooi2]；議會 [yi5 wooi2]

Parrot *n.* **(1)**鸚鵡 [ying1 mou5]

ENGLISH TO CANTONESE DICTIONARY

Parson n. (1)牧師 [muk6 si1]

Pasteurisation n. (1)巴斯德消毒法 [ba1 si1 dak1 siu1 duk6 faat3]

Pastor n. (1)牧師 [muk6 si1]

Patriotism n. (1)愛國主義 [oi3 gwok3 jue2 yi6]

Pavement n. (1)行人路 [hang4 yan4 lou6]

Pawnshop n. (1)當舖 [dong3 pou2]

Pawpaw n. (1)(fruit)番木瓜 [faan1 muk6 gwa1] (2)(tree)番木瓜樹 [faan1 muk6 gwa1 sue6]

Pay Attention phr. (1)注意 [jue3 yi3]

Peace n. (1)和平 [woh4 ping4]

Peaceful adj. (1)和平 [woh4 ping4]

Peach n. (1)桃 [tou2]

Peacock n. (1)孔雀 [hung2 jeuk3]

Peanut Butter n. (1)花生醬 [fa1 sang1 jeung3]

Peanut Candy n. (1)花生糖 [fa1 sang1 tong2]

Peanut n. (1)花生 [fa1 sang1]

Peanut Oil n. (1)花生油 [fa1 sang1 yau4]

Peapod n. (1)豆殼 [dau6 hok3]

Pear n. (1)梨 [lei2]

Pearl n. (1)珍珠 [jan1 jue1]

Peas n. (1)青豆 [cheng1 dau2] ; 豌豆 [woon2 dau2]

Peasant n. (1)農民 [nung4 man4]

Pebble n. (1)卵石 [lun2 sek6]

Pecan n. (1)山核桃 [saan1 hat6 tou4]

Peculiar adj. (1)奇怪 [kei4 gwaai3]

Pedagogy n. (1)教法學 [gaau3 faat3 hok6] ; 教育學 [gaau3 yuk6 hok6]

Pedal n. (1)腳踏 [geuk3 daap6]

Pedestrian n. (1)行人 [hang4 yan4]

Pedestrian Overpass n. (1)行人天橋 [hang4 yan4 tin1 kiu4]

Peking Duck n. (1)北京鴨 [bak1 ging1 aap3]

Pencil n. (1)鉛筆 [yuen4 bat1]

Peninsula n. (1)半島 [boon3 dou2]

Perfectionism n. (1)完美主義 [yuen4 mei5 jue2 yi6]

Perfectionist n. (1)完美主義者 [yuen4 mei5 jue2 yi6 je2]

Perm v. (1)電髮 [din6 faat3]

Pessimism n. (1)悲觀主義 [bei1 goon1 jue2 yi6]

Pessimistic adj. (1)悲觀 [bei1 goon1]

Pesticide n. (1)農藥 [nung4 yeuk6]

Pharyngitis n. (1)咽頭炎 [yin1 tau4 yim4]

Philosopher n. (1)哲學家 [jit3 hok6 ga1]

Phlegm n. (1)(it is a thick secretion of mucous)痰 [taam4]

ENGLISH TO CANTONESE DICTIONARY

Photosynthesis *n.* **(1)** 光合作用 [gwong1 hap6 jok3 yung6]

Physical Education *n.* **(1)** 體育堂 [tai2 yuk6 tong4]

Physicist *n.* **(1)** 物理學家 [mat6 lei5 hok6 ga1]

Physiocracy *n.* **(1)** 重農主義 [jung6 nung4 jue2 yi6]

Piano *n.* **(1)** 鋼琴 [gong3 kam4]

Pickpocket *n.* **(1)** 扒手 [pa4 sau2]

Picnic *n.* **(1)** 野餐 [ye5 chaan1]

Picturesque *adj.* **(1)** 好靚 [hou2 leng3]

Piglet *n.* **(1)** 豬仔 [jue1 jai2]

Pilfer *v.* **(1)** 偷 [tau1]

Pill *n.* **(1)** 藥丸 [yeuk6 yuen2]

Pillar *n.* **(1)** 柱 [chue5]

Pillow *n.* **(1)** 枕頭 [jam2 tau4]

Pillowcase *n.* **(1)** 枕頭袋 [jam2 tau4 doi2]

Pilot *n.* **(1)** 飛機師 [fei1 gei1 si1]；機長 [gei1 jeung2]

Pineapple *n.* **(1)** 菠蘿 [boh1 loh4]

Pink *adj.* **(1)**(colour) 粉紅色 [fan2 hung4 sik1]

Plant *n.* **(1)** 植物 [jik6 mat6]

Platform *n.* **(1)**(it is a long, flat raised structure along the side of a railway track where the passengers get on and off trains at a railway station) 月臺 [yuet6 toi4]

Playboy *n.* **(1)** 花花公子 [fa1 fa1 gung1 ji2]

Playground *n.* **(1)** 遊樂場 [yau4 lok6 cheung4]

Plead *v.* **(1)** 懇求 [han2 kau4]

Pleasant *adj.* **(1)** 愉快 [yue4 faai3]

Pleasing *adj.* **(1)** 令人愉快 [ling6 yan4 yue4 faai3]

Plough *n.* **(1)** 犁 [lai4] *v.* **(2)** 耕田 [gaang1 tin4]

Ploughman *n.* **(1)** 農夫 [nung4 foo1]

Plum *n.* **(1)** 布冧 [bou3 lam1]

Plunder *v.* **(1)** 搶 [cheung2]

Poached *adj.* **(1)** 水煮 [sui2 jue2]

Poached Egg *n.* **(1)** 水波蛋 [sui2 boh1 daan2]

Poem *n.* **(1)** 詩 [si1]

Poet *n.* **(1)** 詩人 [si1 yan4]

Police Officer *n.* **(1)** 警察 [ging2 chaat3]

Police Station *n.* **(1)** 警署 [ging2 chue5]

Polygon *n.* **(1)** 多邊形 [doh1 bin1 ying4]

Polysaccharide *n.* **(1)** 多醣 [doh1 tong4]

Polyunsaturated Fat *n.* **(1)** 多元不飽和脂肪 [doh1 yuen4 bat1 baau2 woh4 ji1 fong1]

Poor Digestion *n.* **(1)** 消化不良 [siu1 fa3 bat1 leung4]

ENGLISH TO CANTONESE DICTIONARY

Popsicle *n.* **(1)**雪條 [suet3 tiu2]

Popular *adj.* **(1)**受歡迎 [sau6 foon1 ying4]

Population *n.* **(1)**人口 [yan4 hau2]

Porcelain *n.* **(1)**瓷器 [chi4 hei3]

Pork Fat *n.* **(1)**豬油 [jue1 yau4]

Pork *n.* **(1)**豬肉 [jue1 yuk6]

Pornographic *adj.* **(1)**色情 [sik1 ching4]

Potato *n.* **(1)**薯仔 [sue4 jai2]

Potential *adj.* **(1)**潛在 [chim4 joi6] *n.* **(2)**潛力 [chim4 lik6]

Pragmatism *n.* **(1)**實用主義 [sat6 yung6 jue2 yi6]

Prattle *v.* **(1)**噏 [ngap1]

Prawn *n.* **(1)**蝦 [ha1]

Precise *adj.* **(1)**精確 [jing1 kok3]；準確 [jun2 kok3]

Precook *v.* **(1)**預先煮好 [yue6 sin1 jue2 hou2]

Predecessor *n.* **(1)**前任 [chin4 yam6]

Predestined *adj.* **(1)**命運注定 [ming6 wan6 jue3 ding6]

Predicament *n.* **(1)**困境 [kwan3 ging2]

Preface *n.* **(1)**前言 [chin4 yin4]

Prelate *n.* **(1)**高級教士 [gou1 kap1 gaau3 si6]

Preliminary *adj.* **(1)**初步 [choh1 bou6]

Premature *adj.* **(1)**早產 [jou2 chaan2]

Premier *n.* **(1)**首相 [sau2 seung3]

Première *n.* **(1)**首映 [sau2 ying2]

Preservatives *n.* **(1)**防腐劑 [fong4 foo6 jai1]

Prey *n.* **(1)**獵物 [lip6 mat6]

Priest *n.* **(1)**神父 [san4 foo6]

Priestess *n.* **(1)**女祭司 [nui5 jai3 si1]

Primarily *adv.* **(1)**主要 [jue2 yiu3]

Prince *n.* **(1)**王子 [wong4 ji2]

Princess *n.* **(1)**公主 [gung1 jue2]

Prison *n.* **(1)**監獄 [gaam1 yuk6]

Prisoner *n.* **(1)**監犯 [gaam1 faan2]

Privacy *n.* **(1)**私隱 [si1 yan2]

Private *adj.* **(1)**私人 [si1 yan4]

Privately *adv.* **(1)**私底下 [si1 dai2 ha6]

Privation *n.* **(1)**貧困 [pan4 kwan3]

Privatisation *n.* **(1)**私有化 [si1 yau5 fa3]

Privilege *n.* **(1)**特權 [dak6 kuen4]

Prize *n.* **(1)**獎品 [jeung2 ban2]

Probation *n.* **(1)**試用期 [si3 yung6 kei4]

Profiteer *n.* **(1)**奸商 [gaan1 seung1]

Profligate *adj.* **(1)**嘥 [saai1]

Progeny *n.* **(1)**後代 [hau6 doi6]

Prorogue *v.* **(1)**休會 [yau1 wooi2]

Prostate Cancer *n.* **(1)**前列腺癌 [chin4 lit6 sin3 ngaam4]

52

ENGLISH TO CANTONESE DICTIONARY

Prostate *n.* **(1)**前列腺 [chin4 lit6 sin3]

Prostrate *v.* **(1)**趴低 [pa1 dai1]

Protectionism *n.* **(1)**貿易保護主義 [mau6 yik6 bou2 woo6 jue2 yi6]

Psalm *n.* **(1)**聖詩 [sing3 si1]

Psychologist *n.* **(1)**心理學家 [sam1 lei5 hok6 ga1]

Publisher *n.* **(1)**出版社 [chut1 baan2 se5]

Pull down *phr. v.* **(1)**(to destroy a building)拆 [chaak3]

Pull *v.* **(1)**拉 [laai1]

Pump *n.* **(1)**泵 [bam1] *v.* **(2)**泵 [bam1]

Pumpkin *n.* **(1)**南瓜 [naam4 gwa1]

Puny *adj.* **(1)**孱弱 [saan4 yeuk6]

Pure *adj.* **(1)**純 [sun4]

Purgative *n.* **(1)**瀉藥 [se3 yeuk6]

Puritan *n.* **(1)**(a member of a religious group in the 16th and 17th centuries)清教徒 [ching1 gaau3 tou4]

Purple *adj.* **(1)**(colour)紫色 [ji2 sik1]

Puzzle *n.* **(1)**砌圖 [chai3 tou4]

Pyjamas *n.* **(1)**睡衣 [sui6 yi1]

Pyrometer *n.* **(1)**高溫計 [gou1 wan1 gai3]

Queen *n.* **(1)**女皇 [nui5 wong4]；皇后 [wong4 hau6]

Question Mark *n.* **(1)**問號 [man6 hou6]

Questionnaire *n.* **(1)**問卷 [man6 guen2]

Quiche *n.* **(1)**法式鹹批 [faat3 sik1 haam4 pai1]

Quota *n.* **(1)**配額 [pooi3 ngaak2]

Quotation Mark *n.* **(1)**引號 [yan5 hou6]

Quotation *n.* **(1)**引文 [yan5 man4]

Quote *v.* **(1)**引用 [yan5 yung6]

Racism *n.* **(1)**種族歧視 [jung2 juk6 kei4 si6]

Railroad *n.* **(1)**鐵路 [tit3 lou6]

Railway Line *n.* **(1)**鐵路線 [tit3 lou6 sin3]

Railway *n.* **(1)**鐵路 [tit3 lou6]

Rain *n.* **(1)**雨 [yue5] *v.* **(2)**落雨 [lok6 yue5]

Rainbow *n.* **(1)**彩虹 [choi2 hung4]

Raincoat *n.* **(1)**雨褸 [yue5 lau1]

Raisin *n.* **(1)**葡萄乾 [pou4 tou4 gon1]；提子乾 [tai4 ji2 gon1]

Rapport *n.* **(1)**融洽 [yung4 hap1]

Rascal *n.* **(1)**無賴 [mou4 laai2]

Rat *n.* **(1)**老鼠 [lou5 sue2]

Ratio *n.* **(1)**比例 [bei2 lai6]

Rationalism *n.* **(1)**理性主義 [lei5 sing3 jue2 yi6]

Rattan basket *n.* **(1)**藤籃 [tang4 laam2]

Rattan *n.* **(1)**藤 [tang4]

ENGLISH TO CANTONESE DICTIONARY

Ravine *n.* **(1)**峽谷 [haap6 guk1]

Raw *adj.* **(1)**生 [saang1]

Reaction *n.* **(1)**反應 [faan2 ying3]

Reader *n.* **(1)**讀者 [duk6 je2]

Realism *n.* **(1)**現實主義 [yin6 sat6 jue2 yi6]

Recipient *n* **(1)**(of mail)收件人 [sau1 gin2 yan4]

Recitation *n* **(1)**朗誦 [long5 jung6]

Recite *v* **(1)**朗誦 [long5 jung6]

Reckon *v* **(1)**認爲 [ying6 wai4]

Rectangle *n.* **(1)**長方形 [cheung4 fong1 ying4]

Rectify *v* **(1)**校正 [gaau3 jing3]

Recycle *v* **(1)**循環再用 [chun4 waan4 joi3 yung6]；回收 [wooi4 sau1]

Red *adj.* **(1)**(colour)紅色 [hung4 sik1]

Red Vinegar *n.* **(1)**紅醋 [hung4 chou3]

Reed *n.* **(1)**蘆葦 [lou4 wai5]

Reformism *n.* **(1)**改良主義 [goi2 leung4 jue2 yi6]

Relaxing *adj.* **(1)**令人放鬆 [ling6 yan4 fong3 sung1]

Reliable *adj.* **(1)**可靠 [hoh2 kaau3]

Remuneration *n.* **(1)**報酬 [bou3 chau4]

Renovate *v.* **(1)**裝修 [jong1 sau1]

Reserve Fund *n.* **(1)**儲備基金 [chue5 bei6 gei1 gam1]

Reside *v.* **(1)**住 [jue6]

Residential Area *n.* **(1)**住宅區 [jue6 jaak2 kui1]

Residue *n.* **(1)**殘渣 [chaan4 ja1]

Respect *n.* **(1)**尊重 [juen1 jung6] *v.* **(2)**尊重 [juen1 jung6]

Restaurant *n.* **(1)**餐廳 [chaan1 teng1]；飯店 [faan6 dim3]

Reuse *v* **(1)**再用 [joi3 yung6]

Revisionism *n.* **(1)**修正主義 [sau1 jing3 jue2 yi6]

Revolting *adj.* **(1)**令人作嘔 [ling6 yan4 jok3 au2]

Reward *n.* **(1)**報酬 [bou3 chau4]

Rhubarb *n.* **(1)**大黃 [daai6 wong4]

Rhyme *v.* **(1)**押韻 [aat3 wan5]

Rib *n.* **(1)**肋骨 [lak6 gwat1]

Ribbon *n.* **(1)**絲帶 [si1 daai2]

Rice Cooker *n.* **(1)**飯煲 [faan1 bou1]

Rice *n.* **(1)**(cooked)飯 [faan6]；(uncooked)米 [mai5]

Rice Paper *n.* **(1)**宣紙 [suen1 ji2]

Rice Pudding *n.* **(1)**米布甸 [mai5 bou3 din1]

Rice Wine *n.* **(1)**米酒 [mai5 jau2]

Riddle *n.* **(1)**謎語 [mai4 yue5]

Rim *n.* **(1)**邊 [bin1]

Rind *n.* **(1)**皮 [pei4]

Ringtone *n.* **(1)**鈴聲 [ling4 sing1]

ENGLISH TO CANTONESE DICTIONARY

Roe *n.* (1)魚子 [yue4 ji2]；魚卵 [yue4 lun2]

Rooster *n.* (1)雞公 [gai1 gung1]

Rot *v.* (1)腐爛 [foo6 laan6]

Rouse *v.* (1)叫醒 [giu3 seng1]

Rout *v.* (1)徹底打敗 [chit3 dai2 da2 baai6]

Route *n.* (1)路線 [lou6 sin3]

Rub *v.* (1)磨 [moh4]

Ruffian *n.* (1)歹徒 [daai2 tou4]

Rugby *n.* (1)欖球 [laam2 kau4]

Rule Out *phr. v.* (1)排除 [paai4 chui4]

Rutabaga *n.* (1)瑞典大頭菜 [sui6 din2 daai6 tau4 choi3]

Sabbath *n.* (1)安息日 [on1 sik1 yat6]

Saccharin *n.* (1)糖精 [tong4 jing1]

Sack *n.* (1)麻包袋 [ma4 baau1 doi2]

Sacrament *n.* (1)聖禮 [sing3 lai5]

Sacred *adj.* (1)神聖 [san4 sing3]

Sad *adj.* (1)難過 [naan4 gwoh3]

Saddle *n.* (1)馬鞍 [ma5 on1]

Safe *adj.* (1)(not liable or be exposed to danger)安全 [on1 chuen4]

Safe Deposit Box *n.* (1)保險箱 [bou2 him2 seung1]

Safflower Oil *n.* (1)紅花油 [hung4 fa1 yau4]

Sailor *n.* (1)水手 [sui2 sau2]

Saint *n.* (1)聖人 [sing3 yan4]

Salad Dressing *n.* (1)沙律醬 [sa1 lut1 jeung3]

Salad *n.* (1)沙律 [sa1 lut1]

Salt *n.* (1)鹽 [yim4]

Salt Water *n.* (1)鹽水 [yim4 sui2]

Salty *adj.* (1)鹹 [haam4]

Salutation *n.* (1)致意 [ji3 yi3]

Sand *n.* (1)沙 [sa1]

Sandal *n.* (1)涼鞋 [leung4 haai4]

Sandstorm *n.* (1)沙塵暴 [sa1 chan4 bou6]

Sarcasm *n.* (1)諷刺 [fung3 chi3]

Sardine *n.* (1)沙甸魚 [sa1 din1 yue2]

Satay Sauce *n.* (1)沙嗲醬 [sa3 de1 jeung3]

Satire *n.* (1)諷刺 [fung3 chi3]

Satisfying *adj.* (1)令人滿意 [ling6 yan4 moon5 yi3]

Saturated Fat *n.* (1)飽和脂肪 [baau2 woh4 ji1 fong1]

Saturday *n.* (1)禮拜六 [lai5 baai3 luk6]

Sauce *n.* (1)汁 [jap1]

Saucer *n.* (1)茶杯碟 [cha4 booi1 dip6]

Sauna *n.* (1)桑拿 [song1 na4]

Sausage *n.* (1)香腸 [heung1 cheung2]

Scab *n.* (1)痂 [ga1]

Scald *v.* (1)烚 [naat3]

Scales *n.* (1)魚鱗 [yue4 lun4]

ENGLISH TO CANTONESE DICTIONARY

Scallion *n.* **(1)** 青蔥 [cheng1 chung1]

Scallops *n.* **(1)** 扇貝 [sin3 booi3]

Scalp *n.* **(1)** 頭皮 [tau4 pei4]

Scalpel *n.* **(1)** 手術刀 [sau2 sut6 dou1]

Scholar *n.* **(1)** 學者 [hok6 je2]

School Bag *n.* **(1)** 書包 [sue1 baau1]

School *n.* **(1)** 學校 [hok6 haau6]

Science Fiction *n.* **(1)** 科幻小說 [foh1 waan6 siu2 suet3]

Scientist *n.* **(1)** 科學家 [foh1 hok6 ga1]

Scissors *n.* **(1)** 鉸剪 [gaau3 jin2]

Scope *n.* **(1)** 範圍 [faan6 wai4]

Scoundrel *n.* **(1)** 無賴 [mou4 laai2]

Scrambled Eggs *n.* **(1)** 炒蛋 [chaau2 daan2]

Script *n.* **(1)** 劇本 [kek6 boon2]

Scrotum *n.* **(1)** 鬍袋 [chun1 doi2]

Sculptor *n.* **(1)** 雕刻家 [diu1 hak1 ga1]

Sculpture *n.* **(1)** 雕像 [diu1 jeung6]

Sea Coast *n.* **(1)** 海岸 [hoi2 ngon6]

Sea *n.* **(1)** 海 [hoi2]

Sea Snail *n.* **(1)** 海螺 [hoi2 loh4]

Sea Urchin *n.* **(1)** 海膽 [hoi2 daam2]

Seafood *n.* **(1)** 海鮮 [hoi2 sin1]

Seahorse *n.* **(1)** 海馬 [hoi2 ma5]

Seashore *n.* **(1)** 海邊 [hoi2 bin1]

Season *n.* **(1)** 季節 [gwai3 jit3]

Seasonings *n.* **(1)** 調味品 [tiu4 mei6 ban2]；調味料 [tiu4 mei6 liu2]

Second *adj.* **(1)**(ordinal number) 第二 [dai6 yi6]

Second-hand *adj.* **(1)** 二手 [yi6 sau2]

Secretary *n.* **(1)** 秘書 [bei3 sue1]

Seeds *n.* **(1)** 種子 [jung2 ji2]

Seismologist *n.* **(1)** 地震學家 [dei6 jan3 hok6 ga1]

Self-Confidence *n.* **(1)** 自信 [ji6 sun3]

Selfish *adj.* **(1)** 自私 [ji6 si1]

Self-Respect *n.* **(1)** 自尊 [ji6 juen1]

Sentry *n.* **(1)** 哨兵 [saau3 bing1]

Separatism *n.* **(1)** 分裂主義 [fan1 lit6 jue2 yi6]

September *n.* **(1)** 九月 [gau2 yuet6]

Sermon *n.* **(1)** 佈道 [bou3 dou6]

Seven *num.* **(1)** 七 [chat1]

Seventeen *num.* **(1)** 十七 [sap6 chat1]

Seventeenth *adj.* **(1)**(ordinal number) 第十七 [dai6 sap6 chat1]

Seventh *adj.* **(1)**(ordinal number) 第七 [dai6 chat1]

Seventieth *adj.* **(1)**(ordinal number) 第七十 [dai6 chat1 sap6]

Seventy *num.* **(1)** 七十 [chat1 sap6]

Sexism *n.* **(1)** 性別歧視 [sing3 bit6 kei4 si6]

ENGLISH TO CANTONESE DICTIONARY

Shadow *n.* **(1)** 影 [ying2]

Shady *adj.* **(1)** 陰涼 [yam1 leung4]

Shallow *adj.* **(1)** 淺 [chin2]

Shampoo *n.* **(1)** 洗頭水 [sai2 tau4 sui2]

Shape *n.* **(1)** 形狀 [ying4 jong6] *v.* **(2)** 塑造 [sou3 jou6]

Shareholder *n.* **(1)** 股東 [goo2 dung1]

She *pron.* **(1)** 佢 [kui5]

Sheep *n.* **(1)** 羊 [yeung4]

Shine *v.* **(1)** 發光 [faat3 gwong1]

Shinto *n.* **(1)** 神道教 [san4 dou6 gaau3]

Shooting Star *n.* **(1)** 流星 [lau4 sing1]

Shop *n.* **(1)**(it is a place where goods and services can be bought) 舖頭 [pou3 tau2]

Shopping Basket *n.* **(1)** 購物籃 [kau3 mat6 laam2]

Shopping Cart *n.* **(1)** 購物車 [kau3 mat6 che1]

Shopping Centre *n.* **(1)** 商場 [seung1 cheung4]

Shortish *adj.* **(1)** 矮矮哋 [ai2 ai2 dei2]

Shoulder *n.* **(1)** 膊頭 [bok3 tau4]

Shovel *n.* **(1)** 鏟 [chaan2]

Shy *adj.* **(1)** 怕醜 [pa3 chau2]

Sidewalk *n.* **(1)** 行人路 [hang4 yan4 lou6]

Sieve *n.* **(1)** 篩 [sai1] *v.* **(2)** 篩 [sai1]

Sift *v.* **(1)**(closely examine) 仔細檢查 [ji2 sai3 gim2 cha4] **(2)**(separate something through a sieve) 篩 [sai1]

Sight *n.* **(1)**(the power of seeing) 視力 [si6 lik6] **(2)**(someone or something that is within one's view) 視線 [si6 sin3] *v.* **(3)** 發現 [faat3 yin6]

Sight Unseen *adv.* **(1)** 未見過嘅 [mei6 gin3 gwoh3 ge3]；冇親眼見過嘅 [mou5 chan1 ngaan5 gin3 gwoh3 ge3]

Silk Fabric *n.* **(1)** 綾羅綢緞 [ling4 loh4 chau4 duen6]

Silk *n.* **(1)** 絲綢 [si1 chau4]

Simile *n.* **(1)** 明喻 [ming4 yue6]

Simple *adj.* **(1)** 簡單 [gaan2 daan1]

Sin *n.* **(1)** 罪孽 [jui6 yip6]

Sink *n.* **(1)** 水槽 [sui2 chou4]

Sinologist *n.* **(1)** 漢學家 [hon3 hok6 ga1]

Sinusitis *n.* **(1)** 鼻竇炎 [bei6 dau6 yim4]

Sirloin Steak *n.* **(1)** 西冷牛扒 [sai1 laang5 ngau4 pa2]

Sister-In-Law *n.* **(1)**(the wife of one's elder brother) 阿嫂 [a3 sou2] **(2)**(the wife of one's younger brother) 弟婦 [dai6 foo5] **(3)**(the elder sister of one's wife) 大姨 [daai6 yi4] **(4)**(the younger sister of one's husband) 姑仔 [goo1 jai2]

ENGLISH TO CANTONESE DICTIONARY

(5)(the elder sister of one's husband)姑奶 [goo1 naai1] **(6)**(the younger sister of one's wife)姨仔 [yi1 jai2]

Sisters *n.* **(1)**姊妹 [ji2 mooi2]

Sit Down *v.* **(1)**坐低 [choh5 dai1]

Sit Up *v.* **(1)**坐起身 [choh5 hei2 san1]

Six *num.* **(1)**六 [luk6]

Sixteen *num.* **(1)**十六 [sap6 luk6]

Sixteenth *adj.* **(1)**(ordinal number)第十六 [dai6 sap6 luk6]

Sixth *adj.* **(1)**(ordinal number)第六 [dai6 luk6]

Sixtieth *adj.* **(1)**(ordinal number)第六十 [dai6 luk6 sap6]

Sixty *num.* **(1)**六十 [luk6 sap6]

Size *n.* **(1)**尺碼 [chek3 ma5]

Skating Rink *n.* **(1)**溜冰場 [lau4 bing1 cheung4]

Skin *n.* **(1)**皮 [pei4]

Slang *n.* **(1)**俚語 [lei5 yue5]

Slave *n.* **(1)**奴隸 [nou4 dai6]

Sleep *v.* **(1)**瞓覺 [fan3 gaau3]

Sleeping Bag *n.* **(1)**睡袋 [sui6 doi2]

Sleeve *n.* **(1)**袖 [jau6]

Sliced Meat *n.* **(1)**肉片 [yuk6 pin2]

Slightly *adv.* **(1)**略略 [leuk6 leuk2]

Slipper *n.* **(1)**拖鞋 [toh1 haai2]

Slow *adj.* **(1)**慢 [maan6]

Slush Fund *n.* **(1)**賄賂基金 [kooi2 lou6 gei1 gam1]

Small Size *n.* **(1)**細碼 [sai3 ma5]

Smallpox *n.* **(1)**天花 [tin1 fa1]

Smell *n.* **(1)**味 [mei6]；味覺 [mei6 gok3] *v.* **(2)**聞 [man4]

Smog *n.* **(1)**煙霧 [yin1 mou6]

Smoke *n.* **(1)**煙 [yin1] *v.* **(2)**食煙 [sik6 yin1]

Smoked *adj.* **(1)**煙熏 [yin1 fan1]

Smoked Bacon *n.* **(1)**煙肉 [yin1 yuk6]

Smoked Meat *n.* **(1)**煙肉 [yin1 yuk6]

Smoked Salmon *n.* **(1)**煙三文魚 [yin1 saam1 man4 yue2]

Smoker *n.* **(1)**煙民 [yin1 man4]

Smooth *adj.* **(1)**滑 [waat6]

Smoothie *n.* **(1)**冰沙 [bing1 sa1]

Smoothly *adv.* **(1)**順利 [sun6 lei6]

Snake *n.* **(1)**蛇 [se4]

Snore *n.* **(1)**鼻鼾聲 [bei6 hon3 seng1] *v.* **(2)**扯鼻鼾 [che2 bei6 hon3]

Snorkel *n.* **(1)**潛水吸氣管 [chim4 sui2 kap1 hei3 goon2]

Snow *n.* **(1)**雪 [suet3] *v.* **(2)**落雪 [lok6 suet3]

So *adv.* **(1)**咁 [gam3] *conj.* **(2)**所以 [soh2 yi5]

Soap *n.* **(1)**番梘 [faan1 gaan2]

ENGLISH TO CANTONESE DICTIONARY

Soccer Game *n.* **(1)** 足球比賽 [juk1 kau4 bei2 choi3]；足球賽 [juk1 kau4 choi3]

Soccer Jersey *n.* **(1)** 波衫 [boh1 saam1]

Soccer *n.* **(1)** 足球 [juk1 kau4]

Social Insurance *n.* **(1)** 社會保險 [se5 wooi2 bou2 him2]

Social Security *n.* **(1)** 社會保障 [se5 wooi2 bou2 jeung3]

Socialism *n.* **(1)** 社會主義 [se5 wooi2 jue2 yi6]

Sock *n.* **(1)** 襪 [mat6]

Sodium Bicarbonate *n.* **(1)** 蘇打粉 [sou1 da2 fan2]

Sofa *n.* **(1)** 梳化 [soh1 fa2]

Software *n.* **(1)** 軟件 [yuen5 gin2]

Solid *adj.* **(1)** 實心 [sat6 sam1] *n.* **(2)** 固體 [goo3 tai2]

Son *n.* **(1)** 仔 [jai2]

Son-In-Law *n.* **(1)** 女婿 [nui5 sai3]

Soot *n.* **(1)** 煤灰 [mooi4 fooi1]

Sore Throat *n.* **(1)** 喉嚨痛 [hau4 lung4 tung3]

Sorghum *n.* **(1)** 高粱 [gou1 leung4]

Sorrow *v.* **(1)** 難過 [naan4 gwoh3]

South East *n.* **(1)** (one of the points of the compass) 東南 [dung1 naam4]

South Korea *n.* **(1)** 南韓 [naam4 hon4]

South *n.* **(1)** (one of the points of the compass) 南 [naam4]

South South East *n.* **(1)** (one of the points of the compass) 東南偏南 [dung1 naam4 pin1 naam4]

South South West *n.* **(1)** (one of the points of the compass) 西南偏南 [sai1 naam4 pin1 naam4]

South West *n.* **(1)** (one of the points of the compass) 西南 [sai1 naam4]

Soy Sauce *n.* **(1)** 豉油 [si6 yau4]

Speak Of The Devil *idiom* **(1)** 日頭唔好講人，夜晚唔好講鬼 [jat6 tau2 m4 hou2 gong2 yan4, ye6 maan5 m4 hou2 gong2 gwai2]

Spear *n.* **(1)** 矛 [maau4]

Spherical *n.* **(1)** 球形 [kau4 ying4]

Sphygmomanometer *n.* **(1)** 血壓計 [huet3 aat3 gai3]

Spoken Language *n.* **(1)** 口語 [hau2 yue5]

Sponge Cake *n.* **(1)** 海綿蛋糕 [hoi2 min4 daan6 gou1]

Spoon *n.* **(1)** 匙羹 [chi4 gang1]

Spoonful *n.* **(1)** 一匙羹 [yat1 chi4 gang1]

Sports *adj.* **(1)** 體育 [tai2 yuk6]

Spring *n.* **(1)** (season) 春天 [chun1 tin1] **(2)** (coil) 彈簧 [daan6 wong4] **(3)** (water source) 泉 [chuen4]

ENGLISH TO CANTONESE DICTIONARY

Spring Roll *n.* **(1)**春卷 [chun1 guen2]

Sprouts *n.* **(1)**豆芽 [dau6 nga4]

Square *n.* **(1)**四方形 [sei3 fong1 ying4]

Squat *v.* **(1)**(to lower oneself towards the ground but not touching it by balancing on one's feet with both legs bent)踎 [mau1]

Squid *n.* **(1)**魷魚 [yau4 yue2]

Squirrel *n.* **(1)**松鼠 [chung4 sue2]

Stadium *n.* **(1)**體育場 [tai2 yuk6 cheung4]

Star Anise *n.* **(1)**八角 [baat3 gok3]

Star *n.* **(1)**星星 [sing1 sing1]

Stargate *n.* **(1)**星際之門 [sing1 jai3 ji1 moon4]

Statism *n.* **(1)**國家主義 [gwok3 ga1 jue2 yi6]

Steam *n.* **(1)**蒸氣 [jing1 hei3]

Sterilise *v.* **(1)**(make something free from bacteria or other living microorganisms.)消毒 [siu1 duk6]

Stove *n.* **(1)**火爐 [foh2 lou4]

Strategic *adj.* **(1)**戰略性 [jin3 leuk6 sing3]

Strategically *adv.* **(1)**戰略上 [jin3 leuk6 seung6]

Strategy *n.* **(1)**戰略 [jin3 leuk6]

Stratocumulus *n.* **(1)**層積雲 [chang4 jik1 wan4]

Stratus *n.* **(1)**層雲 [chang4 wan4]

Stream *n.* **(1)**小溪 [siu2 kai1]

Street Sign *n.* **(1)**路牌 [lou6 paai2]

Strength *n.* **(1)**力量 [lik6 leung6]

Stress *n.* **(1)**壓力 [aat3 lik6] *v.* **(2)**強調 [keung4 diu6]

Stretch *v.* **(1)**伸 [san1]

Stretcher *n.* **(1)**擔架 [daam1 ga2]

Strict *adj.* **(1)**嚴格 [yim4 gaak3]

Striking *adj.* **(1)**顯著 [hin2 jue3]

String *n.* **(1)**繩 [sing2]

Stripe *n.* **(1)**條紋 [tiu4 man4]

Strong *adj.* **(1)**強大 [keung4 daai6]

Stubborn *adj.* **(1)**硬頸 [ngaang6 geng2]

Student Card *n.* **(1)**學生證 [hok6 saang1 jing3]

Student *n.* **(1)**學生 [hok6 saang1]

Studio *n.* **(1)**工作室 [gung1 jok3 sat1]

Stuff *n.* **(1)**嘢 [ye5]

Subjectivism *n.* **(1)**主觀主義 [jue2 goon2 jue2 yi6]

Submarine *n.* **(1)**潛水艇 [chim4 sui2 teng5]

Subway *n.* **(1)**地鐵 [dei6 tit3]

Subway Station *n.* **(1)**地鐵站 [dei6 tit3 jaam6]

Summer *n.* **(1)**夏天 [ha6 tin1]；熱天 [yit6 tin1]

Sunday *n.* **(1)**禮拜日 [lai5 baai3 yat6]

Sundown *n.* **(1)**日落 [yat6 lok6]

60

ENGLISH TO CANTONESE DICTIONARY

Sunlight n. (1)陽光 [yeung4 gwong1]

Sunny-Side-Up Fried Eggs n. (1)太陽蛋 [taai3 yeung4 daan2]

Sunrise n. (1)日出 [yat6 chut1]

Sunset n. (1)日落 [yat6 lok6]

Sunup n. (1)日出 [yat6 chut1]

Supermarket n. (1)超級市場 [chiu1 kap1 si5 cheung4]

Swearing n. (1)粗口 [chou1 hau2]

Sweden n. (1)瑞典 [sui6 din2]

Swedish adj. (1)瑞典 [sui6 din2]

Sweet Potato n. (1)蕃薯 [faan1 sue2]

Swell v. (1)腫 [jung2]

Swelling n. (1)腫 [jung2]

Swindler n. (1)騙子 [pin3 ji2]

Swiss adj. (1)瑞士 [sui6 si6]

Swiss Cheese n. (1)瑞士芝士 [sui6 si6 ji1 si2]

Switzerland n. (1)瑞士 [sui6 si6]

Sword n. (1)劍 [gim3]

Swordfish n. (1)劍魚 [gim3 yue2]

Syllable n. (1)音節 [yam1 jit3]

Symbol n. (1)記認 [gei3 ying6]

Symmetry n. (1)對稱 [dui3 ching3]

Syrup n. (1)糖漿 [tong4 jeung1]

Tablespoon n. (1)大匙羹 [daai6 chi4 gang1]

Tail-less pun n. (1)歇後語 [hit3 hau6 yue5]

Tampon n. (1)衛生棉條 [wai6 sang1 min4 tiu2]

Tank n. (1)坦克 [taan2 hak1]；坦克車 [taan2 hak1 che1]

Taoism n. (1)道教 [dou6 gaau3]

Taoist n. (1)道教徒 [dou6 gaau3 tou4]

Tape n. (1)帶 [daai2]

Target n. (1)目標 [muk6 biu1]

Task n. (1)任務 [yam6 mou6]

Taste n. (1)味道 [mei6 dou6] v. (2)食 [sik6]

Tasty adj. (1)好味 [hou2 mei6]；好食 [hou2 sik6]

Tax n. (1)稅 [sui3]

Taxation n. (1)稅收 [sui3 sau1]

Taxi n. (1)的士 [dik1 si2]

Taxi Stand n. (1)的士站 [dik1 si2 jaam6]

Taxpayer n. (1)納稅人 [naap6 sui3 yan4]

Tea Bag n. (1)茶包 [cha4 baau1]

Tea Kettle n. (1)茶壺 [cha4 woo2]

Tea Leaves n. (1)茶葉 [cha4 yip6]

Tea n. (1)茶 [cha4]

Teach v. (1)教 [gaau3]

Teacher n. (1)老師 [lou5 si1]

ENGLISH TO CANTONESE DICTIONARY

Teaching Materials *n.* **(1)**教材 [gaau3 choi4]

Team *n.* **(1)**團隊 [tuen4 dui2]

Teapot *n.* **(1)**茶煲 [cha4 bou1]

Tears *n.* **(1)**眼淚 [ngaan5 lui6]

Teaspoon *n.* **(1)**茶匙 [cha4 chi4]

Technique *n.* **(1)**技巧 [gei6 haau2]

Technology *n.* **(1)**科技 [foh1 gei6]

Ten *num.* **(1)**十 [sap6]

Tennis *n.* **(1)**網球 [mong5 kau4]

Tennis Player *n.* **(1)**網球手 [mong5 kau4 sau2]

Tenth *adj.* **(1)**(ordinal number) 第十 [dai6 sap6]

Tercentenary *n.* **(1)**三百週年 [saam1 baak3 jau1 nin4]

Teriyaki Sauce *n.* **(1)**照燒醬 [jiu3 siu1 jeung3]

Terrorism *n.* **(1)**恐怖主義 [hung2 bou3 jue2 yi6]

Terrorist *n.* **(1)**恐怖份子 [hung2 bou3 fan6 ji2]

Tetanus *n.* **(1)**破傷風 [poh3 seung1 fung1]

That *det.* **(1)**嗰 [goh2]；嗰個 [goh2 goh3] *pron.* **(2)**嗰個 [goh2 goh3]

The Gentry *n.* **(1)**上流社會人士 [seung6 lau4 se5 wooi2 yan4 si6]

The Gospel *n.* **(1)**福音 [fuk1 yam1]

The Nobility *n.* **(1)**貴族 [gwai3 juk6]

The Occident *n.* **(1)**西方 [sai1 fong1]

The Sights *n.* **(1)**景點 [ging2 dim2]；名勝 [ming4 sing3]

The Silk Road *n.* **(1)**絲綢之路 [si1 chau4 ji1 lou6]；絲路 [si1 lou6]

The Police *n.* **(1)**警方 [ging2 fong1]

Theft *n.* **(1)**偷竊 [tau1 sit3]；偷野 [tau1 ye5]

Their *det.* **(1)**佢哋嘅 [kui5 dei6 ge3]

Theirs *pron.* **(1)**佢哋嘅 [kui5 dei6 ge3]

Them *pron.* **(1)**佢哋 [kui5 dei6]

Themselves *pron.* **(1)**佢哋自己 [kui5 dei6 ji6 gei2]

Theologian *n.* **(1)**神學家 [san4 hok6 ga1]

Theoretical *adj.* **(1)**理論上 [lei5 lun6 seung6]

Theory *n.* **(1)**理論 [lei5 lun6]

There *adv.* **(1)**(at, in, or to that place or position)嗰度 [goh2 dou6]

Therefore *adv.* **(1)**所以 [soh2 yi5]

These *det.* **(1)**呢啲 [ni1 di1] *pron.* **(2)**呢啲 [ni1 di1]

They *pron.* **(1)**佢哋 [kui5 dei6]

Third *adj.* **(1)**(ordinal number) 第三 [dai6 saam1]

Thirteen *num.* **(1)**十三 [sap6 saam1]

Thirteenth *adj.* **(1)**(ordinal number) 第十三 [dai6 sap6 saam1]

ENGLISH TO CANTONESE DICTIONARY

Thirtieth *adj.* **(1)**(ordinal number) 第三十 [dai6 saam1 sap6]
Thirty *num.* **(1)** 三十 [saam1 sap6]
This *det.* **(1)** 呢 [ni1]；呢個 [ni1 goh3] *pron.* **(2)** 呢個 [ni1 goh3]
Those *det.* **(1)** 嗰啲 [goh2 di1] *pron.* **(2)** 嗰啲 [goh2 di1]
Thousand *num.* **(1)** 千 [chin1]
Thousandth *adj.* **(1)**(ordinal number) 第一千 [dai6 yat1 chin1]
Three *num.* **(1)** 三 [saam1]
Thrice *adv.* **(1)** 三次 [saam1 chi3]
Thrifty *adj.* **(1)** 慳 [haan1]
Thumb *n.* **(1)** 手指公 [sau2 ji2 gung1]
Thursday *n.* **(1)** 禮拜四 [lai5 baai3 sei3]
Thyme *n.* **(1)** 百里香 [baak3 lei5 heung1]
Tide *n.* **(1)** 潮汐 [chiu4 jik6]
Tights *n.* **(1)** 緊身褲 [gan2 san1 foo3]
Time *n.* **(1)** 時間 [si4 gaan3]
Time Difference *n.* **(1)** 時差 [si4 cha1]
Time Lag *n.* **(1)** 時差 [si4 cha1]
Time Zone *n.* **(1)** 時區 [si4 kui1]
Timer *n.* **(1)** 計時器 [gai3 si4 hei3]
Timetable *n.* **(1)** 時間表 [si4 gaan3 biu2]
Tin *n.* **(1)** 罐頭 [goon3 tau2]

Tiny *adj.* **(1)** 超細 [chiu1 sai3]
To get straight to the point *idiom* **(1)** 單刀直入 [daan1 dou1 jik6 yap6]
Toaster *n.* **(1)** 多士爐 [doh1 si2 lou4]
Tobacco *n.* **(1)** 煙草 [yin1 chou2]
Today *adv.* **(1)**(on the present day) 今日 [gam1 yat6] *n.* **(2)**(on the present day) 今日 [gam1 yat6]
Toe *n.* **(1)** 腳趾 [geuk3 ji2]
Tofu *n.* **(1)** 豆腐 [dau6 foo6]
Toilet Tissue *n.* **(1)** 廁紙 [chi3 ji2]
Toll *n.* **(1)**(a small charge for using a road, crossing a bridge, etc.) 路費 [lou6 fai3]
Tomorrow *adv.* **(1)**(day after today) 聽日 [ting1 yat6] *n.* **(2)**(day after today) 聽日 [ting1 yat6]
Tonight *adv.* **(1)** 今晚 [gam1 maan5] *n.* **(2)** 今晚 [gam1 maan5]
Toothbrush *n.* **(1)** 牙刷 [nga4 chaat3]
Toothpaste *n.* **(1)** 牙膏 [nga4 gou1]
Toothpick *n.* **(1)** 牙籤 [nga4 chim1]
Totalitarianism *n.* **(1)** 極權主義 [gik6 kuen4 jue2 yi6]
Tourist *n.* **(1)** 遊客 [yau4 haak3]
Trace *v.* **(1)** 追蹤 [jui1 jung1]
Traffic Lights *n.* **(1)** 紅綠燈 [hung4 luk6 dang1]

ENGLISH TO CANTONESE DICTIONARY

Trans Fat *n.* (1)反式脂肪 [faan2 sik1 ji1 fong1]

Transistor *n.* (1)電晶體 [din6 jing1 tai2]

Translate *v.* (1)翻譯 [faan1 yik6]

Translation *n.* (1)翻譯 [faan1 yik6]

Translator *n.* (1)翻譯家 [faan1 yik6 ga1]

Transparent *adj.* (1)透明 [tau3 ming4]

Traveller's cheque *n.* (1)旅行支票 [lui5 hang4 ji1 piu3]

Triangle *n.* (1)三角形 [saam1 gok3 ying4]

Truffle *n.* (1)松露 [chung4 lou6]

Tuesday *n.* (1)禮拜二 [lai5 baai3 yi6]

Tuna *n.* (1)吞拿魚 [tan1 na4 yue2]

Tunnel *n.* (1)隧道 [sui6 dou6]

Twelfth *adj.* (1)(ordinal number)第十二 [dai6 sap6 yi6]

Twelve *num.* (1)十二 [sap6 yi6]

Twentieth *adj.* (1)(ordinal number)第二十 [dai6 yi6 sap6]

Twenty *num.* (1)二十 [yi6 sap6]

Twenty-Eight *num.* (1)二十八 [yi6 sap6 baat3]

Twenty-Eighth *adj.* (1)(ordinal number)第二十八 [dai6 yi6 sap6 baat3]

Twenty-Fifth *adj.* (1)(ordinal number)第二十五 [dai6 yi6 sap6 ng5]

Twenty-First *adj.* (1)(ordinal number)第二十一 [dai6 yi6 sap6 yat1]

Twenty-Five *num.* (1)二十五 [yi6 sap6 ng5]

Twenty-Forth *adj.* (1)(ordinal number)第二十四 [dai6 yi6 sap6 sei3]

Twenty-Four *num.* (1)二十四 [yi6 sap6 sei3]

Twenty-Nine *num.* (1)二十九 [yi6 sap6 gau2]

Twenty-Ninth *adj.* (1)(ordinal number)第二十九 [dai6 yi6 sap6 gau2]

Twenty-One *num.* (1)二十一 [yi6 sap6 yat1]

Twenty-Second *adj.* (1)(ordinal number)第二十二 [dai6 yi6 sap6 yi6]

Twenty-Seven *num.* (1)二十七 [yi6 sap6 chat1]

Twenty-Seventh *adj.* (1)(ordinal number)第二十七 [dai6 yi6 sap6 chat1]

Twenty-Sixth *adj.* (1)(ordinal number)第二十六 [dai6 yi6 sap6 luk6]

Twenty-Sixth. (1)二十六 [yi6 sap6 luk6]

Twenty-Third *adj.* (1)(ordinal number)第二十三 [dai6 yi6 sap6 saam1]

Twenty-Three *num.* (1)二十三 [yi6 sap6 saam1]

Twenty-Two *num.* (1)二十二 [yi6 sap6 yi6]

Twice *adv.* (1)兩次 [leung5 chi3]

Two *num.* (1)二 [yi6]

ENGLISH TO CANTONESE DICTIONARY

Typhoon *n.* **(1)**颱風 [toi4 fung1]

Typhoon Signal *n.* **(1)**風球 [fung1 kau4]

Typical *adj.* **(1)**典型嘅 [din2 ying4 ge3]

Tyrant *n.* **(1)**暴君 [bou6 gwan1]

Ultra-High-Temperature processing *n.* **(1)**超高溫消毒法 [chiu1 gou1 wan1 siu1 duk6 faat3]

Umbrella *n.* **(1)**遮 [je1]；雨遮 [yue5 je1]

Uncle *n.* **(1)**(the elder brother of one's father)阿伯 [a3 baak3]；伯父 [baak3 foo6] **(2)**(the younger brother of one's father)阿叔 [a3 suk1]；叔父 [suk1 foo6] **(3)**(the husband of a sister of one's father)姑丈 [goo1 jeung2] **(4)**(the husband of a sister of one's mother)姨丈 [yi4 jeung2] **(5)**(mother's brother) 舅父 [kau5 foo2] **(6)**(father's younger brother)叔叔 [suk1 suk1]

Unilateral *n.* **(1)**單邊主義 [daan1 bin1 jue2 yi6]

Universal Adapter *n.* **(1)**萬能插蘇 [maan6 nang4 chaap3 sou1]

University *n.* **(1)**大學 [daai6 hok6]

Unsaturated Fat *n.* **(1)**不飽和脂肪 [bat1 baau2 woh4 ji1 fong1]

Untidy *adj* **(1)**亂七八糟 [luen6 chat1 baat3 jou1]

Upper Class *n.* **(1)**上流社會 [seung6 lau4 se5 wooi2]

Urgent *adj.* **(1)**緊急 [gan2 gap1]

Urine *n.* **(1)**尿 [niu6]

Us *pron.* **(1)**我哋 [ngoh5 dei6]

Usurer *n.* **(1)**大耳窿 [daai6 yi5 lung1]

Utilitarianism *n.* **(1)**功利主義 [gung1 lei6 jue2 yi6]

Valet *n.* **(1)**(the manservant of a wealthy man)貼身男僕 [tip3 san1 naam4 buk6]

Vase *n.* **(1)**花樽 [fa1 jun1]

Veil *n.* **(1)**面紗 [min6 sa1]

Venison *n.* **(1)**鹿肉 [luk2 yuk6]

Vernacular Speech *n.* **(1)**口語 [hau2 yue5]

Verse *n.* **(1)**詩詞 [si1 chi4]

Village *n.* **(1)**鄉村 [heung1 chuen1]

Villager *n.* **(1)**村民 [chuen1 man4]

Vineyard *n.* **(1)**葡萄園 [pou4 tou4 yuen4]

Virus *n.* **(1)**病毒 [beng6 duk6]

Vitality *n.* **(1)**活力 [woot6 lik6]

Vomit *v.* **(1)**嘔 [au2]

Vulgar Language *n.* **(1)**粗話 [chou1 wa2]

Walkway *n.* **(1)**行人路 [hang4 yan4 lou6]

Wallaby *n.* **(1)**沙袋鼠 [sa1 doi6 sue2]

ENGLISH TO CANTONESE DICTIONARY

War Memorial *n.* **(1)**戰爭紀念碑 [jin3 jang1 gei3 nim6 bei1]

War *n.* **(1)**戰爭 [jin3 jang1]

Wardrobe *n.* **(1)**衣櫃 [yi1 gwai6]

Wasabi *n.* **(1)**山葵 [saan1 kwai4]

Wasp *n.* **(1)**黃蜂 [wong4 fung1]

Water *n.* **(1)**水 [sui2] *v.* **(2)**淋 [lam4]

Waterfall *n.* **(1)**瀑布 [buk6 bou3]

Watermelon *n.* **(1)**西瓜 [sai1 gwa1]

Wax *n.* **(1)**蠟 [laap6] *v.* **(2)**打蠟 [da2 laap6]

We *pron.* **(1)**我哋 [ngoh5 dei6]

Weak *adj.* **(1)**弱 [yeuk6]

Weather Chart *n.* **(1)**天氣圖 [tin1 hei3 tou4]

Webpage *n.* **(1)**網頁 [mong5 yip6]

Wedding Anniversary *n.* **(1)**結婚紀念日 [git3 fan1 gei2 nim6 yat6]

Wedding *n.* **(1)**婚禮 [fan1 lai5]

Wednesday *n.* **(1)**禮拜三 [lai5 baai3 saam1]

Weed *n.* **(1)**(plant)雜草 [jaap6 chou2]；野草 [ye5 chou2]

Week *n.* **(1)**禮拜 [lai5 baai3]

Weekday *n.* **(1)**工作日 [gung1 jok3 yat6]

West *n.* **(1)**(one of the points of the compass)西 [sai1]

West North West *n.* **(1)**(one of the points of the compass)西北偏西 [sai1 bak1 pin1 sai1]

West South West *n.* **(1)**(one of the points of the compass)西南偏西 [sai1 naam4 pin1 sai1]

Wetsuit *n.* **(1)**潛水衫 [chim4 sui2 saam1]

Wharf *n.* **(1)**埗頭 [bou6 tau4]；碼頭 [ma5 tau4]

Wheel *n.* **(1)**轆 [luk1]

Whisky *n.* **(1)**威士忌酒 [wai1 si6 gei2 jau2]

White *adj.* **(1)**(colour)白色 [baak6 sik1]

White Vinegar *n.* **(1)**白醋 [baak6 chou3]

White Wine *n.* **(1)**白酒 [baak6 jau2]

Wide *adj.* **(1)**闊 [foot3]

Width *n.* **(1)**闊度 [foot3 dou6]

Wife *n.* **(1)**妻子 [chai1 ji2]；老婆 [lou5 poh4]；太太 [taai3 taai2]

Winter *n.* **(1)**冬天 [dung1 tin1]

Wok *n.* **(1)**鑊 [wok6]

Woman *n.* **(1)**女人 [nui5 yan2]

Wonderful *adj.* **(1)**精彩 [jing1 choi2]

Wood *n.* **(1)**木 [muk6]

Woods *n.* **(1)**樹林 [sue6 lam4]

Wool *n.* **(1)**羊毛 [yeung4 mou4]

Worker *n.* **(1)**工人 [gung1 yan4]

66

ENGLISH TO CANTONESE DICTIONARY

World *n.* **(1)**世界 [sai3 gaai3]
Worried *adj.* **(1)**擔心 [daam1 sam1]
Worrying *adj.* **(1)**令人擔心 [ling6 yan4 daam1 sam1]
Worthy *adj.* **(1)**值得 [jik6 dak1]
Wrap *v.* **(1)**包 [baau1]
Wrapper *n.* **(1)**包裝紙 [baau1 jong1 ji2]
XO Sauce *n.* **(1)**XO醬 [X O jeung3]
X-Ray *n.* **(1)**X光 [X gwong1]
Xylophone *n.* **(1)**木琴 [muk6 kam4]
Yam *n.* **(1)**蕃薯 [faan1 sue2]
Yeast *n.* **(1)**酵母菌 [haau1 mou5 kwan2]
Yellow *adj.* **(1)**(colour)黃色 [wong4 sik1]
Yoga *n.* **(1)**瑜伽 [yue4 ga1]
You *pron.* **(1)**你 [nei5] **(2)**(addressed to a female person only)妳 [nei5]
Young Chicken *n.* **(1)**雞樭 [gai1 hong2]
Younger Brother *n.* **(1)**弟弟 [dai4 dai2]；細佬 [sai3 lou2]
Younger Sister *n.* **(1)**妹妹 [mooi4 mooi2]；細妹 [sai3 mooi2]
Your *det.* **(1)**你嘅 [nei5 ge3] **(2)**(addressed to a female person only)妳嘅 [nei5 ge3] **(3)**(addressed to a group)你哋嘅 [nei5 dei6 ge3] **(4)**(addressed to a group of females only)妳哋嘅 [nei5 dei6 ge3]
Yours *pron.* **(1)**你嘅 [nei5 ge3] **(2)**(addressed to a female person only)妳嘅 [nei5 ge3] **(3)**(addressed to a group)你哋嘅 [nei5 dei6 ge3] **(4)**(addressed to a group of females only)妳哋嘅 [nei5 dei6 ge3]
Yourself *pron.* **(1)**你自己 [nei5 ji6 gei2] **(2)**(addressed to a female person only)妳自己 [nei5 ji6 gei2]
Yourselves *pron.* **(1)**你哋自己 [nei5 dei6 ji6 gei2] **(2)**(addressed to a group of females only)妳哋自己 [nei5 dei6 ji6 gei2]
Yous *pron.* **(1)**你哋 [nei5 dei6] **(2)**(addressed to a group of females only)妳哋 [nei5 dei6]
Youth Day *n.* **(1)**青年節 [ching1 nin4 jit3]
Yummy *adj.* **(1)**好味 [hou2 mei6]；好食 [hou2 sik6]
Zander *n.* **(1)**白梭吻鱸 [baak6 soh1 man5 lou4]
Zebra *n.* **(1)**斑馬 [baan1 ma5]
Zero *num.* **(1)**零 [ling4]
Zest *n.* **(1)**(excitement)熱情 [yit6 ching4] **(2)**(skin of a fruit)皮 [pei4]
Zipper *n.* **(1)**拉鏈 [laai1 lin2]
Ziti *n.* **(1)**通心粉 [tung1 sam1 fan2]

ENGLISH TO CANTONESE DICTIONARY

Zone *n.* **(1)**地區 [dei6 kui1]

Zoo *n.* **(1)**動物園 [dung6 mat6 yuen4]

Zoologist *n.* **(1)**動物學家 [dung6 mat6 hok6 ga1]

Zoology *n.* **(1)**動物學 [dung6 mat6 hok6]

Zucchini *n.* **(1)**翠玉瓜 [chui3 yuk6 gwa1]

CANTONESE TO ENGLISH DICTIONARY

XO醬 [X O jeung3] *n.* **(1)** XO Sauce

X光 [X gwong1] *n.* **(1)** X-Ray

一 [yat1] *num.* **(1)** One

一大筆錢 [yat1 daai6 bat1 chin2] *idiom* **(1)** A King's Ransom

一分錢 [yat1 fan1 chin4] *n.* **(1)** Cent

一月 [yat1 yuet6] *n.* **(1)** January

一次 [yat1 chi3] *adv.* **(1)** Once

一百週年 [yat1 baak3 jau1 nin4] *n.* **(1)** Centenary

一定 [yat1 ding6] *modal v.* **(1)** Must

一個二個 [yat1 goh3 yi6 goh3] *phr.* **(1)** Each And Every One

一家人 [yat1 ga1 yan4] *n.* **(1)** Household

一陣強風 [yat1 jan6 keung4 fung1] *n.* **(1)** Gust

一匙羹 [yat1 chi4 gang1] *n.* **(1)** Spoonful

一嚿 [yat1 gau6] *n.* **(1)** Lump

丁香 [ding1 heung1] *n.* **(1)** Clove **(2)** Lilac (plant)

七 [chat1] *num.* **(1)** Seven

七十 [chat1 sap6] *num.* **(1)** Seventy

七月 [chat1 yuet6] *n.* **(1)** July

九 [gau2] *num.* **(1)** Nine

九十 [gau2 sap6] *num.* **(1)** Ninety

九月 [gau2 yuet6] *n.* **(1)** September

二 [yi6] *num.* **(1)** Two

二十 [yi6 sap6] *num.* **(1)** Twenty

二十一 [yi6 sap6 yat1] *num.* **(1)** Twenty-One

二十七 [yi6 sap6 chat1] *num.* **(1)** Twenty-Seven

二十九 [yi6 sap6 gau2] *num.* **(1)** Twenty-Nine

二十二 [yi6 sap6 yi6] *num.* **(1)** Twenty-Two

二十八 [yi6 sap6 baat3] *num.* **(1)** Twenty-Eight

二十三 [yi6 sap6 saam1] *num.* **(1)** Twenty-Three

二十五 [yi6 sap6 ng5] *num.* **(1)** Twenty-Five

二十六 [yi6 sap6 luk6] *num.* **(1)** Twenty-Six

二十四 [yi6 sap6 sei3] *num.* **(1)** Twenty-Four

二手 [yi6 sau2] *adj.* **(1)** Second-hand

CANTONESE TO ENGLISH DICTIONARY

二月 [yi6 yuet6] *n.* **(1)** February
二奶 [yi6 naai1] *n.* **(1)** Mistress
二百週年 [yi6 baak3 jau1 nin4] *n.* **(1)** Bicentenary
二進制 [yi6 jun3 jai3] *n.* **(1)** Binary
人口 [yan4 hau2] *n.* **(1)** Population
人口統計學家 [yan4 hau2 tung2 gai3 hok6 ga1] *n.* **(1)** Demographer
人口普查 [yan4 hau2 pou2 cha4] *n.* **(1)** Census
人口調查 [yan4 hau2 diu6 cha4] *n.* **(1)** Census
人文主義 [yan4 man4 jue2 yi6] *n.* **(1)** Humanism
人字拖 [yan4 ji6 toh1] *n.* **(1)** Flip-Flop (a light sandal)
人客 [yan4 haak3] *n.* **(1)** Guest
人造牛油 [yan4 jou6 ngau4 yau4] *n.* **(1)** Margarine
人壽保險 [yan4 sau6 bou2 him2] *n.* **(1)** Life Insurance
人質 [yan4 ji3] *n.* **(1)** Hostage
人類 [yan4 lui6] *n.* **(1)** Human
人類學家 [yan4 lui6 hok6 ga1] *n.* **(1)** Anthropologist
人權 [yan4 kuen4] *n.* **(1)** Human Rights
入境處 [yap6 ging2 chue3] *n.* **(1)** Immigration Department
八 [baat3] *num.* **(1)** Eight

八十 [baat3 sap6] *num.* **(1)** Eighty
八月 [baat3 yuet6] *n.* **(1)** August
八角 [baat3 gok3] *n.* **(1)** Star Anise
八邊形 [baat3 bin1 ying4] *n.* **(1)** Octagon
刀 [dou1] *n.* **(1)** Knife
刀叉 [dou1 cha1] *n.* **(1)** Knife and Fork
刀片 [dou1 pin2] *n.* **(1)** Blade
力量 [lik6 leung6] *n.* **(1)** Strength
十 [sap6] *num.* **(1)** Ten
十一 [sap6 yat1] *num.* **(1)** Eleven
十一月 [sap6 yat1 yuet6] *n.* **(1)** November
十七 [sap6 chat1] *num.* **(1)** Seventeen
十九 [sap6 gau2] *num.* **(1)** Nineteen
十二 [sap6 yi6] *num.* **(1)** Twelve
十二月 [sap6 yi6 yuet6] *n.* **(1)** December
十八 [sap6 baat3] *num.* **(1)** Eighteen
十三 [sap6 saam1] *num.* **(1)** Thirteen
十五 [sap6 ng5] *num.* **(1)** Fifteen
十六 [sap6 luk6] *num.* **(1)** Sixteen
十月 [sap6 yuet6] *n.* **(1)** October
十四 [sap6 sei3] *num.* **(1)** Fourteen
十億 [sap6 yik1] *num.* **(1)** Billion
又 [yau6] *adv.* **(1)** Again
丈夫 [jeung6 foo1] *n.* **(1)** Husband

CANTONESE TO ENGLISH DICTIONARY

三 [saam1] *num.* **(1)** Three

三十 [saam1 sap6] *num.* **(1)** Thirty

三月 [saam1 yuet6] *n.* **(1)** March

三次 [saam1 chi3] *adv.* **(1)** Thrice

三百週年 [saam1 baak3 jau1 nin4] *n.* **(1)** Tercentenary

三角形 [saam1 gok3 ying4] *n.* **(1)** Triangle

上下文 [seung6 ha6 man4] *n.* **(1)** Context

上流社會 [seung6 lau4 se5 wooi2] *n.* **(1)** High Society ; Upper Class

上流社會人士 [seung6 lau4 se5 wooi2 yan4 si6] *n.* **(1)** The Gentry

上晝 [seung6 jau3] *adv.* **(1)** A.M. *n.* **(2)** Forenoon

上等 [seung6 dang2] *adj.* **(1)** Classy

下扒 [ha6 pa4] *n.* **(1)** Jaw

下流嘅 [ha6 lau4 ge3] *adj.* **(1)** Obscene

下晝 [ha6 jau3] *adv.* **(1)** P.M. *n.* **(2)** Afternoon

千 [chin1] *num.* **(1)** Thousand

千秋萬世 [chin1 chau1 maan6 sai3] *n.* **(1)** Aeon

叉 [cha1] *n.* **(1)** Fork (a utensil that has a handle with several tines at the end of it and it is used for picking up food and eat with)

口水肩 [hau2 sui2 gin1] *n.* **(1)** Bib

口多多 [hau2 doh1 doh1] *adj.* **(1)** Being Talkative And Failing To Observe What Is Appropriate In A Conversation And Easily Offending Others As A Result

口琴 [hau2 kam4] *n.* **(1)** Harmonica

口語 [hau2 yue5] *n.* **(1)** Colloquialisms ; Spoken Language ; Vernacular Speech

土匪 [tou2 fei2] *n.* **(1)** Bandit

土堆 [tou2 dui1] *n.* **(1)** Mound

大 [daai6] *adj.* **(1)** Big

大人 [daai6 yan4] *n.* **(1)** Adult **(2)** Lordship

大比目魚 [daai6 bei2 muk6 yue2] *n.* **(1)** Halibut

大火 [daai6 foh2] *n.* **(1)** Conflagration (a large fire)

大耳窿 [daai6 yi5 lung1] *n.* **(1)** Loan Shark ; Usurer

大伯 [daai6 baak3] *n.* **(1)** Brother-In-Law (the elder brother of one's husband)

大批嘅(人) [daai6 pai1 ge3 (yan4)] *n.* **(1)** Legion (Large number of (people))

大使館 [daai6 si3 goon2] *n.* **(1)** Embassy

大姨 [daai6 yi4] *n.* **(1)** Sister-In-Law (the elder sister of one's wife)

大洲 [daai6 jau1] *n.* **(1)** Continent

大炮 [daai6 paau2] *n.* **(1)** Artillery

大約 [daai6 yeuk3] *adj.* **(1)** Approximate

大氣壓力 [daai6 hei3 aat3 lik6] *n.* **(1)** Atmospheric pressure

CANTONESE TO ENGLISH DICTIONARY

大匙羹 [daai6 chi4 gang1] *n.* **(1)** Tablespoon

大堂 [daai6 tong4] *n.* **(1)** Hall

大理石 [daai6 lei5 sek6] *n.* **(1)** Marble

大笨象 [daai6 ban6 jeung6] *n.* **(1)** Elephant

大都市 [daai6 dou1 si5] *n.* **(1)** Metropolis

大都會 [daai6 dou1 wooi6] *n.* **(1)** Metropolis

大陪審團 [daai6 pooi4 sam2 tuen4] *n.* **(1)** Grand Jury

大麻 [daai6 ma4] *n.* **(1)** Hemp **(2)** Marijuana

大提琴 [daai6 tai4 kam4] *n.* **(1)** Cello

大提琴家 [daai6 tai4 kam4 ga1] *n.* **(1)** Cellist

大猩猩 [daai6 sing1 sing1] *n.* **(1)** Gorilla

大黃 [daai6 wong4] *n.* **(1)** Rhubarb

大概 [daai6 koi3] *adj.* **(1)** Approximate

大舅 [daai6 kau5] *n.* **(1)** Brother-In-Law (the elder brother of one's wife)

大學 [daai6 hok6] *n.* **(1)** University

大聲 [daai6 seng1] *adj.* **(1)** Loud *adv.* **(2)** Aloud；Loud

大曬花 [daai6 saai3 fa1] *n.* **(1)** Dahlia

女 [nui2] *n.* **(1)** Daughter

女人 [nui5 yan2] *n.* **(1)** Woman

女士 [nui5 si6] *n.* **(1)** Madam

女性 [nui5 sing3] *adj.* **(1)** Female；Feminine *n.* **(2)** Female

女朋友 [nui5 pang4 yau5] *n.* **(1)** Girlfriend

女皇 [nui5 wong4] *n.* **(1)** Empress；Queen

女英雄 [nui5 ying1 hung4] *n.* **(1)** Heroine

女修道院 [nui5 sau1 dou6 yuen2] *n.* **(1)** Convent；Nunnery

女修道院院長 [nui5 sau1 dou6 yuen2 yuen2 jeung2] *n.* **(1)** Abbess

女祭司 [nui5 jai3 si1] *n.* **(1)** Priestess

女婿 [nui5 sai3] *n.* **(1)** Son-In-Law

女演員 [nui5 yin2 yuen4] *n.* **(1)** Actress

女爵 [nui5 jeuk3] *n.* **(1)** Baroness (it is a woman who is a member of a specific rank of the nobility)

女權主義 [nui5 kuen4 jue2 yi6] *n.* **(1)** Feminism

女權主義者 [nui5 kuen4 jue2 yi6 je2] *n.* **(1)** Feminist

子彈 [ji2 daan2] *n.* **(1)** Bullet

小丑 [siu2 chau2] *n.* **(1)** Clown

小巴 [siu2 ba1] *n.* **(1)** Minibus

小母牛 [siu2 mou5 ngau4] *n.* **(1)** Heifer

小羊 [siu2 yeung4] *n.* **(1)** Lamb (animal)

CANTONESE TO ENGLISH DICTIONARY

小海灣 [siu2 hoi2 waan1] *n.* **(1)** Cove

小茴香 [siu2 wooi4 heung1] *n.* **(1)** Dill

小溪 [siu2 kai1] *n.* **(1)** Stream

小路 [siu2 lou6] *n.* **(1)** Lane

小團體主義 [siu2 tuen4 tai2 jue2 yi6] *n.* **(1)** Cliquism

小說 [siu2 suet3] *n.* **(1)** Fiction；Novel

小說家 [siu2 suet3 ga1] *n.* **(1)** Novelist

山 [saan1] *n.* **(1)** Mountain

山羊 [saan1 yeung4] *n.* **(1)** Goat

山羊肉 [saan1 yeung4 yuk6] *n.* **(1)** Goat Meat

山羊芝士 [saan1 yeung4 ji1 si1] *n.* **(1)** Goat Cheese

山核桃 [saan1 hat6 tou4] *n.* **(1)** Hickory；Pecan

山葵 [saan1 kwai4] *n.* **(1)** Wasabi

山蘿蔔葉 [saan1 loh4 baak6 yip6] *n.* **(1)** Chervil

工人 [gung1 yan4] *n.* **(1)** Worker

工匠 [gung1 jeung6] *n.* **(1)** Artisan；Craftsmen

工作日 [gung1 jok3 yat6] *n.* **(1)** Weekday

工作室 [gung1 jok3 sat1] *n.* **(1)** Studio

工程師 [gung1 ching4 si1] *n.* **(1)** Engineer

工廠 [gung1 chong2] *n.* **(1)** Factory

工頭 [gung1 tau2] *n.* **(1)** Foreman

干邑白蘭地 [gon1 yap1 baak6 laan1 dei2] *n.* **(1)** Cognac

不飽和脂肪 [bat1 baau2 woh4 ji1 fong1] *n.* **(1)** Unsaturated Fat

中午 [jung1 ng5] *n.* **(1)** Midday

中世紀 [jung1 sai3 gei2] *adj.* **(1)** Medieval

中央處理器 [jung1 yeung1 chue2 lei5 hei3] *n.* **(1)** CPU(Central Processing Unit)

中東 [jung1 dung1] *adj.* **(1)** Middle Eastern

中秋節 [jung1 chau1 jit3] *n.* **(1)** Mid-Autumn Festival

中國 [jung1 gwok3] *adj.* **(1)** Chinese *n.* **(2)** China

中國人 [jung1 gwok3 yan4] *n.* **(1)** Chinese

中間 [jung1 gaan1] *n.* **(1)** Middle

之前 [ji1 chin4] *adv.* **(1)** Ago

互相 [woo6 seung1] *pron.* **(1)** Each Other

互聯網 [woo6 luen4 mong5] *n.* **(1)** Internet

五 [ng5] *num.* **(1)** Five

五十 [ng5 sap6] *num.* **(1)** Fifty

五月 [ng5 yuet6] *n.* **(1)** May

仇恨 [sau4 han6] *n.* **(1)** Animosity

CANTONESE TO ENGLISH DICTIONARY

今日 [gam1 yat6] *adv.* **(1)** Today (on the present day) *n.* **(2)** Today (on the present day)

今晚 [gam1 maan5] *adv.* **(1)** Tonight *n.* **(2)** Tonight

內分泌腺 [noi6 fan1 bei3 sin3] *n.* **(1)** Endocrine Glands

內容 [noi6 yung4] *n.* **(1)** Content

內海 [noi6 hoi2] *n.* **(1)** Inland Sea

內閣 [noi6 gok3] *n.* **(1)** Government (the group of people with the authority to govern a country or state)

公公 [gung4 gung1] *n.* **(1)** Grandfather (mother's father)

公分 [gung1 fan1] *n.* **(1)** Centimetre

公主 [gung1 jue2] *n.* **(1)** Princess

公仔 [gung1 jai2] *n.* **(1)** Doll

公平 [gung1 ping4] *adj.* **(1)** Fair

公正 [gung1 jing3] *n.* **(1)** Justice

公寓 [gung1 yue6] *n.* **(1)** Apartment

公釐 [gung1 lei4] *n.* **(1)** Millimetre

六 [luk6] *num.* **(1)** Six

六十 [luk6 sap6] *num.* **(1)** Sixty

六月 [luk6 yuet6] *n.* **(1)** June

六邊形 [luk6 bin1 ying4] *n.* **(1)** Hexagon

冇人 [mou5 yan4] *pron.* **(1)** No One

冇行 [mou5 hong4] *adj.* **(1)** Hopeless

冇記性 [mou5 gei3 sing3] *adj.* **(1)** Forgetful

冇親眼見過嘅 [mou5 chan1 ngaan5 gin3 gwoh3 ge3] *adv.* **(1)** Sight Unseen

冇膽鬼 [mou5 daam2 gwai2] *n.* **(1)** Coward

分子 [fan1 ji2] *n.* **(1)** Numerator

分不開嘅 [fan1 bat1 hoi1 ge3] *adj.* **(1)** Inseparable (unable to be separated or treated separately because two or more things are closely connected)

分母 [fan1 mou5] *n.* **(1)** Denominator

分析 [fan1 sik1] *v.* **(1)** Analyse

分裂主義 [fan1 lit6 jue2 yi6] *n.* **(1)** Separatism

分解 [fan1 gaai3] *v.* **(1)** Decompose

分數 [fan6 sou3] *n.* **(1)** Fraction

分類 [fan1 lui6] *v.* **(1)** Classify

切口 [chit3 hau2] *n.* **(1)** Argot

勾引 [ngau1 yan5] *v.* **(1)** Cajole

化石原料 [fa3 sek6 yuen4 liu2] *n.* **(1)** Fossil Fuel

化學反應 [fa3 hok6 faan2 ying3] *n.* **(1)** Chemical Reaction

反式脂肪 [faan2 sik1 ji1 fong1] *n.* **(1)** Trans Fat

反映 [faan2 ying2] *v.* **(1)** Mirror (reflect)

反對 [faan2 dui3] *v.* **(1)** Object ; Oppose

反應 [faan2 ying3] *n.* **(1)** Reaction

反覆無常 [faan2 fuk1 mou4 seung4] *adj.* **(1)** Capricious

CANTONESE TO ENGLISH DICTIONARY

天才 [tin1 choi4] *n.* **(1)** Genius
天文台 [tin1 man4 toi4] *n.* **(1)** Observatory
天文物理學家 [tin1 man4 mat6 lei5 hok6 ga1] *n.* **(1)** Astrophysicist
天文學家 [tin1 man4 hok6 ga1] *n.* **(1)** Astronomer
天生 [tin1 saang1] *adj.* **(1)** Innate
天份 [tin1 fan6] *n.* **(1)** Aptitude
天使 [tin1 si3] *n.* **(1)** Angel
天花 [tin1 fa1] *n.* **(1)** Smallpox
天氣圖 [tin1 hei3 tou4] *n.* **(1)** Weather Chart
天堂 [tin1 tong4] *n.* **(1)** Heaven. **(2)** Paradise
天線 [tin1 sin3] *n.* **(1)** Antenna
天曚光 [tin1 mung1 gwong1] *n.* **(1)** Dawn；Daybreak
太太 [taai3 taai2] *n.* **(1)** Wife
太陽蛋 [taai3 yeung4 daan2] *n.* **(1)** Sunny-Side-Up Fried Eggs
夫人 [foo1 yan4] *n.* **(1)** Ladyship
孔子 [hung2 ji2] *n.* **(1)** Confucius
孔雀 [hung2 jeuk3] *n.* **(1)** Peacock
尺寸 [chek3 chuen3] *n.* **(1)** Measurement
尺碼 [chek3 ma5] *n.* **(1)** Size
巴士 [ba1 si2] *n.* **(1)** Bus
巴士司機 [ba1 si2 si1 gei1] *n.* **(1)** Bus Driver
巴士飛 [ba1 si2 fei1] *n.* **(1)** Bus Fare
巴士站 [ba1 si2 jaam6] *n.* **(1)** Bus Stop
巴士專線 [ba1 si2 juen1 sin3] *n.* **(1)** Bus Lane
巴斯德消毒法 [ba1 si1 dak1 siu1 duk6 faat3] *n.* **(1)** Pasteurisation
幻想 [waan6 seung2] *n.* **(1)** Fantasy
幻覺 [waan6 gok3] *n.* **(1)** Hallucination
引文 [yan5 man4] *n.* **(1)** Quotation
引用 [yan5 yung6] *v.* **(1)** Cite；Quote
引號 [yan5 hou6] *n.* **(1)** Quotation Mark
心口 [sam1 hau2] *n.* **(1)** Chest
心理學家 [sam1 lei5 hok6 ga1] *n.* **(1)** Psychologist
心跳 [sam1 tiu3] *n.* **(1)** Heartbeat
心臟 [sam1 jong6] *n.* **(1)** Heart
心臟病發作 [sam1 jong6 beng6 faat3 jok3] *n.* **(1)** Heart Attack
手 [sau2] *n.* **(1)** Hand
手巾仔 [sau2 gan1 jai2] *n.* **(1)** Handkerchief
手扣 [sau2 kau3] *n.* **(1)** Handcuffs
手指 [sau2 ji2] *n.* **(1)** Finger
手指公 [sau2 ji2 gung1] *n.* **(1)** Thumb
手段 [sau2 duen6] *n.* **(1)** Means (method)

CANTONESE TO ENGLISH DICTIONARY

手套 [sau2 tou3] *n.* **(1)** Glove

手推車 [sau2 tui1 che1] *n.* **(1)** Cart

手術刀 [sau2 sut6 dou1] *n.* **(1)** Scalpel

手袋 [sau2 doi2] *n.* **(1)** Handbag

手掌 [sau2 jeung2] *n.* **(1)** Palm (it is the inner surface part of the hand that extends from the waist to the base of the fingers)

手掣 [sau2 jai3] *n.* **(1)** Hand Brake **(2)** Hand Switch

手提行李 [sau2 tai4 hang4 lei5] *n.* **(1)** Hand Baggage

手製 [sau2 jai3] *adj.* **(1)** Handmade ; Handworked

手稿 [sau2 gou2] *n.* **(1)** Manuscript

手機 [sau2 gei1] *n.* **(1)** Cell Phone ; Mobile Phone

手縫 [sau2 fung4] *adj.* **(1)** Hand Sewn

手臂 [sau2 bei3] *n.* **(1)** Arm

支氣管炎 [ji1 hei3 goon2 yim4] *n.* **(1)** Bronchitis

文化 [man4 fa3] *adj.* **(1)** Cultural *n.* **(2)** Culture

文件 [man4 gin2] *n.* **(1)** Document

文法 [man4 faat3] *n.* **(1)** Grammar

文法學家 [man4 faat3 hok6 ga1] *n.* **(1)** Grammarian

文胸 [man4 hung1] *n.* **(1)** Bra ; Brassiere

文章 [man4 jeung1] *n.* **(1)** Article

文萊 [man4 loi4] *n.* **(1)** Brunei

方式 [fong1 sik1] *n.* **(1)** Approach

方舟 [fong1 jau1] *n.* **(1)** Ark

方言 [fong1 yin4] *n.* **(1)** Dialect

方法 [fong1 faat3] *n.* **(1)** Means (method)

方法 [fong1 faat3] *n.* **(1)** Method

日 [yat6] *n.* **(1)** Day (A period of 24 hours)

日日 [yat6 yat6] *adv.* **(1)** Everyday

日出 [yat6 chut1] *n.* **(1)** Sunrise ; Sunup

日本 [yat6 boon2] *n.* **(1)** Japan

日本人 [yat6 boon2 yan4] *n.* **(1)** Japanese

日程 [yat6 ching4] *n.* **(1)** Agenda

日落 [yat6 lok6] *n.* **(1)** Sundown ; Sunset

日蝕 [yat6 sik6] *n.* **(1)** Eclipse

日曆 [yat6 lik6] *n.* **(1)** Calendar

日頭 [yat6 tau2] *n.* **(1)** Daytime

日頭唔好講人，夜晚唔好講鬼 [jat6 tau2 m4 hou2 gong2 yan4, ye6 maan5 m4 hou2 gong2 gwai2] *idiom* **(1)** Speak Of The Devil

月 [yuet6] *n.* **(1)** Month

月亮嘅 [yuet6 leung6 ge3] *adj.* **(1)** Lunar

月臺 [yuet6 toi4] *n.* **(1)** Platform (it is a long, flat raised structure along the side

CANTONESE TO ENGLISH DICTIONARY

of a railway track where the passengers get on and off trains at a railway station)

木 [muk6] *n.* **(1)** Wood

木琴 [muk6 kam4] *n.* **(1)** Xylophone

歹徒 [daai2 tou4] *n.* **(1)** Evildoer；Malefactor；Ruffian

比例 [bei2 lai6] *n.* **(1)** Ratio

比堅尼 [bei2 gin1 nei4] *n.* **(1)** Bikini

比較 [bei2 gaau3] *n.* **(1)** Comparison (examining differences between two or more people or things)

比賽 [bei2 choi3] *n.* **(1)** Contest

毛象 [mou4 jeung6] *n.* **(1)** Mammoth

毛澤東主義 [mou4 jaak6 dung1 jue2 yi6] *n.* **(1)** Maoist

毛囊 [mou4 nong4] *n.* **(1)** Hair Follicle

水 [sui2] *n.* **(1)** Water

水力 [sui2 lik6] *n.* **(1)** Hydraulic Power

水手 [sui2 sau2] *n.* **(1)** Sailor

水田 [sui2 tin4] *n.* **(1)** Paddy

水波蛋 [sui2 boh1 daan2] *n.* **(1)** Poached Egg

水泥 [sui2 nai4] *n.* **(1)** Cement (building material)

水浸 [sui2 jam2] *n.* **(1)** Flooding

水族館 [sui2 juk6 goon2] *n.* **(1)** Aquarium

水陸兩用嘅 [sui2 luk6 leung5 yung6 ge3] *adj.* **(1)** Amphibious (of vehicles)

水陸兩棲嘅 [sui2 luk6 leung5 chai1 ge3] *adj.* **(1)** Amphibious (of animals)

水晶 [sui2 jing1] *n.* **(1)** Crystal

水渠 [sui2 kui4] *n.* **(1)** Irrigation Ditch

水煮 [sui2 jue2] *adj.* **(1)** Poached

水蛭 [sui2 jat6] *n.* **(1)** Leech

水蛭素 [sui2 jat6 sou3] *n.* **(1)** Hirudin

水槽 [sui2 chou4] *n.* **(1)** Sink

水翼船 [sui2 yik6 suen4] *n.* **(1)** Hydrofoil

水獺 [sui2 chaat3] *n.* **(1)** Otter

火水 [foh2 sui2] *n.* **(1)** Kerosene

火車頭 [foh2 che1 tau4] *n.* **(1)** Locomotive

火星 [foh2 sing1] *n.* **(1)** Mars

火紅火綠 [foh2 hung4 foh2 luk6] *idiom* **(1)** Burst A Blood Vessel

火腿 [foh2 tui2] *n.* **(1)** Ham

火爐 [foh2 lou4] *n.* **(1)** Stove

火警 [foh2 ging2] *n.* **(1)** Fire Alarm

火警鐘 [foh2 ging2 jung1] *n.* **(1)** Fire Alarm Bell

父母 [foo6 mou5] *n.* **(1)** Parents

父親 [foo6 chan1] *n.* **(1)** Father

父親節 [foo6 chan1 jit3] *n.* **(1)** Father's Day

牙肉 [nga4 yuk6] *n.* **(1)** Gum

牙刷 [nga4 chaat3] *n.* **(1)** Toothbrush

CANTONESE TO ENGLISH DICTIONARY

牙買加 [nga4 maai5 ga1] *adj.* **(1)** Jamaican *n.* **(2)** Jamaica

牙膏 [nga4 gou1] *n.* **(1)** Toothpaste

牙醫助手 [nga4 yi1 joh6 sau2] *n.* **(1)** Hygienist

牙籤 [nga4 chim1] *n.* **(1)** Toothpick

牛 [ngau4] *n.* **(1)** Cattle

牛仔褲 [ngau4 jai2 foo3] *n.* **(1)** Jeans

牛奶 [ngau4 naai5] *n.* **(1)** Milk

牛油 [ngau4 yau4] *n.* **(1)** Butter

牛油果 [ngau4 yau4 gwoh2] *n.* **(1)** Avocado

王子 [wong4 ji2] *n.* **(1)** Prince

王冠 [wong4 goon1] *n.* **(1)** Crown

世仇 [sai3 sau4] *n.* **(1)** Feud

世系 [sai3 hai6] *n.* **(1)** Lineage

世界 [sai3 gaai3] *n.* **(1)** World

主要 [jue2 yiu3] *adv.* **(1)** Mainly；Primarily

主教 [jue2 gaau3] *n.* **(1)** Bishop (a priest of high rank)

主觀主義 [jue2 goon2 jue2 yi6] *n.* **(1)** Subjectivism

仔 [jai2] *n.* **(1)** Son

仔細檢查 [ji2 sai3 gim2 cha4] *v.* **(1)** Examine；Sift (closely examine)

仙人掌 [sin1 yan4 jeung2] *n.* **(1)** Cactus

令人反感 [ling6 yan4 faan2 gam2] *adj.* **(1)** Disgusting

令人失望 [ling6 yan4 sat1 mong6] *adj.* **(1)** Disappointing

令人印象深刻 [ling6 yan4 yan3 jeung6 sam1 hak1] *adj.* **(1)** Impressive

令人作嘔 [ling6 yan4 jok3 au2] *adj.* **(1)** Obnoxious；Revolting

令人抑鬱 [ling6 yan4 yik1 wat1] *adj.* **(1)** Depressing

令人放鬆 [ling6 yan4 fong3 sung1] *adj.* **(1)** Relaxing

令人愉快 [ling6 yan4 yue4 faai3] *adj.* **(1)** Pleasing

令人滿意 [ling6 yan4 moon5 yi3] *adj.* **(1)** Satisfying

令人擔心 [ling6 yan4 daam1 sam1] *adj.* **(1)** Worrying

令人興奮 [ling6 yan4 hing1 fan5] *adj.* **(1)** Exciting

令人尷尬 [ling6 yan4 gaam3 gaai3] *adj.* **(1)** Embarrassing

兄弟 [hing1 dai6] *n.* **(1)** Brothers

充電電線 [chung1 din6 din6 sin3] *n.* **(1)** Jumper Cables

冬天 [dung1 tin1] *n.* **(1)** Winter

冬甩 [dung1 lat1] *n.* **(1)** Donut

出入口 [chut1 yap6 hau2] *n.* **(1)** Doorway

出世紙 [chut1 sai3 ji2] *n.* **(1)** Birth Certificate

出版社 [chut1 baan2 se5] *n.* **(1)** Publisher

CANTONESE TO ENGLISH DICTIONARY

功利主義 [gung1 lei6 jue2 yi6] *n.* **(1)** Utilitarianism

加埋 [ga1 maai4] Combine *v.* **(1)**

加冕 [ga1 min5] *v.* **(1)** Crown

加冕典禮 [ga1 min5 din2 lai5] *n.* **(1)** Coronation

加餸 [ga1 sung3] *v.* **(1)** To Have An Extra Dish Or More In A Meal

包 [baau1] *v.* **(1)** Wrap

包裝 [baau1 jong1] *n.* **(1)** Package

包裝紙 [baau1 jong1 ji2] *n.* **(1)** Wrapper

北 [bak1] *n.* **(1)** North (one of the points of the compass)

北斗星 [bak1 dau2 sing1] *n.* **(1)** Lodestar (a star)

北京 [bak1 ging1] *n.* **(1)** Beijing

北京鴨 [bak1 ging1 aap3] *n.* **(1)** Peking Duck

北極光 [bak1 gik6 gwong1] *n.* **(1)** Aurora

北韓 [bak1 hon4] *n.* **(1)** North Korea

半人馬 [boon3 yan4 ma5] *n.* **(1)** Centaur

半夜 [boon3 ye2] *n.* **(1)** Midnight

半島 [boon3 dou2] *n.* **(1)** Peninsula

半球 [boon3 kau4] *n.* **(1)** Hemisphere

卡莎 [ka1 sa1] *n.* **(1)** Kasha

卡通片 [ka1 tung1 pin2] *n.* **(1)** Animated Film；Cartoon

卡路里 [ka1 lou6 lei5] *n.* **(1)** Calorie

古巴 [goo2 ba1] *adj.* **(1)** Cuban *n.* **(2)** Cuba

古老 [goo2 lou5] *adj.* **(1)** Ancient

古典主義 [goo2 din2 jue2 yi6] *n.* **(1)** Classicism

古董 [goo2 dung2] *n.* **(1)** Antique

古董舖 [goo2 dung2 pou3] *n.* **(1)** Antique Shop

句號 [gui3 hou6] *n.* **(1)** Full Stop

叫醒 [giu3 seng1] *v.* **(1)** Rouse

可以 [hoh2 yi5] *modal v.* **(1)** May

可愛 [hoh2 oi3] *adj.* **(1)** Adorable；Lovely

可靠 [hoh2 kaau3] *adj.* **(1)** Reliable

史官 [si2 goon1] *n.* **(1)** Annalist

司機 [si1 gei1] *n.* **(1)** Driver

四 [sei3] *num.* **(1)** Four

四十 [sei3 sap6] *num.* **(1)** Forty

四方形 [sei3 fong1 ying4] *n.* **(1)** Square

四月 [sei3 yuet6] *n.* **(1)** April

外公 [ngoi6 gung1] *n.* **(1)** Grandfather (mother's father)

外分泌腺 [ngoi6 fan1 bei3 sin3] *n.* **(1)** Exocrine Glands

外父 [ngoi6 foo2] *n.* **(1)** Father-In-Law (father of one's wife)

外母 [ngoi6 mou2] *n.* **(1)** Mother-In-Law (mother of one's wife)

CANTONESE TO ENGLISH DICTIONARY

外交官 [ngoi6 gaau1 goon1] *n.* **(1)** Diplomat

外表 [ngoi6 biu2] *n.* **(1)** Guise

外星人 [ngoi6 sing1 yan4] *n.* **(1)** Alien

外孫 [ngoi6 suen1] *n.* **(1)** Grandson (the son of one's daughter)

外孫女 [ngoi6 suen1 nui2] *n.* **(1)** Granddaughter (the daughter of one's daughter)

外國 [ngoi6 gwok3] *adj.* **(1)** Foreign

外國人 [ngoi6 gwok3 yan4] *n.* **(1)** Foreigner

外婆 [ngoi6 poh4] *n.* **(1)** Grandmother (mother's mother)

外甥 [ngoi6 sang1] *n.* **(1)** Nephew (son of one's sister)

外甥女 [ngoi6 sang1 nui2] *n.* **(1)** Niece (daughter of one's sister)

外幣 [ngoi6 bai6] *n.* **(1)** Foreign Currency

外語 [ngoi6 yue5] *n.* **(1)** Foreign Language

失敗 [sat1 baai6] *n.* **(1)** Failure

失望 [sat1 mong6] *adj.* **(1)** Disappointed

奴隸 [nou4 dai6] *n.* **(1)** Slave

奶奶 [naai4 naai2] *n.* **(1)** Mother-In-Law (mother of one's husband)

奶昔 [naai5 sik1] *n.* **(1)** Milkshake

奶嘴 [naai5 jui2] *n.* **(1)** Pacifier

尼龍 [nei4 lung4] *n.* **(1)** Nylon

巨頭 [gui6 tau4] *n.* **(1)** Baron (an important or a powerful person in a particular area of a business or an industry)

市長 [si5 jeung2] *n.* **(1)** Mayor

市場 [si5 cheung4] *n.* **(1)** Market

布冧 [bou3 lam1] *n.* **(1)** Plum

布料 [bou3 liu2] *n.* **(1)** Fabric

平民 [ping4 man4] *n.* **(1)** Civilian

平等主義 [ping4 dang2 jue2 yi6] *n.* **(1)** Egalitarianism

平衡 [ping4 hang4] *n.* **(1)** Balance *v.* **(2)** Balance

幼兒園 [yau3 yi4 yuen2] *n.* **(1)** Nursery

打火機 [da2 foh2 gei1] *n.* **(1)** Lighter

打算 [da2 suen3] *v.* **(1)** Mean (intend)

打獵 [da2 lip6] *v.* **(1)** Hunt

打蠟 [da2 laap6] *v.* **(1)** Wax

未見過嘅 [mei6 gin3 gwoh3 ge3] *adv.* **(1)** Sight Unseen

未婚夫 [mei6 fan1 foo1] *n.* **(1)** Fiancé

未婚妻 [mei6 fan1 chai1] *n.* **(1)** Fiancée

本土主義 [boon2 tou2 jue2 yi6] *n.* **(1)** Localism

母牛 [mou5 ngau4] *n.* **(1)** Cow

母親 [mou5 chan1] *n.* **(1)** Mother

母親節 [mou5 chan1 jit3] *n.* **(1)** Mother's Day

民主 [man4 jue2] *n.* **(1)** Democracy

CANTONESE TO ENGLISH DICTIONARY

民主主義者 [man4 jue2 jue2 yi6 je2] *n.* **(1)** Democrats

民族主義 [man4 juk6 jue2 yi6] *n.* **(1)** Nationalism

永久 [wing5 gau2] *adj.* **(1)** Everlasting

永恆 [wing5 hang4] *n.* **(1)** Eternity

汁 [jap1] *n.* **(1)** Sauce

犯法 [faan6 faat3] *adj.* **(1)** Illegal

犯罪活動 [faan6 jui6 woot6 dung6] *n.* **(1)** Crime (illegal activities)

犯罪學家 [faan6 jui6 hok6 ga1] *n.* **(1)** Criminologist

瓜 [gwa1] *n.* **(1)** Melon

甘油 [gam1 yau4] *n.* **(1)** Glycerol

生 [saang1] *adj.* **(1)** Raw

生日 [saang1 yat6] *n.* **(1)** Birthday

生果 [saang1 gwoh2] *n.* **(1)** Fruit

生果盤 [saang1 gwoh2 poon2] *n.* **(1)** Fresh Fruit Platter

生物質 [sang1 mat6 jat1] *n.* **(1)** Biomass

生物質能 [sang1 mat6 jat1 nang4] *n.* **(1)** Biomass Energy

生物學 [sang1 mat6 hok6] *n.* **(1)** Biology

生物學家 [sang1 mat6 hok6 ga1] *n.* **(1)** Biologist

生物燃料 [sang1 mat6 yin4 liu2] *n.* **(1)** Biofuel

生活水平 [sang1 woot6 sui2 ping4] *n.* **(1)** Living Standard

生產 [saang1 chaan2] *v.* **(1)** Manufacture

生菜 [saang1 choi3] *n.* **(1)** Lettuce

生態學家 [sang1 taai3 hok6 ga1] *n.* **(1)** Ecologist

田雞 [tin4 gai1] *n.* **(1)** Frog (food)

甲板 [gaap3 baan2] *n.* **(1)** Deck

申請 [san1 ching2] *v.* **(1)** Apply

白色 [baak6 sik1] *adj.* **(1)** White (colour)

白酒 [baak6 jau2] *n.* **(1)** White Wine

白梭吻鱸 [baak6 soh1 man5 lou4] *n.* **(1)** Zander

白醋 [baak6 chou3] *n.* **(1)** White Vinegar

白蘭地 [baak6 laan1 dei2] *n.* **(1)** Brandy

白蘿蔔 [baak6 loh4 baak6] *n.* **(1)** Daikon

皮 [pei4] *n.* **(1)** Rind **(2)** Skin **(3)** Zest (skin of a fruit)

皮毛 [pei4 mou4] *n.* **(1)** Fur

目的 [muk6 dik1] *n.* **(1)** Object (purpose)

目標 [muk6 biu1] *n.* **(1)** Target

矛 [maau4] *n.* **(1)** Spear

石屎 [sek6 si2] *n.* **(1)** Concrete

立方體 [laap6 fong1 tai2] *n.* **(1)** Cube

CANTONESE TO ENGLISH DICTIONARY

交通意外 [gaau1 tung1 yi3 ngoi6] *n.* (1) Car Accident

仲有 [jung6 yau5] *adv.* (1) Furthermore；In addition；Moreover

任務 [yam6 mou6] *n.* (1) Task

伊斯蘭教 [yi1 si1 laan4 gaau3] *n.* (1) Islam (the Muslim religion)

休會 [yau1 wooi2] *v.* (1) Prorogue

先生 [sin1 saang1] *n.* (1) Husband

先驅 [sin1 kui1] *n.* (1) Forerunner

光合作用 [gwong1 hap6 jok3 yung6] *n.* (1) Photosynthesis

光澤 [gwong1 jaak6] *n.* (1) Lustre

全球 [chuen4 kau4] *n.* (1) Global

全球化 [chuen4 kau4 fa3] *n.* (1) Globalisation

全新 [chuen4 san1] *adj.* (1) Brand-new

共產主義 [gung6 chaan2 jue2 yi6] *n.* (1) Communism

再 [joi3] *adv.* (1) Again

再用 [joi3 yung6] *v* (1) Reuse

冰 [bing1] *n.* (1) Ice

冰山 [bing1 saan1] *n.* (1) Iceberg

冰沙 [bing1 sa1] *n.* (1) Smoothie

冰島 [bing1 dou2] *adj.* (1) Icelandic *n.* (2) Iceland

刑法 [ying4 faat3] *n.* (1) Criminal Law

匈牙利 [hung1 nga4 lei6] *adj.* (1) Hungarian *n.* (2) Hungary

印度教 [yan3 dou6 gaau3] *n.* (1) Hinduism

印度教徒 [yan3 dou6 gaau3 tou4] *n.* (1) Hindu

危險 [ngai4 him2] *adj.* (1) Dangerous *n.* (2) Danger

吉利 [gat1 lei6] *adj.* (1) Auspicious

吉普車 [gat1 pou2 che1] *n.* (1) Jeep

吊牀 [diu3 chong4] *n.* (1) Hammock

同埋 [tung4 maai4] *conj.* (1) And

同時 [tung4 si4] *adv.* (1) Meanwhile

同意 [tung4 yi3] *v.* (1) Agree

名勝 [ming4 sing3] *n.* (1) The Sights

名詞 [ming4 chi4] *n.* (1) Noun

回收 [wooi4 sau1] *v* (1) Recycle

回教徒 [wooi4 gaau3 tou4] *n.* (1) Muslim

因此 [yan1 chi2] *adv.* (1) Hence

因素 [yan1 sou3] *n.* (1) Factor

地 [dei6] *n.* (1) Earth (soil)

地下聖堂 [dei6 ha6 sing3 tong4] *n.* (1) Crypt

地址 [dei6 ji2] *n.* (1) Address

地區 [dei6 kui1] *n.* (1) Zone

地球 [dei6 kau4] *n.* (1) Earth (planet)

地圖 [dei6 tou4] *n.* (1) Map

地獄 [dei6 yuk6] *n.* (1) Hell

CANTONESE TO ENGLISH DICTIONARY

地質學家 [dei6 jat1 hok6 ga1] *n.* **(1)** Geologist

地震 [dei6 jan3] *n.* **(1)** Earthquake

地震學家 [dei6 jan3 hok6 ga1] *n.* **(1)** Seismologist

地氈 [dei6 jin1] *n.* **(1)** Carpet

地爐 [dei6 lou4] *n.* **(1)** Basement

地鐵 [dei6 tit3] *n.* **(1)** Metro;Subway

地鐵站 [dei6 tit3 jaam6] *n.* **(1)** Metro Station;Subway Station

多士爐 [doh1 si2 lou4] *n.* **(1)** Toaster

多山 [doh1 saan1] *adj.* **(1)** Mountainous

多元不飽和脂肪 [doh1 yuen4 bat1 baau2 woh4 ji1 fong1] *n.* **(1)** Polyunsaturated Fat

多雲 [doh1 wan4] *adj.* **(1)** Cloudy

多醣 [doh1 tong4] *n.* **(1)** Polysaccharide

多邊主義 [doh1 bin1 jue2 yi6] *n.* **(1)** Multilateralism

多邊形 [doh1 bin1 ying4] *n.* **(1)** Polygon

奸商 [gaan1 seung1] *n.* **(1)** Profiteer

好劫 [hou2 gooi6] *adj.* **(1)** Exhausted

好快 [hou2 faai3] *adv.* **(1)** Anon

好味 [hou2 mei6] *adj.* **(1)** Delectable;Delicious;Tasty;Yummy

好奇 [hou3 kei4] *adj.* **(1)** Curious

好食 [hou2 sik6] *adj.* **(1)** Delectable;Delicious;Tasty;Yummy

好嘢！ [hou2 ye5!] *interj.* **(1)** Hooray!

好靚 [hou2 leng3] *adj.* **(1)** Picturesque

字母 [ji6 mou5] *n.* **(1)** Alphabet

字體 [ji6 tai2] *n.* **(1)** Font

存在 [chuen4 joi6] *n.* **(1)** Existence *v.* **(2)** Exist

存在主義 [chuen4 joi6 jue2 yi6] *n.* **(1)** Existentialism

宇宙大爆炸 [yue5 jau6 daai6 baau3 ja3] *n.* **(1)** Big Bang

守門員 [sau2 moon4 yuen4] *n.* **(1)** Goalkeeper

守護 [sau2 woo6] *v.* **(1)** Guard

安全 [on1 chuen4] *adj.* **(1)** Safe (not liable or be exposed to danger)

安息日 [on1 sik1 yat6] *n.* **(1)** Sabbath

安排 [on1 paai4] *n.* **(1)** Arrangement

安慰 [on1 wai3] *v.* **(1)** Comfort

寺院 [ji6 yuen2] *n.* **(1)** Monastery

年年 [nin4 nin4] *adj.* **(1)** Annual *adv.* **(2)** Annually

年老 [nin4 lou5] *adj.* **(1)** Aged (to describe a person as being old)

年紀 [nin4 gei2] *n.* **(1)** Age

年邁 [nin4 maai6] *adj.* **(1)** Aged (to describe a person as being old)

成日 [seng4 yat6] *adv.* **(1)** Always

收入 [sau1 yap6] *n.* **(1)** Means (income)

CANTONESE TO ENGLISH DICTIONARY

收件人 [sau1 gin2 yan4] *n* **(1)** Recipient (of mail)

收信人 [sau1 sun3 yan4] *n.* **(1)** Addressee

早午餐 [jou2 ng5 chaan1] *n.* **(1)** Brunch

早產 [jou2 chaan2] *adj.* **(1)** Premature

早餐 [jou2 chaan1] *n.* **(1)** Breakfast

有人性 [yau5 yan4 sing3] *adj.* **(1)** Human

有角 [yau5 gok3] *adj.* **(1)** Angular

有型 [yau5 ying4] *adj.* **(1)** Cool

有限 [yau5 haan6] *adj.* **(1)** Limited

有啲 [yau5 di1] *adv.* **(1)** Faintly

有經驗 [yau5 ging1 yim6] *adj.* **(1)** Experienced

有義務嘅 [yau5 yi6 mou6 ge3] *adj.* **(1)** Obligatory

有營養 [yau5 ying4 yeung5] *adj.* **(1)** Nutritious

有翼嘅 [yau5 yik6 ge3] *adj.* **(1)** Aliferous

死 [sei2] *adj.* **(1)** Dead

江珧柱 [gong1 yiu4 chue5] *n.* **(1)** Conpoy ; Dried Scallop

污糟 [woo1 jou1] *adj.* **(1)** Dirty ; Filthy

灰 [fooi1] *n.* **(1)** Ash

灰色 [fooi1 sik1] *adj.* **(1)** Grey (colour)

百 [baak3] *num.* **(1)** Hundred

百合花 [baak3 hap6 fa1] *n.* **(1)** Lily

百里香 [baak3 lei5 heung1] *n.* **(1)** Thyme

百科全書 [baak3 foh1 chuen4 sue1] *n.* **(1)** Encyclopedia

百貨公司 [baak3 foh3 gung1 si1] *n.* **(1)** Department Store

百萬 [baak3 maan6] *num.* **(1)** Million

百萬富翁 [baak3 maan6 foo3 yung1] *n.* **(1)** Millionaire

百厭 [baak3 yim3] *adj.* **(1)** Naughty

米 [mai5] *n.* **(1)** Rice (uncooked)

米布甸 [mai5 bou3 din1] *n.* **(1)** Rice Pudding

米色 [mai5 sik1] *adj.* **(1)** Beige (colour)

米奇老鼠 [mai5 kei4 lou5 sue2] *n.* **(1)** Mickey Mouse (a Disney cartoon character)

米酒 [mai5 jau2] *n.* **(1)** Rice Wine

羊 [yeung4] *n.* **(1)** Sheep

羊毛 [yeung4 mou4] *n.* **(1)** Wool

羊水 [yeung4 sui2] *n.* **(1)** Amniotic fluid

羊扒 [yeung4 pa2] *n.* **(1)** Lamb Chop

羊肉 [yeung4 yuk6] *n.* **(1)** Lamb (meat) ; Mutton

羊肚雜碎布甸 [yeung4 tou5 jaap6 sui3 bou3 din1] *n.* **(1)** Haggis

老人學家 [lou5 yan4 hok6 ga1] *n.* **(1)** Gerontologist

老公 [lou5 gung1] *n.* **(1)** Husband

CANTONESE TO ENGLISH DICTIONARY

老抽 [lou5 chau1] *n.* **(1)** Dark Soy Sauce

老師 [lou5 si1] *n.* **(1)** Teacher

老婆 [lou5 poh4] *n.* **(1)** Wife

老爺 [lou5 ye4] *n.* **(1)** Father-In-Law (father of one's husband)

老鼠 [lou5 sue2] *n.* **(1)** Mouse;Rat

老實 [lou5 sat6] *adj.* **(1)** Honest

考古學 [haau2 goo2 hok6] *n.* **(1)** Archaeology

考古學家 [haau2 goo2 hok6 ga1] *n.* **(1)** Archaeologist

考試 [haau2 si3] *n.* **(1)** Exam;Examination

而且 [yi4 che2] *adv.* **(1)** Also

耳仔 [yi5 jai2] *n.* **(1)** Ear

耳仔痛 [yi5 jai2 tung3] *n.* **(1)** Earache

肉 [yuk6] *n.* **(1)** Flesh;Meat

肉丸 [yuk6 yuen2] *n.* **(1)** Meatballs

肉片 [yuk6 pin2] *n.* **(1)** Sliced Meat

肉豆蔻 [yuk6 dau6 kau3] *n.* **(1)** Nutmeg

肉卷 [yuk6 guen2] *n.* **(1)** Meatloaf

肉凍 [yuk6 dung3] *n.* **(1)** Aspic

肉碎 [yuk6 sui3] *n.* **(1)** Minced Meat

肋骨 [lak6 gwat1] *n.* **(1)** Rib

肌肉 [gei1 yuk6] *n.* **(1)** Muscle

自由主義 [ji6 yau4 jue2 yi6] *n.* **(1)** Liberalism

自私 [ji6 si1] *adj.* **(1)** Selfish

自信 [ji6 sun3] *n.* **(1)** Confidence;Self-Confidence

自負 [ji6 foo6] *n.* **(1)** Egotism

自動提款機 [ji6 dung6 tai4 foon2 gei1] *n.* **(1)** ATM(Automated Teller Machine)

自尊 [ji6 juen1] *n.* **(1)** Self-Respect

自然主義 [ji6 yin4 jue2 yi6] *n.* **(1)** Naturalism

自戀 [ji6 luen2] *n.* **(1)** Narcissism

臼齒 [kau5 chi2] *n.* **(1)** Molar

色情 [sik1 ching4] *adj.* **(1)** Erotic;Pornographic

血 [huet3] *n.* **(1)** Blood

血型 [huet3 ying4] *n.* **(1)** Blood Type

血液 [huet3 yik6] *n.* **(1)** Blood

血球凝集素 [huet3 kau4 ying4 jaap6 sou3] *n.* **(1)** Hemagglutinin

血統 [huet3 tung2] *n.* **(1)** Lineage

血管 [huet3 goon2] *n.* **(1)** Blood Vessel

血糖 [huet3 tong4] *n.* **(1)** Blood Sugar

血壓 [huet3 aat3] *n.* **(1)** Blood Pressure

血壓計 [huet3 aat3 gai3] *n.* **(1)** Blood Pressure Monitor;Sphygmomanometer

行人 [hang4 yan4] *n.* **(1)** Pedestrian

CANTONESE TO ENGLISH DICTIONARY

行人天橋 [hang4 yan4 tin1 kiu4] *n.* **(1)** Footbridge；Pedestrian Overpass

行人路 [hang4 yan4 lou6] *n.* **(1)** Footpath；Pavement；Sidewalk；Walkway

衣架 [yi1 ga2] *n.* **(1)** Hanger

衣櫃 [yi1 gwai6] *n.* **(1)** Wardrobe

西 [sai1] *n.* **(1)** West (one of the points of the compass)

西方 [sai1 fong1] *n.* **(1)** The Occident

西北 [sai1 bak1] *n.* **(1)** North West (one of the points of the compass)

西北偏北 [sai1 bak1 pin1 bak1] *n.* **(1)** North North West (one of the points of the compass)

西北偏西 [sai1 bak1 pin1 sai1] *n.* **(1)** West North West (one of the points of the compass)

西瓜 [sai1 gwa1] *n.* **(1)** Watermelon

西生菜 [sai1 saang1 choi3] *n.* **(1)** Iceberg Lettuce

西冷牛扒 [sai1 laang5 ngau4 pa2] *n.* **(1)** Sirloin Steak

西南 [sai1 naam4] *n.* **(1)** South West (one of the points of the compass)

西南偏西 [sai1 naam4 pin1 sai1] *n.* **(1)** West South West (one of the points of the compass)

西南偏南 [sai1 naam4 pin1 naam4] *n.* **(1)** South South West (one of the points of the compass)

伯父 [baak3 foo6] *n.* **(1)** Uncle (the elder brother of one's father)

伯娘 [baak3 neung4] *n.* **(1)** Aunt (wife of father's elder brother)

估 [goo2] *v.* **(1)** Guess

伴侶 [boon6 lui5] *n.* **(1)** Companion (someone who you often spend time with or who you are travelling with)；Helpmate

伸 [san1] *v.* **(1)** Stretch

但係 [daan6 hai6] *adv.* **(1)** However

佈道 [bou3 dou6] *n.* **(1)** Sermon

低血糖症 [dai1 huet3 tong4 jing3] *n.* **(1)** Hypoglycaemia

低血壓 [dai1 huet3 aat3] *n.* **(1)** Hypotension；Light Blood Pressure

低密度脂蛋白 [dai1 mat6 dou6 ji1 daan2 baak6] *n.* **(1)** Low-Density Lipoprotein

住 [jue6] *v.* **(1)** Reside

住宅 [jue6 jaak2] *n.* **(1)** Housing

住宅區 [jue6 jaak2 kui1] *n.* **(1)** Residential Area

住宿 [jue6 suk1] *n.* **(1)** Accommodation

佔用 [jim3 yung6] *v.* **(1)** Occupy

佛 [fat6] *n.* **(1)** Buddha

佛教 [fat6 gaau3] *n.* **(1)** Buddhism

佛教徒 [fat6 gaau3 tou4] *n.* **(1)** Buddhist

作家 [jok3 ga1] *n.* **(1)** Author

你 [nei5] *pron.* **(1)** You

CANTONESE TO ENGLISH DICTIONARY

你自己 [nei5 ji6 gei2] *pron.* **(1)** Yourself

你哋 [nei5 dei6] *pron.* **(1)** Yous

你哋自己 [nei5 dei6 ji6 gei2] *pron.* **(1)** Yourselves

你哋嘅 [nei5 dei6 ge3] *det.* **(1)** Your (addressed to a group) *pron.* **(2)** Yours (addressed to a group)

你嘅 [nei5 ge3] *det.* **(1)** Your *pron.* **(2)** Yours

佢 [kui5] *det.* **(1)** Her ; His ; Its *pron.* **(2)** He ; Her ; Him ; It ; She

佢自己 [kui5 ji6 gei2] *pron.* **(1)** Herself ; Himself ; Itself

佢哋 [kui5 dei6] *pron.* **(1)** Them ; They

佢哋自己 [kui5 dei6 ji6 gei2] *pron.* **(1)** Themselves

佢哋嘅 [kui5 dei6 ge3] *det.* **(1)** Their *pron.* **(2)** Theirs

佢嘅 [kui5 ge3] *det.* **(1)** Her ; His *pron.* **(2)** His ; Hers

克 [hak1] *n.* **(1)** Gram

免疫系統 [min5 yik6 hai6 tung2] *n.* **(1)** Immune System

免除 [min5 chui4] *n.* **(1)** Exemption

免稅 [min5 sui3] *adj.* **(1)** Duty-Free

冷漠 [laang5 mok6] *n.* **(1)** Apathy

冷酷無情 [laang5 huk6 mou4 ching4] *adj.* **(1)** Callous ; Cold-Blooded

利尿 [lei6 niu6] *adj.* **(1)** Diuretic

助手 [joh6 sau2] *n.* **(1)** Assistant

努力 [nou5 lik6] *n.* **(1)** Diligence ; Effort

即刻 [jik1 hak1] *phr.* **(1)** On the Spot (immediately)

即場 [jik1 cheung4] *adj.* **(1)** Extempore *adv.* **(2)** Extempore *phr.* **(3)** On the Spot (at the actual place where something is happening)

卵石 [lun2 sek6] *n.* **(1)** Pebble

卵巢 [lun2 chaau4] *n.* **(1)** Ovary

吞沒 [tan1 moot6] *v.* **(1)** Engulf

吞拿魚 [tan1 na4 yue2] *n.* **(1)** Tuna

含堅果嘅 [ham4 gin1 gwoh2 ge3] *adj.* **(1)** Nutty (containing nuts)

吵雜聲 [chaau2 jaap6 seng1] *n.* **(1)** Clamour

吹風筒 [chui1 fung1 tung2] *n.* **(1)** Hair Dryer

困境 [kwan3 ging2] *n.* **(1)** Predicament

坐低 [choh5 dai1] *v.* **(1)** Sit Down

坐浴盆 [choh5 yuk6 poon4] *n.* **(1)** Bidet

坐浴桶 [choh5 yuk6 tung2] *n.* **(1)** Bidet

坐起身 [choh5 hei2 san1] *v.* **(1)** Sit Up

妗母 [kam5 mou5] *n.* **(1)** Aunt (wife of mother's brother)

孜然 [ji1 yin4] *n.* **(1)** Cumin

CANTONESE TO ENGLISH DICTIONARY

完美主義 [yuen4 mei5 jue2 yi6] *n.* **(1)** Perfectionism

完美主義者 [yuen4 mei5 jue2 yi6 je2] *n.* **(1)** Perfectionist

宏偉 [wang4 wai5] *adj.* **(1)** Grand

尿 [niu6] *n.* **(1)** Urine

希望 [hei1 mong6] *n.* **(1)** Hope *v.* **(2)** Hope

序數 [jui6 sou3] *n.* **(1)** Ordinal Number

弟弟 [dai4 dai2] *n.* **(1)** Younger Brother

弟婦 [dai6 foo5] *n.* **(1)** Sister-In-Law (the wife of one's younger brother)

形狀 [ying4 jong6] *n.* **(1)** Shape

形容詞 [ying4 yung4 chi4] *n.* **(1)** Adjective

我 [ngoh5] *pron.* **(1)** I ; Me *det.* **(2)** My

我自己 [ngoh5 ji6 gei2] *pron.* **(1)** Myself

我哋 [ngoh5 dei6] *pron.* **(1)** Us ; We

我哋自己 [ngoh5 dei6 ji6 gei2] *pron.* **(1)** Ourselves

我哋嘅 [ngoh5 dei6 ge3] *det.* **(1)** Our *pron.* **(2)** Ours

我嘅 [ngoh5 ge3] *det.* **(1)** My *pron.* **(2)** Mine

戒口 [gaai3 hau2] *v.* **(1)** To Restrain Oneself From Eating Certain Foods During Times Of Sickness And During Times Of Taking Certain Herbal Remedies And Medicines

扯鼻鼾 [che2 bei6 hon3] *v.* **(2)** Snore

批准 [pai1 jun2] *n.* **(1)** Approval *v.* **(2)** Approbate ; Approve

技巧 [gei6 haau2] *n.* **(1)** Technique

投票 [tau4 piu3] *v.* **(1)** Ballot

抗體 [kong3 tai2] *n.* **(1)** Antibody

改良主義 [goi2 leung4 jue2 yi6] *n.* **(1)** Reformism

攻擊 [gung1 gik1] *n.* **(1)** Onslaught

更改 [gang1 goi2] *v.* **(1)** Alter

杏 [hang6] *n.* **(1)** Apricot

杏仁 [hang6 yan4] *n.* **(1)** Almond

杏仁油 [hang6 yan4 yau4] *n.* **(1)** Almond Oil

村民 [chuen1 man4] *n.* **(1)** Villager

每日 [mooi5 yat6] *adv.* **(1)** Everyday

決賽 [kuet3 choi3] *n.* **(1)** Final

沖淡 [chung1 taam5] *v.* **(1)** Dilute

沙 [sa1] *n.* **(1)** Sand

沙甸魚 [sa1 din1 yue2] *n.* **(1)** Sardine

沙律 [sa1 lut1] *n.* **(1)** Salad

沙律醬 [sa1 lut1 jeung3] *n.* **(1)** Salad Dressing

沙袋鼠 [sa1 doi6 sue2] *n.* **(1)** Wallaby

沙嗲醬 [sa3 de1 jeung3] *n.* **(1)** Satay Sauce

沙葛 [sa1 got3] *n.* **(1)** Jicama

88

CANTONESE TO ENGLISH DICTIONARY

沙塵暴 [sa1 chan4 bou6] *n.* **(1)** Dust Storm ; Sandstorm

沙漠 [sa1 mok6] *n.* **(1)** Desert

沙灘 [sa1 taan1] *n.* **(1)** Beach

災難 [joi1 naan6] *n.* **(1)** Calamity ; Catastrophe ; Disaster

狂熱 [kwong4 yit6] *n.* **(1)** Fanaticism

男朋友 [naam4 pang4 yau5] *n.* **(1)** Boyfriend

男修道院院長 [naam4 sau1 dou6 yuen2 yuen2 jeung2] *n.* **(1)** Abbot

男演員 [naam4 yin2 yuen4] *n.* **(1)** Actor

男管家 [naam4 goon2 ga1] *n.* **(1)** Butler

男爵 [naam4 jeuk3] *n.* **(1)** Baron (it is a man who is a member of a specific rank of the nobility)

男爵夫人 [naam4 jeuk3 foo1 yan4] *n.* **(1)** Baroness (it is a wife of a Baron)

私人 [si1 yan4] *adj.* **(1)** Private

私有化 [si1 yau5 fa3] *n.* **(1)** Privatisation

私底下 [si1 dai2 ha6] *adv.* **(1)** Privately

私情 [si1 ching4] *n.* **(1)** Amour

私隱 [si1 yan2] *n.* **(1)** Privacy

肚餓 [tou2 ngoh6] *adj.* **(1)** Hungry

肝 [gon1] *n.* **(1)** Liver

芒果 [mong1 gwoh2] *n.* **(1)** Mango

角 [gok3] *n.* **(1)** Horn

角度 [gok3 dou6] *n.* **(1)** Angle

豆芽 [dau6 nga4] *n.* **(1)** Sprouts

豆殼 [dau6 hok3] *n.* **(1)** Peapod

豆腐 [dau6 foo6] *n.* **(1)** Bean Curd ; Tofu

赤字 [chek3 ji6] *n.* **(1)** Deficit

走地 [jau2 dei6] *adj.* **(1)** Cage-free

足球 [juk1 kau4] *n.* **(1)** Soccer

足球比賽 [juk1 kau4 bei2 choi3] *n.* **(1)** Soccer Game

足球賽 [juk1 kau4 choi3] *n.* **(1)** Soccer Game

身手靈活 [san1 sau2 ling4 woot6] *adj.* **(1)** Agile (physically)

車 [che1] *n.* **(1)** Car

車匙 [che1 si4] *n.* **(1)** Car Key

車牌 [che1 paai4] *n.* **(1)** Driving License

里程碑 [lei5 ching4 bei1] *n.* **(1)** Milestone

防毒軟件 [fong4 duk6 yuen5 gin2] *n.* **(1)** Antivirus Software

防腐劑 [fong4 foo6 jai1] *n.* **(1)** Preservatives

防彈 [fong4 daan2] *adj.* **(1)** Bulletproof

防彈衣 [fong4 daan2 yi1] *n.* **(1)** Bulletproof Vest

防彈玻璃 [fong4 daan2 boh1 lei1] *n.* **(1)** Bulletproof Glass

CANTONESE TO ENGLISH DICTIONARY

乳膠 [yue5 gaau1] *n.* **(1)** Latex
事實 [si6 sat6] *n.* **(1)** Fact
亞洲 [a3 jau1] *adj.* **(1)** Asian *n.* **(2)** Asia
亞洲人 [a3 jau1 yan4] *n.* **(1)** Asian
亞麻籽 [a3 ma4 ji2] *n.* **(1)** Flaxseed
享樂主義 [heung2 lok6 jue2 yi6] *n.* **(1)** Hedonism
使徒 [si3 tou4] *n.* **(1)** Apostle
例子 [lai6 ji2] *n.* **(1)** Example
例外 [lai6 ngoi6] *n.* **(1)** Exception
供品 [gung3 ban2] *n.* **(1)** Offering
兒童節 [yi4 tung4 jit3] *n.* **(1)** Children's Day
兩次 [leung5 chi3] *adv.* **(1)** Twice
典型嘅 [din2 ying4 ge3] *adj.* **(1)** Typical
典禮 [din2 lai5] *n.* **(1)** Ceremony (it is a set of formal acts, which is often fixed and traditional and performed on important religious or social occasions)
初步 [choh1 bou6] *adj.* **(1)** Preliminary
制止 [jai3 ji2] *v.* **(1)** Curb
卷雲 [guen2 wan4] *n.* **(1)** Cirrus
卷層雲 [guen2 chang4 wan4] *n.* **(1)** Cirrostratus
卷積雲 [guen2 jik1 wan4] *n.* **(1)** Cirrocumulus
叔父 [suk1 foo6] *n.* **(1)** Uncle (the younger brother of one's father)
叔仔 [suk1 jai2] *n.* **(1)** Brother-In-Law (the younger brother of one's husband)
叔叔 [suk1 suk1] *n.* **(1)** Uncle (father's younger brother)
取消律師資格 [chui2 siu1 lut6 si1 ji1 gaak3] *n.* **(1)** Disbarment
受詞 [sau6 chi4] *n.* **(1)** Object (grammatical term)
受精 [sau6 jing1] *n.* **(1)** Fertilisation
受歡迎 [sau6 foon1 ying4] *adj.* **(1)** Popular
呢 [ni1] *det.* **(1)** This
呢度 [ni1 dou6] *adv.* **(1)** Here (at, in, or to this place or position)
呢個 [ni1 goh3] *det.* **(1)** This *pron.* **(2)** This
呢啲 [ni1 di1] *det.* **(1)** These *pron.* **(2)** These
味 [mei6] *n.* **(1)** Smell
味道 [mei6 dou6] *n.* **(1)** Taste
味覺 [mei6 gok3] *n.* **(1)** Smell
命運注定 [ming6 wan6 jue3 ding6] *adj.* **(1)** Predestined
咁 [gam3] *adv.* **(1)** So
和平 [woh4 ping4] *adj.* **(1)** Peaceful *n.* **(2)** Peace
和平主義 [woh4 ping4 jue2 yi6] *n.* **(1)** Pacifism
和尚 [woh4 seung2] *n.* **(1)** Buddhist Monk

CANTONESE TO ENGLISH DICTIONARY

和睦 [woh4 muk6] *adj.* **(1)** Genial ; Harmonious *n.* **(2)** Amity

咖啡 [ga3 fe1] *n.* **(1)** Coffee

咖啡因 [ga3 fe1 yan1] *n.* **(1)** Caffeine

咖啡色 [ga3 fe1 sik1] *adj.* **(1)** Brown (colour)

咖啡店 [ga3 fe1 dim3] *n.* **(1)** Coffee Shop

咖啡杯 [ga3 fe1 booi1] *n.* **(1)** Coffee Mug

咖啡屋 [ga3 fe1 uk1] *n.* **(1)** Coffee House

咖啡壺 [ga3 fe1 woo2] *n.* **(1)** Coffee Pot

咖啡精 [ga3 fe1 jing1] *n.* **(1)** Instant Coffee

咖啡閣 [ga3 fe1 gok3] *n.* **(1)** Coffee Lounge

咖啡機 [ga3 fe1 gei1] *n.* **(1)** Coffee Maker

咖啡館 [ga3 fe1 goon2] *n.* **(1)** Coffee House

咖喱 [ga3 lei1] *n.* **(1)** Curry

咖喱牛肉 [ga3 lei1 ngau4 yuk6] *n.* **(1)** Curry Beef

咖喱粉 [ga3 lei1 fan2] *n.* **(1)** Curry Powder

咖喱飯 [ga3 lei1 faan6] *n.* **(1)** Curry Rice

咖喱魷魚 [ga3 lei1 yau4 yue2] *n.* **(1)** Curry Squid

咖喱雞 [ga3 lei1 gai1] *n.* **(1)** Curry Chicken

固件 [goo3 gin2] *n.* **(1)** Firmware

固體 [goo3 tai2] *n.* **(1)** Solid

坡度 [boh1 dou6] *n.* **(1)** Gradient

坦白 [taan2 baak6] *adj.* **(1)** Frank *adv.* **(2)** Frankly

坦克 [taan2 hak1] *n.* **(1)** Tank

坦克車 [taan2 hak1 che1] *n.* **(1)** Tank

夜晚 [ye6 maan5] *n.* **(1)** Night

奇怪 [kei4 gwaai3] *adj.* **(1)** Peculiar

奉承 [fung6 sing4] *v.* **(1)** Flatter

妳 [nei5] *pron.* **(1)** You (addressed to a female person only)

妳自己 [nei5 ji6 gei2] *pron.* **(1)** Yourself (addressed to a female person only)

妳哋 [nei5 dei6] *pron.* **(1)** Yous (addressed to a group of females only)

妳哋自己 [nei5 dei6 ji6 gei2] *pron.* **(1)** Yourselves (addressed to a group of females only)

妳哋嘅 [nei5 dei6 ge3] *det.* **(1)** Your (addressed to a group of females only) *pron.* **(2)** Yours (addressed to a group of females only)

妳嘅 [nei5 ge3] *det.* **(1)** Your (addressed to a female person only) *pron.* **(2)** Yours (addressed to a female person only)

妹夫 [mooi6 foo1] *n.* **(1)** Brother-In-Law (the husband of one's younger sister)

CANTONESE TO ENGLISH DICTIONARY

妹妹 [mooi4 mooi2] *n.* **(1)** Younger Sister

妻子 [chai1 ji2] *n.* **(1)** Wife

妾 [chip3] *n.* **(1)** Concubine

姊妹 [ji2 mooi2] *n.* **(1)** Sisters

姐夫 [je2 foo1] *n.* **(1)** Brother-In-Law (the husband of one's elder sister)

姐姐 [je4 je1] *n.* **(1)** Elder Sister

姑丈 [goo1 jeung2] *n.* **(1)** Uncle (the husband of a sister of one's father)

姑仔 [goo1 jai2] *n.* **(1)** Sister-In-Law (the younger sister of one's husband)

姑奶 [goo1 naai1] *n.* **(1)** Sister-In-Law (the elder sister of one's husband)

姑姐 [goo1 je1] *n.* **(1)** Aunt (father's younger sister)

姑媽 [goo1 ma1] *n.* **(1)** Aunt (father's elder sister)

委任 [wai2 yam6] *v.* **(1)** Appoint

季節 [gwai3 jit3] *n.* **(1)** Season

孤兒 [goo1 yi4] *n.* **(1)** Orphan

孤兒院 [goo1 yi4 yuen2] *n.* **(1)** Orphanage

宗教 [jung1 gaau3] *n.* **(1)** Faith (a particular religion)

宗教信仰 [jung1 gaau3 sun3 yeung5] *n.* **(1)** Faith (strong belief in a particular religion)

官司 [goon1 si1] *n.* **(1)** Lawsuit

官僚主義 [goon1 liu4 jue2 yi6] *n.* **(1)** Bureaucracy

定義 [ding6 yi6] *n.* **(1)** Definition *v.* **(2)** Define

岳父 [ngok6 foo2] *n.* **(1)** Father-In-Law (father of one's wife)

岳母 [ngok6 mou2] *n.* **(1)** Mother-In-Law (mother of one's wife)

忠誠 [jung1 sing4] *adj.* **(1)** Faithful (loyal)

怕醜 [pa3 chau2] *adj.* **(1)** Shy

性別 [sing3 bit6] *n.* **(1)** Gender

性別歧視 [sing3 bit6 kei4 si6] *n.* **(1)** Sexism

所以 [soh2 yi5] *adv.* **(1)** Therefore *conj.* **(2)** So

所有 [soh2 yau5] *pron.* **(1)** Everything

承包人 [sing4 baau1 yan4] *n.* **(1)** Contractor

押韻 [aat3 wan5] *v.* **(1)** Rhyme

抽筋 [chau1 gan1] *n.* **(1)** Cramp

拆 [chaak3] *phr. v.* **(1)** Pull down (to destroy a building)

拉 [laai1] *v.* **(1)** Pull

拉鏈 [laai1 lin2] *n.* **(1)** Zipper

拍手 [paak3 sau2] *v.* **(1)** Applaud

拐杖 [gwaai2 jeung2] *n.* **(1)** Crutches

拖鞋 [toh1 haai2] *n.* **(1)** Slipper

拘捕 [kui1 bou6] *v.* **(1)** Arrest (the police will take them away due to a crime that they might have committed)

放大 [fong3 daai6] *v.* **(1)** Magnify

放棄 [fong3 hei3] *v.* **(1)** Abandon

CANTONESE TO ENGLISH DICTIONARY

斧頭 [foo2 tau2] *n.* **(1)** Axe

昆蟲 [kwan1 chung4] *n.* **(1)** Insect

昆蟲學 [kwan1 chung4 hok6] *n.* **(1)** Entomology

明喻 [ming4 yue6] *n.* **(1)** Simile

明膠 [ming4 gaau1] *n.* **(1)** Gelatine

明顯 [ming4 hin2] *adj.* **(1)** Evident；Obvious

杯 [booi1] *n.* **(1)** Cup；Glass (a small container for drinks)

杯櫃 [booi1 gwai6] *n.* **(1)** Cupboard

東 [dung1] *n.* **(1)** East (one of the points of the compass)

東北 [dung1 bak1] *n.* **(1)** North East (one of the points of the compass)

東北偏北 [dung1 bak1 pin1 bak1] *n.* **(1)** North North East (one of the points of the compass)

東北偏東 [dung1 bak1 pin1 dung1] *n.* **(1)** East North East (one of the points of the compass)

東南 [dung1 naam4] *n.* **(1)** South East (one of the points of the compass)

東南偏東 [dung1 naam4 pin1 dung1] *n.* **(1)** East South East (one of the points of the compass)

東南偏南 [dung1 naam4 pin1 naam4] *n.* **(1)** South South East (one of the points of the compass)

松鼠 [chung4 sue2] *n.* **(1)** Squirrel

松露 [chung4 lou6] *n.* **(1)** Truffle

板球 [baan2 kau4] *n.* **(1)** Cricket (sport)

枕頭 [jam2 tau4] *n.* **(1)** Pillow

枕頭袋 [jam2 tau4 doi2] *n.* **(1)** Pillowcase

林業 [lam4 yip6] *n.* **(1)** Forestry

果仁 [gwoh2 yan4] *n.* **(1)** Nut

果占 [gwoh2 jim1] *n.* **(1)** Jam

果醬 [gwoh2 jeung3] *n.* **(1)** Jam

歧視 [kei4 si6] *n.* **(1)** Discrimination (treating a particular group of people or a person differently because of their race, sex, sexuality, skin colour, etc.)

河馬 [hoh4 ma5] *n.* **(1)** Hippopotamus

沼澤 [jiu2 jaak6] *n.* **(1)** Marsh

法式鹹批 [faat3 sik1 haam4 pai1] *n.* **(1)** Quiche

法官 [faat3 goon1] *n.* **(1)** Judge

法律 [faat3 lut6] *n.* **(1)** Law

波 [boh1] *n.* **(1)** Ball

波板糖 [boh1 baan2 tong2] *n.* **(1)** Lollipop

波衫 [boh1 saam1] *n.* **(1)** Soccer Jersey

注意 [jue3 yi3] *phr.* **(1)** Pay Attention

炒蛋 [chaau2 daan2] *n.* **(1)** Scrambled Eggs

炒蛋 [chaau2 daan2] *n.* **(1)** Fried Egg

炒魷魚 [chaau2 yau4 yue2] *n.* **(1)** Dismissal (sacking)

爬 [pa4] *n.* **(1)** Climb *v.* **(2)** Climb

爸爸 [ba4 ba1] *n.* **(1)** Father

CANTONESE TO ENGLISH DICTIONARY

牀 [chong4] *n.* **(1)** Bed
牀仔 [chong4 jai2] *n.* **(1)** Cot
牀單 [chong4 daan1] *n.* **(1)** Bed Sheet
版本 [baan2 boon2] *n.* **(1)** Edition
牧師 [muk6 si1] *n.* **(1)** Parson；Pastor
物理學家 [mat6 lei5 hok6 ga1] *n.* **(1)** Physicist
物體 [mat6 tai2] *n.* **(1)** Object (thing)
狗 [gau2] *n.* **(1)** Dog
疝氣 [saan3 hei3] *n.* **(1)** Hernia
的士 [dik1 si2] *n.* **(1)** Cab；Taxi
的士站 [dik1 si2 jaam6] *n.* **(1)** Taxi Stand
的士高 [dik1 si6 gou1] *n.* **(1)** Disco
直飛 [jik6 fei1] *n.* **(1)** Direct Flight
直接 [jik6 jip3] *adv.* **(1)** Directly
直覺 [jik6 gok3] *n.* **(1)** Hunch
知 [ji1] *v.* **(1)** Know
知己 [ji1 gei2] *n.* **(1)** Confidant
知識 [ji3 sik1] *n.* **(1)** Knowledge
社會主義 [se5 wooi2 jue2 yi6] *n.* **(1)** Socialism
社會保障 [se5 wooi2 bou2 jeung3] *n.* **(1)** Social Security
社會保險 [se5 wooi2 bou2 him2] *n.* **(1)** Social Insurance
空心 [hung1 sam1] *adj.* **(1)** Hollow
空氣 [hung1 hei3] *n.* **(1)** Air

股東 [goo2 dung1] *n.* **(1)** Shareholder
肥胖 [fei4 boon6] *adj.* **(1)** Obese
肥胖症 [fei4 boon6 jing3] *n.* **(1)** Obesity
肥料 [fei4 liu2] *n.* **(1)** Compost；Manure
肺 [fai3] *n.* **(1)** Lungs
肺泡 [fai3 paau1] *n.* **(1)** Alveoli
芝士 [ji1 si2] *n.* **(1)** Cheese
芥辣 [gaai3 laat3] *n.* **(1)** Mustard
芭蕾舞 [ba1 lui4 mou5] *n.* **(1)** Ballet
花 [fa1] *n.* **(1)** Flower
花王 [fa1 wong4] *n.* **(1)** Gardener
花生 [fa1 sang1] *n.* **(1)** Peanut
花生油 [fa1 sang1 yau4] *n.* **(1)** Peanut Oil
花生糖 [fa1 sang1 tong2] *n.* **(1)** Peanut Candy
花生醬 [fa1 sang1 jeung3] *n.* **(1)** Peanut Butter
花花公子 [fa1 fa1 gung1 ji2] *n.* **(1)** Playboy
花冠 [fa1 goon1] *n.* **(1)** Anadem
花展 [fa1 jin2] *n.* **(1)** Flower Show
花園 [fa1 yuen2] *n.* **(1)** Garden
花樽 [fa1 jun1] *n.* **(1)** Vase
花邊 [fa1 bin1] *n.* **(1)** Lace (material)
芹菜 [kan4 choi2] *n.* **(1)** Celery

CANTONESE TO ENGLISH DICTIONARY

近 [kan5] *adv.* **(1)** Near (not far in distance) *prep.* **(2)** Near (not far in distance)

金橘 [gam1 gwat1] *n.* **(1)** Kumquat

金錢 [gam1 chin4] *n.* **(1)** Means (money)

金屬 [gam1 suk6] *n.* **(1)** Metal

長方形 [cheung4 fong1 ying4] *n.* **(1)** Rectangle

長度 [cheung4 dou6] *n.* **(1)** Length

長頸鹿 [cheung4 geng2 luk2] *n.* **(1)** Giraffe

門 [moon4] *n.* **(1)** Door

門口 [moon4 hau2] *n.* **(1)** Doorway

阻 [joh2] *v.* **(1)** Obstruct

阻擋 [joh2 dong2] *v.* **(1)** Obstruct

阿公 [a3 gung1] *n.* **(1)** Grandfather (mother's father)

阿伯 [a3 baak3] *n.* **(1)** Uncle (the elder brother of one's father)

阿叔 [a3 suk1] *n.* **(1)** Uncle (the younger brother of one's father)

阿爸 [a3 ba4] *n.* **(1)** Father

阿門 [a3 moon4] *interj.* **(1)** Amen

阿姨 [a3 yi1] *n.* **(1)** Aunt (mother's younger sister)

阿們 [a3 moon4] *interj.* **(1)** Amen

阿哥 [a3 goh1] *n.* **(1)** Elder Brother

阿婆 [a3 poh4] *n.* **(1)** Grandmother (mother's mother)

阿媽 [a3 ma1] *n.* **(1)** Mother

阿嫂 [a3 sou2] *n.* **(1)** Sister-In-Law (the wife of one's elder brother)

阿爺 [a3 ye4] *n.* **(1)** Grandfather (father's father)

阿嫲 [a3 ma4] *n.* **(1)** Grandmother (father's mother)

阿嬸 [a3 sam2] *n.* **(1)** Aunt (wife of father's younger brother)

陀螺 [toh4 loh4] *n.* **(1)** Gyroscope

附件 [foo6 gin2] *n.* **(1)** Appendage

附近 [foo6 gan6] *adv.* **(1)** Nearby *adj.* **(2)** Nearby

雨 [yue5] *n.* **(1)** Rain

雨雲 [yue5 wan4] *n.* **(1)** Nimbus

雨層雲 [yue5 chang4 wan4] *n.* **(1)** Nimbostratus

雨遮 [yue5 je1] *n.* **(1)** Umbrella

雨褸 [yue5 lau1] *n.* **(1)** Raincoat

青口 [cheng1 hau2] *n.* **(1)** Mussel

青年節 [ching1 nin4 jit3] *n.* **(1)** Youth Day

青豆 [cheng1 dau2] *n.* **(1)** Peas

青春期 [ching1 chun1 kei4] *n.* **(1)** Adolescence

青蛙 [ching1 wa1] *n.* **(1)** Frog (animal)

青蔥 [cheng1 chung1] *n.* **(1)** Scallion

青蘋果 [cheng1 ping4 gwoh2] *n.* **(1)** Granny Smith Apple

非典型嘅 [fei1 din2 ying4 ge3] *adj.* **(1)** Atypical

非洲 [fei1 jau1] *n.* **(1)** Africa

CANTONESE TO ENGLISH DICTIONARY

非洲人 [fei1 jau1 yan4] *n.* **(1)** African

侮辱 [mou5 yuk6] *n.* **(1)** Affront *v.* **(2)** Affront

便秘 [bin6 bei3] *n.* **(1)** Constipation

俘虜 [foo1 lou5] *n.* **(1)** Captive

俚語 [lei5 yue5] *n.* **(1)** Slang

保守 [bou2 sau2] *adj.* **(1)** Conservative

保守主義 [bou2 sau2 jue2 yi6] *n.* **(1)** Conservatism

保單 [bou2 daan1] *n.* **(1)** Insurance Policy

保險公司 [bou2 him2 gung1 si1] *n.* **(1)** Insurance Company

保險經紀 [bou2 him2 ging1 gei2] *n.* **(1)** Insurance Agent

保險箱 [bou2 him2 seung1] *n.* **(1)** Safe Deposit Box

保齡球 [bou2 ling4 kau4] *n.* **(1)** Bowling (it is a game that involves rolling a heavy ball down on a track with the aim of knocking down all the pins)

信心 [sun3 sam1] *n.* **(1)** Confidence **(2)** Faith (great confidence or trust in someone or something)

信任 [sun3 yam6] *n.* **(1)** Faith (great confidence or trust in someone or something)

信封 [sun3 fung1] *n.* **(1)** Envelope

前任 [chin4 yam6] *n.* **(1)** Predecessor

前列腺 [chin4 lit6 sin3] *n.* **(1)** Prostate

前列腺癌 [chin4 lit6 sin3 ngaam4] *n.* **(1)** Prostate Cancer

前言 [chin4 yin4] *n.* **(1)** Preface

前腳 [chin4 geuk3] *n.* **(1)** Foreleg

前臂 [chin4 bei3] *n.* **(1)** Forearm

勇敢 [yung5 gam2] *adj.* **(1)** Brave

南 [naam4] *n.* **(1)** South (one of the points of the compass)

南瓜 [naam4 gwa1] *n.* **(1)** Pumpkin

南京 [naam4 ging1] *n.* **(1)** Nanjing

南極 [naam4 gik6] *n.* **(1)** Antarctic

南韓 [naam4 hon4] *n.* **(1)** South Korea

咳 [kat1] *n.* **(1)** Cough

咽頭炎 [yin1 tau4 yim4] *n.* **(1)** Pharyngitis

品牌 [ban2 paai4] *n.* **(1)** Brand

城市 [sing4 si5] *n.* **(1)** City (a large town)

城垛 [sing4 doh2] *n.* **(1)** Battlement

城堞 [sing4 dip6] *n.* **(1)** Battlement

城堡 [sing4 bou2] *n.* **(1)** Fortress

姨丈 [yi4 jeung2] *n.* **(1)** Uncle (the husband of a sister of one's mother)

姨仔 [yi1 jai2] *n.* **(1)** Sister-In-Law (the younger sister of one's wife)

姨媽 [yi4 ma1] *n.* **(1)** (mother's elder sister)

姪 [jat2] *n.* **(1)** Nephew (son of one's brother)

姪女 [jat6 nui2] *n.* **(1)** Niece (daughter of one's brother)

CANTONESE TO ENGLISH DICTIONARY

威士忌酒 [wai1 si6 gei2 jau2] *n.* **(1)** Whisky

客廳 [haak3 teng1] *n.* **(1)** Living Room

客觀主義 [haak3 goon1 jue2 yi6] *n.* **(1)** Objectivism

宣佈 [suen1 bou3] *v.* **(1)** Announce

宣紙 [suen1 ji2] *n.* **(1)** Rice Paper

室內 [sat1 noi6] *adj.* **(1)** Indoor *adv.* **(2)** Indoors

封建 [fung1 gin3] *adj.* **(1)** Feudal

封建主義 [fung1 gin3 jue2 yi6] *n.* **(1)** Feudalism

屋 [uk1] *n.* **(1)** House

屋仔 [uk1 jai2] *n.* **(1)** Cottage

屋企 [uk1 kei2] *n.* **(1)** Home

巷仔 [hong6 jai2] *n.* **(1)** Alleyway

帝國主義 [dai3 gwok3 jue2 yi6] *n.* **(1)** Imperialism

度度 [dou6 dou6] *adv.* **(1)** Everywhere

建軍節 [gin3 gwan1 jit3] *n.* **(1)** Army Day

建築師 [gin3 juk1 si1] *n.* **(1)** Architect

律師 [lut6 si1] *n.* **(1)** Lawyer

後代 [hau6 doi6] *n.* **(1)** Progeny

後來 [hau6 loi4] *adv.* **(1)** Afterwards

急救 [gap1 gau3] *n.* **(1)** First Aid

恆定性 [hang4 ding6 sing3] *n.* **(1)** Homeostasis

指令 [ji2 ling6] *n.* **(1)** Directive

指南 [ji2 naam4] *n.* **(1)** Manual

指南針 [ji2 naam4 jam1] *n.* **(1)** Compass

指控 [ji2 hung3] *n.* **(1)** Allegation

政府 [jing3 foo2] *n.* **(1)** Government (the group of people with the authority to govern a country or state)

星星 [sing1 sing1] *n.* **(1)** Star

星雲 [sing1 wan4] *n.* **(1)** Nebula

星際 [sing1 jai3] *adj.* **(1)** Interplanetary **(2)** Interstellar

星際之門 [sing1 jai3 ji1 moon4] *n.* **(1)** Stargate

春天 [chun1 tin1] *n.* **(1)** Spring (season)

春卷 [chun1 guen2] *n.* **(1)** Spring Roll

枱波 [toi2 boh1] *n.* **(1)** Billiards

染色體 [yim5 sik1 tai2] *n.* **(1)** Chromosome

柬埔寨 [gaan2 bou3 jaai6] *adj.* **(1)** Cambodian *n.* **(2)** Cambodia

柱 [chue5] *n.* **(1)** Pillar

毒品 [duk6 ban2] *n.* **(1)** Drugs (illegal substance)

泉 [chuen4] *n.* **(1)** Spring (water source)

泵 [bam1] *n.* **(1)** Pump *v.* **(2)** Pump

洋蔥 [yeung4 chung1] *n.* **(1)** Onion

洋薊 [yeung4 gai3] *n.* **(1)** Artichoke

97

CANTONESE TO ENGLISH DICTIONARY

洗碗機 [sai2 woon2 gei1] *n.* **(1)** Dishwasher

洗頭水 [sai2 tau4 sui2] *n.* **(1)** Shampoo

洗禮 [sai2 lai5] *n.* **(1)** Baptism

津貼 [jun1 tip3] *n.* **(1)** Allowance

洪水 [hung4 sui2] *n.* **(1)** Deluge；Flood

活力 [woot6 lik6] *n.* **(1)** Vitality

流行性感冒 [lau4 hang4 sing3 gam2 mou6] *n.* **(1)** Influenza

流星 [lau4 sing1] *n.* **(1)** Failing Star Meteor；Shooting Star

流產 [lau4 chaan2] *n.* **(1)** Miscarriage

流眼淚 [lau4 ngaan5 lui6] *v.* **(1)** Cry

流感 [lau4 gam2] *n.* **(1)** Influenza

炭 [taan3] *n.* **(1)** Charcoal

炸藥 [ja3 yeuk6] *n.* **(1)** Dynamite

玻璃 [boh1 lei1] *n.* **(1)** Glass (material)

玻璃生菜 [boh1 lei1 saang1 choi3] *n.* **(1)** Lettuce

玻璃杯 [boh1 lei1 booi1] *n.* **(1)** Glass (a small container for drinks)

珍珠 [jan1 jue1] *n.* **(1)** Pearl

皇后 [wong4 hau6] *n.* **(1)** Empress；Queen

皇帝 [wong4 dai3] *n.* **(1)** Emperor

皇宮 [wong4 gung1] *n.* **(1)** Palace

相機 [seung2 gei1] *n.* **(1)** Camera

砌圖 [chai3 tou4] *n.* **(1)** Puzzle

秋天 [chau1 tin1] *n.* **(1)** Autumn

科幻小説 [foh1 waan6 siu2 suet3] *n.* **(1)** Science Fiction

科技 [foh1 gei6] *n.* **(1)** Technology

科學家 [foh1 hok6 ga1] *n.* **(1)** Scientist

紀念日 [gei2 nim6 yat6] *n.* **(1)** Anniversary

紀律 [gei2 lut6] *n.* **(1)** Discipline

紀錄片 [gei3 luk6 pin2] *n.* **(1)** Documentary

約旦 [yeuk3 daan3] *n.* **(1)** Jordan

紅色 [hung4 sik1] *adj.* **(1)** Red (colour)

紅花油 [hung4 fa1 yau4] *n.* **(1)** Safflower Oil

紅綠燈 [hung4 luk6 dang1] *n.* **(1)** Traffic Lights

紅醋 [hung4 chou3] *n.* **(1)** Red Vinegar

美味佳餚 [mei5 mei6 gaai1 ngaau4] *n.* **(1)** Ambrosia

美食節 [mei5 sik6 jit3] *n.* **(1)** Food Festival

美酒佳餚 [mei5 jau2 gaai1 ngaau4] *n.* **(1)** Ambrosia

耐唔中 [noi6 m4 jung1] *adv.* **(1)** Occasionally

耶穌受難日 [ye4 sou1 sau6 naan6 yat6] *n.* **(1)** Good Friday

胎兒 [toi1 yi4] *n.* **(1)** Fetus

胚胎 [pooi1 toi1] *n.* **(1)** Embryo

CANTONESE TO ENGLISH DICTIONARY

致意 [ji3 yi3] *n.* **(1)** Salutation

苜蓿 [muk6 suk1] *n.* **(1)** Alfalfa

苜蓿芽 [muk6 suk1 nga4] *n.* **(1)** Alfalfa Sprout

苦苣 [foo2 gui6] *n.* **(1)** Endive

英文 [ying1 man2] *n.* **(1)** English (language)

英國 [ying1 gwok3] *n.* **(1)** England

英國蘭 [ying1 gwok3 laan4] *n.* **(1)** Albion

英雄 [ying1 hung4] *n.* **(1)** Hero

茅臺酒 [maau4 toi4 jau2] *n.* **(1)** Maotai

茉莉 [moot6 lei2] *n.* **(1)** Jasmine

茉莉花 [moot6 lei2 fa1] *n.* **(1)** Jasmine Flower

茉莉花茶 [moot6 lei2 fa1 cha4] *n.* **(1)** Jasmine Tea

茉莉花濃縮 [moot6 lei2 fa1 nung4 suk1] *n.* **(1)** Jasmine Extract

衫架 [saam1 ga2] *n.* **(1)** Hanger

訃告 [foo6 gou3] *n.* **(1)** Obituary

計仔 [gai2 jai2] *n.* **(1)** Idea (it is a plan or a suggestion for doing something)

計時器 [gai3 si4 hei3] *n.* **(1)** Timer

計算 [gai3 suen3] *n.* **(1)** Calculation (numbers)

計數 [gai3 sou3] *v.* **(1)** Calculate

計數機 [gai3 sou3 gei1] *n.* **(1)** Calculator

趴低 [pa1 dai1] *v.* **(1)** Prostrate

軍國主義 [gwan1 gwok3 jue2 yi6] *n.* **(1)** Militarism

軍團 [gwan1 tuen4] *n.* **(1)** Legion (Soldier)

重 [chung5] *adj.* **(1)** Heavy

重有 [jung6 yau5] *adv.* **(1)** Furthermore ; In addition ; Moreover

重商主義 [jung6 seung1 jue2 yi6] *n.* **(1)** Mercantilism

重新 [chung4 san1] *adv.* **(1)** Anew

重罪 [chung5 jui6] *n.* **(1)** Felony

重農主義 [jung6 nung4 jue2 yi6] *n.* **(1)** Physiocracy

降落傘 [gong3 lok6 saan3] *n.* **(1)** Parachute

面 [min6] *n.* **(1)** Face

面紗 [min6 sa1] *n.* **(1)** Veil

面部 [min6 bou6] *adj.* **(1)** Facial

面部特徵 [min6 bou6 dak6 jing1] *n.* **(1)** Facial Features

面對 [min6 dui3] *v.* **(1)** Face

韭菜 [gau2 choi3] *n.* **(1)** Chives

音節 [yam1 jit3] *n.* **(1)** Syllable

音樂 [yam1 ngok6] *n.* **(1)** Music

音樂家 [yam1 ngok6 ga1] *n.* **(1)** Musician

音樂盒 [yam1 ngok6 hap2] *n.* **(1)** Musical Box

頁腳 [yip6 geuk3] *n.* **(1)** Footer

CANTONESE TO ENGLISH DICTIONARY

風水學家 [fung1 sui2 hok6 ga1] *n.* **(1)** Fung Shui Practitioner

風球 [fung1 kau4] *n.* **(1)** Typhoon Signal

風速計 [fung1 chuk1 gai3] *n.* **(1)** Anemometer

風趣 [fung1 chui3] *adj.* **(1)** Humourous

飛機 [fei1 gei1] *n.* **(1)** Aeroplane ; Airplane

飛機師 [fei1 gei1 si1] *n.* **(1)** Pilot

食 [sik6] *v.* **(1)** Taste

食果動物 [sik6 gwoh2 dung6 mat6] *n.* **(1)** Frugivore

食物 [sik6 mat6] *n.* **(1)** Food

食物中毒 [sik6 mat6 jung3 duk6] *n.* **(1)** Food Poisoning

食物色素 [sik6 mat6 sik1 sou3] *n.* **(1)** Food Colouring

食物防腐劑 [sik6 mat6 fong4 foo6 jai1] *n.* **(1)** Food Preservatives

食物金字塔 [sik6 mat6 gam1 ji6 taap6] *n.* **(1)** Food Pyramid

食物添加劑 [sik6 mat6 tim1 ga1 jai1] *n.* **(1)** Food Additives

食晏 [sik6 aan3] *v.* **(1)** Lunch

食真菌動物 [sik6 jan1 kwan2 dung6 mat6] *n.* **(1)** Fungivore

食草動物 [sik6 chou2 dung6 mat6] *n.* **(1)** Graminivore ; Herbivore

食飯 [sik6 faan6] *v.* **(1)** Dine

食煙 [sik6 yin1] *v.* **(1)** Smoke

食葉動物 [sik6 yip6 dung6 mat6] *n.* **(1)** Folivore

食蜜動物 [sik6 mat6 dung6 mat6] *n.* **(1)** Nectarivore

食糜 [sik6 mei4] *n.* **(1)** Chyme

首映 [sau2 ying2] *n.* **(1)** Première

首相 [sau2 seung3] *n.* **(1)** Premier

首都 [sau2 dou1] *n.* **(1)** Capital City

香口膠 [heung1 hau2 gaau1] *n.* **(1)** Chewing Gum

香片 [heung1 pin2] *n.* **(1)** Jasmine Tea

香港 [heung1 gong2] *n.* **(1)** Hong Kong

香腸 [heung1 cheung2] *n.* **(1)** Sausage

香葉芹 [heung1 yip6 kan4] *n.* **(1)** Chervil

香蕉 [heung1 jiu1] *n.* **(1)** Banana

香檳 [heung1 ban1] *n.* **(1)** Champagne

香櫞 [heung1 yuen4] *n.* **(1)** Citron

修正主義 [sau1 jing3 jue2 yi6] *n.* **(1)** Revisionism

修改 [sau1 goi2] *n.* **(1)** Alteration *v.* **(2)** Modify

修道院 [sau1 dou6 yuen2] *n.* **(1)** Abbey

個人主義 [goh3 yan4 jue2 yi6] *n.* **(1)** Individualism

個個 [goh3 goh3] *phr.* **(1)** Each And Every One

CANTONESE TO ENGLISH DICTIONARY

個個人 [goh3 goh3 yan4] *pron.* (1) Everyone

借喻 [je3 yue6] *n.* (1) Metonymy

倫敦 [lun4 dun1] *n.* (1) London

值得 [jik6 dak1] *adj.* (1) Worthy

冥想 [ming4 seung2] *n.* (1) Meditation *v.* (2) Meditate

凍咖啡 [dung3 ga3 fe1] *n.* (1) Iced Coffee

凍啡 [dung3 fe1] *n.* (1) Iced Coffee

凍飲 [dung3 yam2] *n.* (1) Cold Drinks

原子 [yuen4 ji2] *n.* (1) Atom

原子能 [yuen4 ji2 nang4] *n.* (1) Atomic Energy

原子筆 [yuen4 ji2 bat1] *n.* (1) Ball-Point Pen

原子彈 [yuen4 ji2 daan2] *n.* (1) Atomic Bomb

原子鐘 [yuen4 ji2 jung1] *n.* (1) Atomic Clock

原告 [yuen4 gou3] *n.* (1) Complainant

哥哥 [goh4 goh1] *n.* (1) Elder Brother

哥爾夫球 [goh1 yi5 foo1 kau4] *n.* (1) Golf

哨兵 [saau3 bing1] *n.* (1) Sentry

哮喘 [haau1 chuen2] *n.* (1) Asthma

哲學家 [jit3 hok6 ga1] *n.* (1) Philosopher

唇膏 [sun4 gou1] *n.* (1) Lipstick

唐突 [tong4 dat6] *adj.* (1) Abrupt

唔見咗 [m4 gin3 joh2] *v.* (1) Disappear

唔夠營養 [m4 gau3 ying4 yeung5] *n.* (1) Malnutrition

唔贊成 [m4 jaan3 sing4] *v.* (1) Object

埗頭 [bou6 tau4] *n.* (1) Dock；Wharf

夏天 [ha6 tin1] *n.* (1) Summer

孫 [suen1] *n.* (1) Grandchild；Grandchildren

孫女 [suen1 nui2] *n.* (1) Granddaughter (the daughter of one's son)

孫仔 [suen1 jai2] *n.* (1) Grandson (the son of one's son)

家姐 [ga1 je1] *n.* (1) Elder Sister

家庭主婦 [ga1 ting4 jue2 foo5] *n.* (1) Housewife

家庭用品 [ga1 ting4 yung6 ban2] *n.* (1) Household Goods

家務 [ga1 mou6] *n.* (1) Housekeeping；Housework

家婆 [ga1 poh2] *n.* (1) Mother-In-Law (mother of one's husband)

容易燒着 [yung4 yi6 siu1 jeuk6] *adj.* (1) Combustible

展覽 [jin2 laam5] *n.* (1) Exhibition

峽谷 [haap6 guk1] *n.* (1) Canyon；Deep Valley；Ravine

峽灣 [haap6 waan1] *n.* (1) Fjord

差唔多 [cha1 m4 doh1] *adv.* (1) About (nearly)；Almost

CANTONESE TO ENGLISH DICTIONARY

座右銘 [joh6 jau6 ming2] *n.* **(1)** Motto
弱 [yeuk6] *adj.* **(1)** Weak
恐怖 [hung2 bou3] *adj.* **(1)** Horrible
恐怖主義 [hung2 bou3 jue2 yi6] *n.* **(1)** Terrorism
恐怖份子 [hung2 bou3 fan6 ji2] *n.* **(1)** Terrorist
扇貝 [sin3 booi3] *n.* **(1)** Scallops
挨晚 [aai1 maan1] *n.* **(1)** Evening
效率 [haau6 lut2] *n.* **(1)** Efficiency
旁白 [pong4 baak6] *n.* **(1)** Narration
旅行支票 [lui5 hang4 ji1 piu3] *n.* **(1)** Traveller's cheque
旅行指南 [lui5 hang4 ji2 naam4] *n.* **(1)** Guidebook
旅店 [lui5 dim3] *n.* **(1)** Inn (a small hotel)
旅館 [lui5 goon2] *n.* **(1)** Hostel
時差 [si4 cha1] *n.* **(1)** Time Difference ; Time Lag
時區 [si4 kui1] *n.* **(1)** Time Zone
時間 [si4 gaan3] *n.* **(1)** Time
時間表 [si4 gaan3 biu2] *n.* **(1)** Timetable
晏晝 [aan3 jau3] *n.* **(1)** Noon
晏晝飯 [aan3 jau3 faan6] *n.* **(1)** Lunch
書 [sue1] *n.* **(1)** Book
書包 [sue1 baau1] *n.* **(1)** School Bag
書店 [sue1 dim3] *n.* **(1)** Bookstore

書法 [sue1 faat3] *n.* **(1)** Calligraphy
書架 [sue1 ga2] *n.* **(1)** Bookshelf
書櫃 [sue1 gwai6] *n.* **(1)** Bookcase
書蟲 [sue1 chung4] *n.* **(1)** Bookworm
朗誦 [long5 jung6] *n* **(1)** Recitation *v* **(2)** Recite
栗子 [lut6 ji2] *n.* **(1)** Chestnut
校正 [gaau3 jing3] *v* **(1)** Rectify
格言 [gaak3 yin4] *n.* **(1)** Maxim
格連尼治標準時間 [gaak3 lin4 nei4 ji6 biu1 jun2 si4 gaan3] *n.* **(1)** Greenwich Mean Time
桃 [tou2] *n.* **(1)** Peach
桑拿 [song1 na4] *n.* **(1)** Sauna
梳化 [soh1 fa2] *n.* **(1)** Sofa
氣候 [hei3 hau6] *n.* **(1)** Climate
氣候學家 [hei3 hau6 hok6 ga1] *n.* **(1)** Climatologist
氣球 [hei3 kau4] *n.* **(1)** Balloon
氣象學 [hei3 jeung6 hok6] *n.* **(1)** Meteorology
氣象學家 [hei3 jeung6 hok6 ga1] *n.* **(1)** Meteorologist
氣象學家 [hei3 jeung6 hok6 ga1] *n.* **(1)** Meteorologist
氣團 [hei3 tuen6] *n.* **(1)** Air Mass
氣壓計 [hei3 aat3 gai3] *n.* **(1)** Barometer (It is an instrument for measuring air pressure)

CANTONESE TO ENGLISH DICTIONARY

氣體交換 [hei3 tai2 gaau1 woon6] n. (1) Gas Exchange

氧氣 [yeung5 hei3] n. (1) Oxygen

海 [hoi2] n. (1) Sea

海外 [hoi2 ngoi6] adv. (1) Abroad (in or to a foreign country or countries)

海岸 [hoi2 ngon6] n. (1) Coast；Sea Coast

海洋 [hoi2 yeung4] n. (1) Ocean

海軍 [hoi2 gwan1] n. (1) Navy (sea force)

海馬 [hoi2 ma5] n. (1) Seahorse

海綿蛋糕 [hoi2 min4 daan6 gou1] n. (1) Sponge Cake

海膽 [hoi2 daam2] n. (1) Sea Urchin

海螺 [hoi2 loh4] n. (1) Sea Snail

海鮮 [hoi2 sin1] n. (1) Seafood

海鮮醬 [hoi2 sin1 jeung3] n. (1) Hoisin Sauce

海邊 [hoi2 bin1] n. (1) Seashore

海關 [hoi2 gwaan1] n. (1) Customs

海灣 [hoi2 waan1] n. (1) Bay

消化 [siu1 fa3] n. (1) Digestion

消化不良 [siu1 fa3 bat1 leung4] n. (1) Dyspepsia；Indigestion；Poor Digestion

消防水龍頭 [siu1 fong4 sui2 lung4 tau4] n. (1) Fire Hydrant

消防局 [siu1 fong4 guk2] n. (1) Fire Brigade

消防車 [siu1 fong4 che1] n. (1) Fire Engine

消防員 [siu1 fong4 yuen4] n. (1) Firefighter

消毒 [siu1 duk6] v. (1) Sterilise (make something free from bacteria or other living microorganisms.)

消毒劑 [siu1 duk6 jai1] n. (1) Antiseptic

消費 [siu1 fai3] n. (1) Consumption v. (2) Consume

消費者 [siu1 fai3 je2] n. (1) Consumer

烏木 [woo1 muk6] n. (1) Ebony

烤包 [haau1 baau1] n. (1) Flat Bread

烤餅 [haau1 beng2] n. (1) Flat Bread

爹哋 [de1 di4] n. (1) Dad；Father

特權 [dak6 kuen4] n. (1) Privilege

班 [baan1] n. (1) Class

疾病 [jat6 beng6] n. (1) Disease

痂 [ga1] n. (1) Scab

病君 [beng6 gwan1] n. (1) A Person Who Is Feeble And Gets Ill Frequently

病毒 [beng6 duk6] n. (1) Virus

真菌 [jan1 kwan2] n. (1) Fungus

破產 [poh3 chaan2] adj. (1) Bankrupt n. (2) Bankruptcy

破傷風 [poh3 seung1 fung1] n. (1) Tetanus

祖先 [jou2 sin1] n. (1) Ancestor；Ancestry

CANTONESE TO ENGLISH DICTIONARY

祖先嘅 [jou2 sin1 ge3] *adj.* **(1)** Ancestral

祖國 [jou2 gwok3] *n.* **(1)** Fatherland；Homeland；Motherland

祖輩 [jou2 booi3] *n.* **(1)** Grandparent

神父 [san4 foo6] *n.* **(1)** Priest

神秘 [san4 bei3] *adj.* **(1)** Mysterious *n.* **(2)** Mystery

神秘主義 [san4 bei3 jue2 yi6] *n.* **(1)** Mysticism

神秘嘅 [san4 bei3 ge3] *adj.* **(1)** Occult

神秘學 [san4 bei3 hok6] *n.* **(1)** Occult

神經 [san4 ging1] *n.* **(1)** Nerve

神經氨酸酶 [san4 ging1 on1 suen1 mooi4] *n.* **(1)** Neuraminidase

神聖 [san4 sing3] *adj.* **(1)** Holy；Sacred

神道教 [san4 dou6 gaau3] *n.* **(1)** Shinto

神學家 [san4 hok6 ga1] *n.* **(1)** Theologian

神諭 [san4 yue6] *n.* **(1)** Oracle

秘書 [bei3 sue1] *n.* **(1)** Secretary

窄 [jaak3] *adj.* **(1)** Narrow (a small width)

粉紅色 [fan2 hung4 sik1] *adj.* **(1)** Pink (colour)

納稅人 [naap6 sui3 yan4] *n.* **(1)** Taxpayer

純 [sun4] *adj.* **(1)** Pure

紗布 [sa1 bou3] *n.* **(1)** Gauze

紗布繃帶 [sa1 bou3 bang1 daai2] *n.* **(1)** Gauze Bandage

紙巾 [ji2 gan1] *n.* **(1)** Paper Towel

紙袋 [ji2 doi2] *n.* **(1)** Paper Bag

紙鷂 [ji2 yiu2] *n.* **(1)** Kite

耕田 [gaang1 tin4] *v.* **(1)** Plough

耗盡 [hou3 jun6] *v.* **(1)** Exhaust

胸圍 [hung1 wai4] *n.* **(1)** Bra；Brassiere

能力 [nang4 lik6] *n.* **(1)** Ability

茴芹 [wooi4 kan4] *n.* **(1)** Anise

茴香 [wooi4 heung1] *n.* **(1)** Fennel

茶 [cha4] *n.* **(1)** Tea

茶包 [cha4 baau1] *n.* **(1)** Tea Bag

茶杯碟 [cha4 booi1 dip6] *n.* **(1)** Saucer

茶匙 [cha4 chi4] *n.* **(1)** Teaspoon

茶壺 [cha4 woo2] *n.* **(1)** Tea Kettle

茶煲 [cha4 bou1] *n.* **(1)** Teapot

茶葉 [cha4 yip6] *n.* **(1)** Tea Leaves

草本 [chou2 boon2] *adj.* **(1)** Herbaceous

草本植物 [chou2 boon2 jik6 mat6] *n.* **(1)** Herb；Herbaceous Plant

草地 [chou2 dei6] *n.* **(1)** Meadow

草藥 [chou2 yeuk6] *adj.* **(1)** Herbal

荔枝 [lai6 ji1] *n.* **(1)** Lychee

蚊 [man1] *n.* **(1)** Mosquito

CANTONESE TO ENGLISH DICTIONARY

記號 [gei3 hou6] *n.* **(1)** Notation

記認 [gei3 ying6] *n.* **(1)** Symbol

記憶 [gei3 yik1] *n.* **(1)** Memory

財富 [choi4 foo3] *n.* **(1)** Opulence (wealth)

貢獻 [gung3 hin3] *n.* **(1)** Contribution *v.* **(2)** Contribute

起 [hei2] *v.* **(1)** Build

迷宮 [mai4 gung1] *n.* **(1)** Maze

追 [jui1] *v.* **(1)** Chase

追蹤 [jui1 jung1] *v.* **(1)** Trace

配合 [pooi3 hap6] *n.* **(1)** Combination

配額 [pooi3 ngaak2] *n.* **(1)** Quota

酒店 [jau2 dim3] *n.* **(1)** Hotel

酒鬼 [jau2 gwai2] *n.* **(1)** Drunk；Drunkard

針 [jam1] *n.* **(1)** Needle

針灸 [jam1 gau3] *n.* **(1)** Acupuncture

閃電 [sim2 din6] *n.* **(1)** Lightning

除草劑 [chui4 chou2 jai1] *n.* **(1)** Herbicide

馬 [ma5] *n.* **(1)** Horse

馬克思主義 [ma5 hak1 si1 jue2 yi6] *n.* **(1)** Marxism

馬房 [ma5 fong4] *n.* **(1)** Horse Stable

馬拉松 [ma5 laai1 chung4] *n.* **(1)** Marathon

馬圈 [ma5 guen6] *n.* **(1)** Horse Stable

馬廄 [ma5 gau3] *n.* **(1)** Horse Stable

馬達加斯加 [ma5 daat6 ga1 si1 ga1] *n.* **(1)** Madagascar

馬鞍 [ma5 on1] *n.* **(1)** Saddle

高血糖症 [gou1 huet3 tong4 jing3] *n.* **(1)** Hyperglycaemia

高血壓 [gou1 huet3 aat3] *n.* **(1)** Hypertension；High Blood Pressure

高度 [gou1 dou6] *n.* **(1)** Height

高度計 [gou1 dou6 gai3] *n.* **(1)** Altimeter

高科技 [gou1 foh1 gei6] *adj.* **(1)** High-Tech

高氣壓 [gou1 hei3 aat3] *n.* **(1)** Anticyclone

高級教士 [gou1 kap1 gaau3 si6] *n.* **(1)** Prelate

高密度脂蛋白 [gou1 mat6 dou6 ji1 daan2 baak6] *n.* **(1)** High-Density Lipoprotein

高貴 [gou1 gwai3] *adj.* **(1)** Elegant

高傲 [gou1 ngou6] *adj.* **(1)** Lordly

高溫計 [gou1 wan1 gai3] *n.* **(1)** Pyrometer

高梁 [gou1 leung4] *n.* **(1)** Sorghum

高潮 [gou1 chiu4] *n.* **(1)** Climax

高積雲 [gou1 jik1 wan4] *n.* **(1)** Altocumulus

高竇 [gou1 dau3] *adj.* **(1)** Lordly

鬥獸場 [dau3 sau3 cheung4] *n.* **(1)** Colosseum

乾衣機 [gon1 yi1 gei1] *n.* **(1)** Dryer

CANTONESE TO ENGLISH DICTIONARY

乾旱 [gon1 hon5] *n.* **(1)** Drought
乾瑤柱 [gon1 yiu4 chue5] *n.* **(1)** Conpoy；Dried Scallop
停止 [ting4 ji2] *n.* **(1)** Halt *v.* **(2)** Halt
健身房 [gin6 san1 fong2] *n.* **(1)** Gym
健康 [bou2 him2] *n.* **(1)** Health (a person's mental or physical condition)
健康保險 [gin6 hong1 bou2 him2] *n.* **(1)** Health Insurance
偷 [tau1] *v.* **(1)** Pilfer
偷嘢 [tau1 ye5] *n.* **(1)** Theft
偷竊 [tau1 sit3] *n.* **(1)** Theft
偽造 [ngai6 jou6] *v.* **(1)** Fabricate
副詞 [foo3 chi4] *n.* **(1)** Adverb
動作片 [dung6 jok3 pin2] *n.* **(1)** Action Movies
動物 [dung6 mat6] *n.* **(1)** Animal
動物園 [dung6 mat6 yuen4] *n.* **(1)** Zoo
動物學 [dung6 mat6 hok6] *n.* **(1)** Zoology
動物學家 [dung6 mat6 hok6 ga1] *n.* **(1)** Zoologist
動物權利 [dung6 mat6 kuen4 lei6] *n.* **(1)** Animal Rights
動脈 [dung6 mak6] *n.* **(1)** Artery
動畫 [dung6 wa2] *adj.* **(1)** Animated *n.* **(2)** Animation
動畫片 [dung6 wa2 pin2] *n.* **(1)** Animated Films
動機 [dung6 gei1] *n.* **(1)** Motive

匙羹 [chi4 gang1] *n.* **(1)** Spoon
匿名 [nik1 ming4] *n.* **(1)** Anonymity *adj.* **(2)** Anonymous
參加 [chaam1 ga1] *v.* **(1)** Attend
唯心主義 [wai4 sam1 jue2 yi6] *n.* **(1)** Idealism
唯物主義 [wai4 mat6 jue2 yi6] *n.* **(1)** Materialism
唱片 [cheung3 pin2] *n.* **(1)** Disc
商場 [seung1 cheung4] *n.* **(1)** Shopping Centre
問卷 [man6 guen2] *n.* **(1)** Questionnaire
問候卡 [man6 hau6 kaat1] *n.* **(1)** Greeting Card
問號 [man6 hou6] *n.* **(1)** Question Mark
啞劇 [a2 kek6] *n.* **(1)** Mime
啡色 [fe1 sik1] *adj.* **(1)** Brown (colour)
啤酒 [be1 jau2] *n.* **(1)** Beer
國外 [gwok3 ngoi6] *adv.* **(1)** Abroad (in or to a foreign country or countries)
國家主義 [gwok3 ga1 jue2 yi6] *n.* **(1)** Statism
國會 [gwok3 wooi2] *n.* **(1)** Parliament
國歌 [gwok3 goh1] *n.* **(1)** Anthem；National Anthem
國際主義 [gwok3 jai3 jue2 yi6] *n.* **(1)** Internationalism
國際婦女節 [gwok3 jai3 foo5 nui5 jit3] *n.* **(1)** International Women's Day

106

CANTONESE TO ENGLISH DICTIONARY

國際勞動節 [gwok3 jai3 lou4 dung6 jit3] *n.* **(1)** International Worker's Day

國慶節 [gwok3 hing3 jit3] *n.* **(1)** Chinese National Day

執仔婆 [jap1 jai2 poh2] *n.* **(1)** Midwife

基因 [gei1 yan1] *n.* **(1)** Genes

基金 [gei1 gam1] *n.* **(1)** Fund

基數 [gei1 sou3] *n.* **(1)** Cardinal Number

堅果口味嘅 [gin1 gwoh2 hau2 mei6 ge3] *adj.* **(1)** Nutty (having the taste of or similar to nuts)

夠 [gau3] *adj.* **(1)** Ample

奢華 [che1 wa4] *adj.* **(1)** Opulent *n.* **(2)** Opulence (expensive and luxurious)

婆婆 [poh4 poh2] *n.* **(1)** Grandmother (mother's mother)

婚姻 [fan1 yan1] *n.* **(1)** Marriage ; Matrimony

婚姻生活 [fan1 yan1 sang1 woot6] *n.* **(1)** Matrimony

婚禮 [fan1 lai5] *n.* **(1)** Wedding

婦科 [foo5 foh1] *n.* **(1)** Gynaecology

婦科學 [foo5 foh1 hok6] *n.* **(1)** Gynaecology

婦科醫生 [foo5 foh1 yi1 sang1] *n.* **(1)** Gynaecologist

宿舍 [suk1 se3] *n.* **(1)** Dormitory

宿醉 [suk1 jui3] *n.* **(1)** Hangover

密瓜 [mat6 gwa1] *n.* **(1)** Honeydew Melon

密度 [mat6 dou6] *n.* **(1)** Density

專家 [juen1 ga1] *n.* **(1)** Expert

帶 [daai2] *n.* **(1)** Tape

帶路 [daai3 lou6] *v.* **(1)** Guide

庵列 [am1 lit6] *n.* **(1)** Omelette

強大 [keung4 daai6] *adj.* **(1)** Strong

強調 [keung4 diu6] *v.* **(1)** Stress

彩虹 [choi2 hung4] *n.* **(1)** Rainbow

得人驚 [dak1 yan4 geng1] *adj.* **(1)** Horrible

得到 [dak1 dou2] *v.* **(1)** Obtain

得罪 [dak1 jui6] *v.* **(1)** Offend (to make someone angry or upset)

情人 [ching4 yan4] *n.* **(1)** Lover

情詩 [ching4 si1] *n.* **(1)** Love Poem

掃把 [sou3 ba2] *n.* **(1)** Broom

排除 [paai4 chui4] *phr. v.* **(1)** Rule Out *v.* **(2)** Exclude

採用 [choi2 yung6] *v.* **(1)** Adopt

接生婆 [jip3 saang1 poh2] *n.* **(1)** Midwife

接近 [jip3 gan6] *adv.* **(1)** Nigh *prep.* **(2)** Nigh *v.* **(3)** Approach

推測 [tui1 chak1] *n.* **(1)** Guess

敏捷 [man5 jit3] *adj.* **(1)** Agile (mentally)

敏感 [man5 gam2] *n.* **(1)** Allergy

CANTONESE TO ENGLISH DICTIONARY

救命呀！ [gau3 meng6 a3!] *interj.* **(1)** Help!

救濟品 [gau3 jai3 ban2] *n.* **(1)** Alms

教 [gaau3] *v.* **(1)** Teach

教材 [gaau3 choi4] *n.* **(1)** Teaching Materials

教育 [gaau3 yuk6] *v.* **(1)** Educate

教育學 [gaau3 yuk6 hok6] *n.* **(1)** Pedagogy

教法學 [gaau3 faat3 hok6] *n.* **(1)** Pedagogy

教堂 [gaau3 tong2] *n.* **(1)** Church

教條主義 [gaau3 tiu4 jue2 yi6] *n.* **(1)** Dogmatism

旋律 [suen4 lut2] *n.* **(1)** Melody

曼谷 [maan6 guk1] *n.* **(1)** Bangkok

桶 [tung2] *n.* **(1)** Bucket

條紋 [tiu4 man4] *n.* **(1)** Stripe

梨 [lei2] *n.* **(1)** Pear

殺蟲水 [saat3 chung4 sui2] *n.* **(1)** Insect Repellant

殺蟲劑 [saat3 chung4 jai1] *n.* **(1)** Insecticide

毫米 [hou4 mai5] *n.* **(1)** Millimetre

氫 [hing1] *n.* **(1)** Hydrogen

氫化 [hing1 fa3] *adj.* **(1)** Hydrogenised

涼茶 [leung4 cha4] *n.* **(1)** Herbal Tea

涼鞋 [leung4 haai4] *n.* **(1)** Sandal

淋 [lam4] *v.* **(1)** Water

淡菜 [daam6 choi3] *n.* **(1)** Mussel

淨係 [jing6 hai6] *adv.* **(1)** Just

深 [sam1] *adj.* **(1)** Deep

深藍色 [sam1 laam4 sik1] *adj.* **(1)** Navy (colour)

淺 [chin2] *adj.* **(1)** Shallow

清教徒 [ching1 gaau3 tou4] *n.* **(1)** Puritan (a member of a religious group in the 16th and 17th centuries)

清楚 [ching1 choh2] *adj.* **(1)** Legible

烹飪 [paang1 yam6] *adj.* **(1)** Culinary

焗 [guk6] *v.* **(1)** Bake

焗盤 [guk6 poon2] *n.* **(1)** Baking Pan

焗爐 [guk6 lou4] *n.* **(1)** Oven

犁 [lai4] *n.* **(1)** Plough

現實主義 [yin6 sat6 jue2 yi6] *n.* **(1)** Realism

球形 [kau4 ying4] *n.* **(1)** Spherical

球賽 [kau4 choi3] *n.* **(1)** Ball Game

理性主義 [lei5 sing3 jue2 yi6] *n.* **(1)** Rationalism

理想主義 [lei5 seung2 jue2 yi6] *n.* **(1)** Idealism

理論 [lei5 lun6] *n.* **(1)** Theory

理論上 [lei5 lun6 seung6] *adj.* **(1)** Theoretical

瓷器 [chi4 hei3] *n.* **(1)** China (porcelain)；Porcelain

甜筒 [tim4 tung2] *n.* **(1)** Ice Cream Cone

CANTONESE TO ENGLISH DICTIONARY

略略 [leuk6 leuk2] *adv.* **(1)** Briefly ; Slightly

異常 [yi6 seung4] *n.* **(1)** Anomaly

異常嘅 [yi6 seung4 ge3] *adj.* **(1)** Anomalous

痔瘡 [ji6 chong1] *n.* **(1)** Haemorrhoid

眼眉 [ngaan5 mei4] *n.* **(1)** Eyebrow

眼淚 [ngaan5 lui6] *n.* **(1)** Tears

眼球 [ngaan5 kau4] *n.* **(1)** Eyeball

眼瞓 [ngaan5 fan3] *adj.* **(1)** Drowsy

票價 [piu3 ga3] *n.* **(1)** Fare

祭品 [jai3 ban2] *n.* **(1)** Oblation

祭壇 [jai3 taan4] *n.* **(1)** Altar

移民 [yi4 man4] *n.* **(1)** Immigration *v.* **(2)** Emigrate

移民局官員 [yi4 man4 guk2 goon1 yuen4] *n.* **(1)** Immigration Officers

移民法 [yi4 man4 faat3] *n.* **(1)** Immigration Law

移民政策 [yi4 man4 jing3 chaak3] *n.* **(1)** Immigration Policy

窒息 [jat6 sik1] *n.* **(1)** Apnoea

符合邏輯 [foo4 hap6 loh4 chap1] *adj.* **(1)** Logical

第一 [dai6 yat1] *adj.* **(1)** First (ordinal number)

第一千 [dai6 yat1 chin1] *adj.* **(1)** Thousandth (ordinal number)

第一百 [dai6 yat1 baak3] *adj.* **(1)** Hundredth (ordinal number)

第一百萬 [dai6 yat1 baak3 maan6] *adj.* **(1)** Millionth (ordinal number)

第七 [dai6 chat1] *adj.* **(1)** Seventh (ordinal number)

第七十 [dai6 chat1 sap6] *adj.* **(1)** Seventieth (ordinal number)

第九 [dai6 gau2] *adj.* **(1)** Ninth (ordinal number)

第九十 [dai6 gau2 sap6] *adj.* **(1)** Ninetieth (ordinal number)

第二 [dai6 yi6] *adj.* **(1)** Second (ordinal number)

第二十 [dai6 yi6 sap6] *adj.* **(1)** Twentieth (ordinal number)

第二十一 [dai6 yi6 sap6 yat1] *adj.* **(1)** Twenty-First (ordinal number)

第二十七 [dai6 yi6 sap6 chat1] *adj.* **(1)** Twenty-Seventh (ordinal number)

第二十九 [dai6 yi6 sap6 gau2] *adj.* **(1)** Twenty-Ninth (ordinal number)

第二十二 [dai6 yi6 sap6 yi6] *adj.* **(1)** Twenty-Second (ordinal number)

第二十八 [dai6 yi6 sap6 baat3] *adj.* **(1)** Twenty-Eighth (ordinal number)

第二十三 [dai6 yi6 sap6 saam1] *adj.* **(1)** Twenty-Third (ordinal number)

第二十五 [dai6 yi6 sap6 ng5] *adj.* **(1)** Twenty-Fifth (ordinal number)

第二十六 [dai6 yi6 sap6 luk6] *adj.* **(1)** Twenty-Sixth (ordinal number)

第二十四 [dai6 yi6 sap6 sei3] *adj.* **(1)** Twenty-Forth (ordinal number)

CANTONESE TO ENGLISH DICTIONARY

第八 [dai6 baat3] *adj.* (1) Eighth (ordinal number)

第八十 [dai6 baat3 sap6] *adj.* (1) Eightieth (ordinal number)

第十 [dai6 sap6] *adj.* (1) Tenth (ordinal number)

第十一 [dai6 sap6 yat1] *adj.* (1) Eleventh (ordinal number)

第十七 [dai6 sap6 chat1] *adj.* (1) Seventeenth (ordinal number)

第十九 [dai6 sap6 gau2] *adj.* (1) Nineteenth (ordinal number)

第十二 [dai6 sap6 yi6] *adj.* (1) Twelfth (ordinal number)

第十八 [dai6 sap6 baat3] *adj.* (1) Eighteenth (ordinal number)

第十三 [dai6 sap6 saam1] *adj.* (1) Thirteenth (ordinal number)

第十五 [dai6 sap6 ng5] *adj.* (1) Fifteenth (ordinal number)

第十六 [dai6 sap6 luk6] *adj.* (1) Sixteenth (ordinal number)

第十四 [dai6 sap6 sei3] *adj.* (1) Fourteenth (ordinal number)

第十億萬 [dai6 sap6 yik1] *adj.* (1) Billionth (ordinal number)

第三 [dai6 saam1] *adj.* (1) Third (ordinal number)

第三十 [dai6 saam1 sap6] *adj.* (1) Thirtieth (ordinal number)

第五 [dai6 ng5] *adj.* (1) Fifth (ordinal number)

第五十 [dai6 ng5 sap6] *adj.* (1) Fiftieth (ordinal number)

第六 [dai6 luk6] *adj.* (1) Sixth (ordinal number)

第六十 [dai6 luk6 sap6] *adj.* (1) Sixtieth (ordinal number)

第四 [dai6 sei3] *adj.* (1) Fourth (ordinal number)

第四十 [dai6 sei3 sap6] *adj.* (1) Fortieth (ordinal number)

粗口 [chou1 hau2] *n.* (1) Swearing

粗話 [chou1 wa2] *n.* (1) Vulgar Language

細木屋 [sai3 muk6 uk1] *n.* (1) Chalet

細佬 [sai3 lou2] *n.* (1) Younger Brother

細妹 [sai3 mooi2] *n.* (1) Younger Sister

細胞 [sai3 baau1] *n.* (1) Cell (the building blocks of life)

細菌 [sai3 kwan2] *n.* (1) Bacteria ; Germ

細碼 [sai3 ma5] *n.* (1) Small Size

紳士 [san1 si2] *n.* (1) Gentleman

終於 [jung1 yue1] *adv.* (1) Finally

組合 [jou2 hap6] *n.* (1) Combination

羚羊 [ling4 yeung4] *n.* (1) Antelope

習慣 [jaap6 gwaan3] *n.* (1) Habit

脫氧核糖核酸 [tuet3 yeung5 hat6 tong4 hat6 suen1] *n.* (1) DNA(Deoxyribonucleic Acid)

CANTONESE TO ENGLISH DICTIONARY

荷蘭 [hoh4 laan1] *n.* **(1)** Holland
處方 [chue2 fong1] *n.* **(1)** Medical Prescription
蛀牙 [jue3 nga4] *n.* **(1)** Cavity
蛇 [se4] *n.* **(1)** Snake
蛋 [daan2] *n.* **(1)** Egg
蛋白 [daan2 baak6] *n.* **(1)** Egg White
蛋黃 [daan2 wong2] *n.* **(1)** Egg Yolk
蛋撻 [daan2 taat1] *n.* **(1)** Egg Tart
蛋糕 [daan6 gou1] *n.* **(1)** Cake
袋鼠 [doi6 sue2] *n.* **(1)** Kangaroo
袖 [jau6] *n.* **(1)** Sleeve
被告 [bei6 gou3] *n.* **(1)** Defendant
設施 [chit3 si1] *n.* **(1)** Facilities
設備 [chit3 bei6] *n.* **(1)** Facility
豉油 [si6 yau4] *n.* **(1)** Soy Sauce
貧血 [pan4 huet3] *adj.* **(1)** Anemic
貧血症 [pan4 huet3 jing3] *n.* **(1)** Anemia
貧困 [pan4 kwan3] *n.* **(1)** Privation
貨車 [foh3 che1] *n.* **(1)** Lorry
貨幣 [foh3 bai6] *adj.* **(1)** Monetary
貨幣匯率 [foh3 bai6 wooi6 lut2] *n.* **(1)** Exchange Rate
貪心 [taam1 sam1] *adj.* **(1)** Greedy
軟件 [yuen5 gin2] *n.* **(1)** Software
軟骨 [yuen5 gwat1] *n.* **(1)** Cartilage

透明 [tau3 ming4] *adj.* **(1)** Transparent
逐啲 [juk6 di1] *adj.* **(1)** Gradual *adv.* **(2)** Gradually *phr.* **(3)** Little by Little
逗號 [dau6 hou6] *n.* **(1)** Comma
通心粉 [tung1 sam1 fan2] *n.* **(1)** Macaroni；Ziti
通知 [tung1 ji1] *v.* **(1)** Apprise
通常 [tung1 seung4] *adv.* **(1)** Generally
通道 [tung1 dou6] *n.* **(1)** Aisle
連接詞 [lin4 jip3 chi4] *n.* **(1)** Conjunction (connecting word)
連詞 [lin4 chi4] *n.* **(1)** Conjunction (connecting word)
連號 [lin4 hou6] *n.* **(1)** Hyphen
連續 [lin4 juk6] *adj.* **(1)** Continuous
部長 [bou6 jeung2] *n.* **(1)** Minister
部門 [bou6 moon4] *n.* **(1)** Branch
野兔 [ye3 tou3] *n.* **(1)** Hare
野草 [ye5 chou2] *n.* **(1)** Weed (plant)
陪審團 [pooi4 sam2 tuen4] *n.* **(1)** Jury
陰涼 [yam1 leung4] *adj.* **(1)** Shady
陵墓 [ling4 mou6] *n.* **(1)** Mausoleum
陶土 [tou4 tou2] *n.* **(1)** Argil
雀仔 [jeuk3 jai2] *n.* **(1)** Bird
雪 [suet3] *n.* **(1)** Snow
雪崩 [suet3 bang1] *n.* **(1)** Avalanche
雪條 [suet3 tiu2] *n.* **(1)** Popsicle

CANTONESE TO ENGLISH DICTIONARY

雪糕 [suet3 gou1] *n.* **(1)** Ice Cream
雪糕店 [suet3 gou1 dim3] *n.* **(1)** Ice Cream Parlor
魚 [yue2] *n.* **(1)** Fish
魚子 [yue4 ji2] *n.* **(1)** Roe
魚子醬 [yue4 ji2 jeung3] *n.* **(1)** Caviar
魚市場 [yue4 si5 cheung4] *n.* **(1)** Fish Market
魚卵 [yue4 lun2] *n.* **(1)** Roe
魚竿 [yue4 gon1] *n.* **(1)** Fishing Rod
魚蛋 [yue2 daan2] *n.* **(1)** Fish Ball
魚露 [yue4 lou4] *n.* **(1)** Fish Sauce
魚鱗 [yue4 lun4] *n.* **(1)** Scales
鹿 [luk2] *n.* **(1)** Deer
鹿肉 [luk2 yuk6] *n.* **(1)** Venison
鹿角 [luk2 gok3] *n.* **(1)** Antler
麥片粥 [mak6 pin2 juk1] *n.* **(1)** Kasha
麥皮 [mak6 pei4] *n.* **(1)** Oatmeal
麥芽啤酒 [mak6 nga4 be1 jau2] *n.* **(1)** Ale
麥芽糖 [mak6 nga4 tong4] *n.* **(1)** Maltose
麻包袋 [ma4 baau1 doi2] *n.* **(1)** Sack
麻鷹 [ma4 ying1] *n.* **(1)** Eagle
備忘錄 [bei6 mong4 luk6] *n.* **(1)** Memorandum
創新 [chong3 san1] *v.* **(1)** Innovate
創新者 [chong3 san1 je2] *n.* **(1)** Innovator

博物院 [bok3 mat6 yuen2] *n.* **(1)** Museum
博物館 [bok3 mat6 goon2] *n.* **(1)** Museum
啫喱 [je1 lei2] *n.* **(1)** Jelly
啫喱豆 [je1 lei2 dau2] *n.* **(1)** Jelly Bean
喉嚨痛 [hau4 lung4 tung3] *n.* **(1)** Sore Throat
喜劇 [hei2 kek6] *n.* **(1)** Comedy
喜鵲 [hei2 cheuk3] *n.* **(1)** Magpie (bird)
單刀直入 [daan1 dou1 jik6 yap6] *idiom* **(1)** To get straight to the point
單元不飽和脂肪 [daan1 yuen4 bat1 baau2 woh4 ji1 fong1] *n.* **(1)** Monounsaturated Fat
單車 [daan1 che1] *n.* **(1)** Bicycle；Bike
單車徑 [daan1 che1 ging3] *n.* **(1)** Bike Path
單程 [daan1 ching4] *adj.* **(1)** One-Way
單邊主義 [daan1 bin1 jue2 yi6] *n.* **(1)** Unilateral
圍裙 [wai4 kwan2] *n.* **(1)** Apron
圍欄 [wai4 laan4] *n.* **(1)** Fence
報紙 [bou3 ji2] *n.* **(1)** Newspaper
報酬 [bou3 chau4] *n.* **(1)** Remuneration；Reward
場合 [cheung4 hap6] *n.* **(1)** Occasion
壺 [woo2] *n.* **(1)** Jug

CANTONESE TO ENGLISH DICTIONARY

孱弱 [saan4 yeuk6] *adj.* **(1)** Puny

寓言 [yue6 yin4] *n.* **(1)** Fable

尊重 [juen1 jung6] *n.* **(1)** Deference ; Respect *v.* **(2)** Respect

就快 [jau6 faai3] *adv.* **(1)** About (nearly) ; Almost

就算 [jau6 suen3] *conj.* **(1)** Albeit

就算係噉 [jau6 suen3 hai6 gam2] *phr.* **(1)** Be That As It May

幾多? [gei2 doh1?] *phr.* **(1)** How much?

幾多次? [gei2 doh1 chi3?] *phr.* **(1)** How many times?

幾多錢? [gei2 doh1 chin2?] *phr.* **(1)** How much? (used when asking for the price)

廁紙 [chi3 ji2] *n.* **(1)** Toilet Tissue

循環再用 [chun4 waan4 joi3 yung6] *v* **(1)** Recycle

悲觀 [bei1 goon1] *adj.* **(1)** Pessimistic

悲觀主義 [bei1 goon1 jue2 yi6] *n.* **(1)** Pessimism

悶 [moon6] *adj* **(1)** Bored

悶到抽筋 [moon6 dou3 chau1 gan1] *idiom* **(1)** Bored Stiff ; Bored To Death ; Bored To Tears

悶悶不樂 [moon6 moon6 bat1 lok6] *v.* **(1)** Mope

愉快 [yue4 faai3] *adj.* **(1)** Pleasant

掌聲 [jeung2 seng1] *n.* **(1)** Applause

扒手 [pa4 sau2] *n.* **(1)** Cutpurse ; Pickpocket

揀 [gaan2] *v.* **(1)** Opt

提子乾 [tai4 ji2 gon1] *n.* **(1)** Raisin

提款卡 [tai4 foon2 kaat1] *n.* **(1)** ATM Card

插頭 [chaap3 tau2] *n.* **(1)** Electrical Plug

插蘇 [chaap3 sou1] *n.* **(1)** Electrical Socket

插蘇頭 [chaap3 sou1 tau2] *n.* **(1)** Electrical Plug

敢 [gam2] *v.* **(1)** Dare

斑馬 [baan1 ma5] *n.* **(1)** Zebra

景點 [ging2 dim2] *n.* **(1)** The Sights

智利 [ji3 lei6] *n.* **(1)** Chile

最後 [jui3 hau6] *adj.* **(1)** Final

朝代 [chiu4 doi6] *n.* **(1)** Dynasty

朝早 [jiu1 jou2] *n.* **(1)** Morning

朝頭早 [jiu1 tau4 jou2] *n.* **(1)** Morning

棗 [jou2] *n.* **(1)** Jujube

棚 [paang4] *n.* **(1)** Hut

森林 [sam1 lam4] *n.* **(1)** Forest

棲息地 [chai1 sik1 dei6] *n.* **(1)** Habitat

植物 [jik6 mat6] *n.* **(1)** Plant

殖民主義 [jik6 man4 jue2 yi6] *n.* **(1)** Colonialism

殘疾 [chaan4 jat6] *adj.* **(1)** Disabled

CANTONESE TO ENGLISH DICTIONARY

殘疾人士 [chaan4 jat6 yan4 si6] *n.* **(1)** Disabled Person

殘渣 [chaan4 ja1] *n.* **(1)** Residue

殼 [hok3] *n.* **(1)** Husk

減輕 [gaam2 heng1] *v.* **(1)** Allay

渡輪 [dou6 lun4] *n.* **(1)** Ferry

游擊隊 [yau4 gik1 dui2] *n.* **(1)** Guerrilla

湖 [woo4] *n.* **(1)** Lake

湯 [tong1] *n.* **(1)** Broth

滋潤 [ji1 yun6] *v.* **(1)** Nourish

無政府主義 [mou4 jing3 foo2 jue2 yi6] *n.* **(1)** Anarchism

無辜 [mou4 goo1] *adj.* **(1)** Innocent (not guilty)

無賴 [mou4 laai2] *n.* **(1)** Rascal；Scoundrel

焦糖 [jiu1 tong4] *n.* **(1)** Caramel (burnt sugar used for flavouring or colouring of other foods)

炳 [naat3] *v.* **(1)** Scald

猶太教 [yau4 taai3 gaau3] *n.* **(1)** Judaism

猶太教徒 [yau4 taai3 gaau3 tou4] *n.* **(1)** Jew

番木瓜 [faan1 muk6 gwa1] *n.* **(1)** Papaya (fruit)；Pawpaw (fruit)

番木瓜樹 [faan1 muk6 gwa1 sue6] *n.* **(1)** Papaya (tree)；Pawpaw (tree)

番石榴 [faan1 sek6 lau4] *n.* **(1)** Common Guava；Guava (fruit)

番石榴樹 [faan1 sek6 lau4 sue6] *n.* **(1)** Guava (tree)

番梘 [faan1 gaan2] *n.* **(1)** Soap

畫家 [wa2 ga1] *n.* **(1)** Painter

畫廊 [wa2 long4] *n.* **(1)** Art Gallery

痙攣 [ging3 luen4] *n.* **(1)** Cramp

痛苦 [tung3 foo2] *n.* **(1)** Agony

發光 [faat3 gwong1] *v.* **(1)** Shine

發神經 [faat3 san4 ging1] *adj.* **(1)** Mad

發現 [faat3 yin6] *v.* **(1)** Sight

發酵 [faat3 haau1] *v.* **(1)** Ferment

發燒 [faat3 siu1] *n.* **(1)** Fever

硬幣 [ngaang6 bai6] *n.* **(1)** Coin

硬頸 [ngaang6 geng2] *adj.* **(1)** Obstinate；Stubborn

稅收 [sui3 sau1] *n.* **(1)** Taxation

程度 [ching4 dou6] *n.* **(1)** Extend

稅 [sui3] *n.* **(1)** Tax

等壓線 [dang2 aat3 sin3] *n.* **(1)** Isobar

答 [daap3] *v.* **(1)** Answer

答案 [daap3 on3] *n.* **(1)** Answer

粟米 [suk1 mai5] *n.* **(1)** Corn

粟米片 [suk1 mai5 pin2] *n.* **(1)** Cornflakes

粟米油 [suk1 mai5 yau4] *n.* **(1)** Corn Oil

CANTONESE TO ENGLISH DICTIONARY

粟粉 [suk1 fan2] *n.* **(1)** Cornflour；Cornstarch

紫丁香色嘅 [ji2 ding1 heung1 sik1 ge3] *adj.* **(1)** Lilac (colour)

紫色 [ji2 sik1] *adj.* **(1)** Purple (colour)

結 [git3] *n.* **(1)** Knot；Node (a lump)

結局 [git3 guk6] *n.* **(1)** Ending

結婚典禮 [git3 fan1 din2 lai5] *n.* **(1)** Marriage Ceremony

結婚紀念日 [git3 fan1 gei2 nim6 yat6] *n.* **(1)** Wedding Anniversary

結婚證書 [git3 fan1 jing3 sue1] *n.* **(1)** Marriage Certificate

結晶 [git3 jing1] *adj.* **(1)** Crystallised

結論 [git3 lun6] *n.* **(1)** Conclusion

絲瓜 [si1 gwa1] *n.* **(1)** Luffa

絲帶 [si1 daai2] *n.* **(1)** Ribbon

絲路 [si1 lou6] *n.* **(1)** The Silk Road

絲綢 [si1 chau4] *n.* **(1)** Silk

絲綢之路 [si1 chau4 ji1 lou6] *n.* **(1)** The Silk Road

舒服 [sue1 fuk6] *adj.* **(1)** Comfortable *adv.* **(2)** Comfortably *n.* **(3)** Comfort

菜 [choi3] *n.* **(1)** Cuisine

菠蘿 [boh1 loh4] *n.* **(1)** Pineapple

菠蘿蜜 [boh1 loh4 mat6] *n.* **(1)** Jackfruit

華氏 [wa4 si6] *n.* **(1)** Fahrenheit

虛構 [hui1 kau3] *adj.* **(1)** Fictional

蛙卵 [wa1 lun2] *n.* **(1)** Frogspawn

街口 [gaai1 hau2] *n.* **(1)** Intersection (it is a place where roads meet or cross)

街頭藝人 [gaai1 tau4 ngai6 yan4] *n.* **(1)** Busker

視力 [si6 lik6] *n.* **(1)** Sight (the power of seeing)

視線 [si6 sin3] *n.* **(1)** Sight (someone or something that is within one's view)

診所 [chan2 soh2] *n.* **(1)** Clinic

詞典 [chi4 din2] *n.* **(1)** Dictionary

詞彙表 [chi4 wai6 biu2] *n.* **(1)** Glossary

詞綴 [chi4 jui3] *n.* **(1)** Affix

象 [jeung6] *n.* **(1)** Elephant

象聲詞 [jeung6 sing1 chi4] *n.* **(1)** Onomatopoeia

貴 [gwai3] *adj.* **(1)** Expensive

貴族 [gwai3 juk6] *n.* **(1)** Aristocracy；Aristocrat；Nobel；The Nobility

買得起 [maai5 dak1 hei2] *v.* **(1)** Afford

費用 [fai3 yung6] *n.* **(1)** Expenditure；Expense

費事 [fai3 si6] *v.* **(1)** To Not Feel Like Doing Something Because One Is Afraid Of Troublesome Or Inconveniences

貼身男僕 [tip3 san1 naam4 buk6] *n.* **(1)** Valet (the manservant of a wealthy man)

貿易保護主義 [mau6 yik6 bou2 woo6 jue2 yi6] *n.* **(1)** Protectionism

CANTONESE TO ENGLISH DICTIONARY

超級市場 [chiu1 kap1 si5 cheung4] *n.* **(1)** Supermarket

超高溫消毒法 [chiu1 gou1 wan1 siu1 duk6 faat3] *n.* **(1)** Ultra-High-Temperature processing

超細 [chiu1 sai3] *adj.* **(1)** Tiny

超過 [chiu1 gwoh3] *v.* **(1)** Exceed

逮捕 [dai6 bou6] *v.* **(1)** Arrest (the police will take them away due to a crime that they might have committed)

進化 [jun3 fa3] *adj.* **(1)** Evolutionary *n.* **(2)** Evolution *v.* **(3)** Evolve

鄉村 [heung1 chuen1] *n.* **(1)** Countryside ; Village

量杯 [leung4 booi1] *n.* **(1)** Measuring Cup

鈣 [koi3] *n.* **(1)** Calcium

開始 [hoi1 chi2] *n.* **(1)** Onset

開羅 [hoi1 loh4] *n.* **(1)** Cairo

間唔中 [gaan3 m4 jung1] *adj.* **(1)** Occasional

間接 [gaan3 jip3] *adj.* **(1)** Indirect

陽光 [yeung4 gwong1] *n.* **(1)** Sunlight

集合都市 [jaap6 hap6 dou1 si5] *n.* **(1)** Conurbation

集體主義 [jaap6 tai2 jue2 yi6] *n.* **(1)** Collectivism

雲 [wan4] *n.* **(1)** Cloud (it is a grey or white visible body of very fine water droplets or ice particles suspended in the atmosphere, which moves around, typically high above the general level of the ground.)

雲母 [wan4 mou5] *n.* **(1)** Mica

雲石 [wan4 sek6] *n.* **(1)** Marble

順利 [sun6 lei6] *adv.* **(1)** Smoothly

飯 [faan6] *n.* **(1)** Meal (food) **(2)** Rice (cooked)

飯店 [faan6 dim3] *n.* **(1)** Restaurant

飯枱 [faan6 toi2] *n.* **(1)** Dining Table

飯堂 [faan6 tong4] *n.* **(1)** Cafeteria ; Canteen

飯煲 [faan1 bou1] *n.* **(1)** Rice Cooker

飯廳 [faan6 teng1] *n.* **(1)** Dining Room

黃瓜 [wong4 gwa1] *n.* **(1)** Cucumber

黃色 [wong4 sik1] *adj.* **(1)** Yellow (colour)

黃昏 [wong4 fan1] *n.* **(1)** Dusk ; Nightfall

黃蜂 [wong4 fung1] *n.* **(1)** Wasp

黑加侖子 [hak1 ga1 lun4 ji2] *n.* **(1)** Blackcurrant

黑米 [hak1 mai5] *n.* **(1)** Black Rice

黑色 [hak1 sik1] *adj.* **(1)** Black (colour)

黑色喜劇 [hak1 sik1 hei2 kek6] *n.* **(1)** Black Comedy

黑豆 [hak1 dau2] *n.* **(1)** Black Bean

黑眼豆 [hak1 ngaan5 dau2] *n.* **(1)** Black-Eyed Peas

黑莓 [hak1 mooi2] *n.* **(1)** Blackberry

黑椒 [hak1 jiu1] *n.* **(1)** Black Pepper

CANTONESE TO ENGLISH DICTIONARY

黑椒汁 [hak1 jiu1 jap1] *n.* **(1)** Black Pepper Sauce

黑線鱈 [hak1 sin3 suet3] *n.* **(1)** Haddock

黑檀木 [hak1 taan4 muk6] *n.* **(1)** Ebony

亂七八糟 [luen6 chat1 baat3 jou1] *adj* **(1)** Untidy *idiom* **(2)** At sixes or sevens

催化劑 [chui1 fa3 jai1] *n.* **(1)** Catalyst (a substance that speeds up a chemical reaction without itself undergoing any permanent chemical change)

催眠 [chui1 min4] *v.* **(1)** Hypnotise

傳記 [juen6 gei3] *n.* **(1)** Biography

傳譯 [chuen4 yik6] *n.* **(1)** Interpreter

勤力 [kan4 lik6] *adj.* **(1)** Diligent；Hardworking

匯率 [wooi6 lut2] *n.* **(1)** Exchange Rate

匯票 [wooi6 piu3] *n.* **(1)** Money Order

嗅覺嘅 [chau3 gok3 ge3] *adj.* **(1)** Olfactory

嗜好 [si3 hou3] *n.* **(1)** Hobby

嗰 [goh2] *det.* **(1)** That

嗰度 [goh2 dou6] *adv.* **(1)** There (at, in, or to that place or position)

嗰個 [goh2 goh3] *det.* **(1)** That *pron.* **(2)** That

嗰啲 [goh2 di1] *det.* Those **(1)** *pron.* **(2)** Those

園丁 [yuen4 ding1] *n.* **(1)** Gardener

園藝 [yuen4 ngai6] *n.* **(1)** Gardening

園藝學家 [yuen4 ngai6 hok6 ga1] *n.* **(1)** Horticulturalist

圓形 [yuen4 ying4] *adj.* **(1)** Circular

圓圈 [yuen4 huen1] *n.* **(1)** Circle

圓規 [yuen4 kwai1] *n.* **(1)** Compasses

塑造 [sou3 jou6] *v.* **(1)** Shape

媽咪 [ma1 mi4] *n.* **(1)** Mother；Mum

媽媽 [ma4 ma1] *n.* **(1)** Mother

嫁妝 [ga3 jong1] *n.* **(1)** Dowry

微波 [mei4 boh1] *n.* **(1)** Microwave (it is a very short electromagnetic wave that is used for cooking, defrosting or reheating food in an oven or for sending information by radar or radio)

微波爐 [mei4 boh1 lou4] *n.* **(1)** Microwave；Microwave Oven

微絲血管 [mei4 si1 huet3 goon2] *n.* **(1)** Capillary

意大利闊條麵 [yi3 daai6 lei6 foot3 tiu2 min6] *n.* **(1)** Fettuccini

意外 [yi3 ngoi6] *n.* **(1)** Accident

意思 [yi3 si1] *n.* **(1)** Meaning *v.* **(2)** Mean (express)

意圖 [yi3 tou4] *n.* **(1)** Intention

愚蠢 [yue4 chun2] *n.* **(1)** Folly (stupidity)

愛 [oi3] *n.* **(1)** Love *v.* **(2)** Adore；Love

愛國主義 [oi3 gwok3 jue2 yi6] *n.* **(1)** Patriotism

愛情 [oi3 ching4] *n.* **(1)** Love

CANTONESE TO ENGLISH DICTIONARY

感受 [gam2 sau6] *n.* **(1)** Feeling

感嘆號 [gam2 taan3 hou6] *n.* **(1)** Exclamation Point

感激 [gam2 gik1] *n.* **(1)** Appreciation

慌失失 [fong1 sat1 sat1] *adj.* **(1)** Panic

搞笑 [gaau2 siu3] *adj.* **(1)** Funny

搶 [cheung2] *v.* **(1)** Plunder

搽油 [cha4 yau4] *v.* **(1)** Anoint

敬佩 [ging3 pooi3] *v.* **(1)** Admire

新抱 [san1 pou5] *n.* **(1)** Daughter-In-Law

新陳代謝 [san1 chan4 doi6 je6] *n.* **(1)** Metabolism

新殖民主義 [san1 jik6 man4 jue2 yi6] *n.* **(1)** Neocolonialism

新聞主播 [san1 man4 jue2 boh3] *n.* **(1)** Newsreader

新聞報 [san1 man4 bou3] *n.* **(1)** Newspaper

暗喻 [am3 yue6] *n.* **(1)** Metaphor

會員 [wooi2 yuen4] *n.* **(1)** Member

椰菜 [ye4 choi3] *n.* **(1)** Cabbage

極之 [gik6 ji1] *adv.* **(1)** Extremely

極權主義 [gik6 kuen4 jue2 yi6] *n.* **(1)** Totalitarianism

歇後語 [hit3 hau6 yue5] *n.* **(1)** Tail-less pun

歲 [sui3] *n.* **(1)** Age

毀滅 [wai2 mit6] *v.* **(1)** Annihilate (destroy completely)；Decimate

準確 [jun2 kok3] *adj.* **(1)** Accurate；Precise

溜冰場 [lau4 bing1 cheung4] *n.* **(1)** Skating Rink

溫柔 [wan1 yau4] *adj.* **(1)** Gentle

溫泉 [wan1 chuen4] *n.* **(1)** Hot Spring

溶 [yung4] *v.* **(1)** Melt

滅火器 [mit6 foh2 hei3] *n.* **(1)** Fire Extinguisher

滅火氈 [mit6 foh2 jin1] *n.* **(1)** Fire Blanket

滑 [waat6] *adj.* **(1)** Smooth

滑雪衫 [waat6 suet3 saam1] *n.* **(1)** Anorak

煉金術 [lin6 gam1 sut6] *n.* **(1)** Alchemy

煙 [yin1] *n.* **(1)** Smoke

煙三文魚 [yin1 saam1 man4 yue2] *n.* **(1)** Smoked Salmon

煙民 [yin1 man4] *n.* **(1)** Smoker

煙肉 [yin1 yuk6] *n.* **(1)** Smoked Bacon；Smoked Meat

煙草 [yin1 chou2] *n.* **(1)** Tobacco

煙熏 [yin1 fan1] *adj.* **(1)** Smoked

煙霧 [yin1 mou6] *n.* **(1)** Smog

煤灰 [mooi4 fooi1] *n.* **(1)** Soot

照明 [jiu3 ming4] *n.* **(1)** Illumination

CANTONESE TO ENGLISH DICTIONARY

照燒醬 [jiu3 siu1 jeung3] *n.* **(1)** Teriyaki Sauce

煩 [faan4] *v.* **(1)** Annoy

煩惱 [faan4 nou5] *n.* **(1)** Annoyance

爺爺 [ye4 ye2] *n.* **(1)** Grandfather (father's father)

獅子 [si1 ji2] *n.* **(1)** Lion

瑜伽 [yue4 ga1] *n.* **(1)** Yoga

瑞士 [sui6 si6] *adj.* **(1)** Swiss *n.* **(2)** Switzerland

瑞士芝士 [sui6 si6 ji1 si2] *n.* **(1)** Swiss Cheese

瑞典 [sui6 din2] *adj.* **(1)** Swedish *n.* **(2)** Sweden

瑞典大頭菜 [sui6 din2 daai6 tau4 choi3] *n.* **(1)** Rutabaga

當舖 [dong3 pou2] *n.* **(1)** Pawnshop

痰 [taam4] *n.* **(1)** Phlegm (it is a thick secretion of mucous)

痲疹 [ma4 chan2] *n.* **(1)** Measles

瘀青 [yue2 cheng1] *n.* **(1)** Bruise

盟友 [mang4 yau5] *n.* **(1)** Ally

矮瓜 [ai2 gwa1] *n.* **(1)** Eggplant

矮矮哋 [ai2 ai2 dei2] *adj.* **(1)** Shortish

碗 [woon2] *n.* **(1)** Bowl

碘 [din2] *n.* **(1)** Iodine

禁制令 [gam3 jai3 ling6] *n.* **(1)** Injunction

節日 [jit3 yat6] *n.* **(1)** Festival

節瓜 [jit3 gwa1] *n.* **(1)** Hairy Melon

經理 [ging1 lei5] *n.* **(1)** Manager

經歷 [ging1 lik6] *v.* **(1)** Experience

經濟 [ging1 jai3] *n.* **(1)** Economy

經濟學 [ging1 jai3 hok6] *n.* **(1)** Economics

經濟學家 [ging1 jai3 hok6 ga1] *n.* **(1)** Economist

經驗 [ging1 yim6] *n.* **(1)** Experience

經驗主義 [ging1 yim6 jue2 yi6] *n.* **(1)** Empiricism

罪孽 [jui6 yip6] *n.* **(1)** Sin

義務 [yi6 mou6] *n.* **(1)** Obligation

聖人 [sing3 yan4] *n.* **(1)** Saint

聖經 [sing3 ging1] *n.* **(1)** Bible

聖詩 [sing3 si1] *n.* **(1)** Psalm

聖誕快樂 [sing3 daan3 faai3 lok6] *phr.* **(1)** Merry Christmas

聖誕前夕 [sing3 daan3 chin4 jik6] *n.* **(1)** Christmas Eve

聖誕節 [sing3 daan3 jit3] *n.* **(1)** Christmas

聖誕歌 [sing3 daan3 goh1] *n.* **(1)** Christmas Carol

聖誕禮物 [sing3 daan3 lai5 mat6] *n.* **(1)** Christmas Gift

聖禮 [sing3 lai5] *n.* **(1)** Sacrament

腦 [nou5] *n.* **(1)** Brain

腫 [jung2] *n.* **(1)** Swelling *v.* **(2)** Swell

腳 [geuk3] *n.* **(1)** Foot

CANTONESE TO ENGLISH DICTIONARY

腳眼 [geuk3 ngaan5] *n.* **(1)** Ankle

腳趾 [geuk3 ji2] *n.* **(1)** Toe

腳掣 [geuk3 jai3] *n.* **(1)** Foot Brake

腳踏 [geuk3 daap6] *n.* **(1)** Pedal

腳鍊 [geuk3 lin2] *n.* **(1)** Anklet

腹部 [fuk1 bou6] *n.* **(1)** Abdomen

腹部嘅 [fuk1 bou6 ge3] *adj.* **(1)** Abdomenal

腺體 [sin3 tai2] *n.* **(1)** Glands

舅父 [kau5 foo2] *n.* **(1)** Uncle (mother's brother)

舅仔 [kau5 jai2] *n.* **(1)** Brother-In-Law (the younger brother of one's wife)

舅母 [kau5 mou5] *n.* **(1)** Aunt (wife of mother's brother)

萬能插蘇 [maan6 nang4 chaap3 sou1] *n.* **(1)** Universal Adapter

落雨 [lok6 yue5] *v.* **(1)** Rain

落雪 [lok6 suet3] *v.* **(1)** Snow

葛縷子 [got3 lui5 ji2] *n.* **(1)** Caraway

葡提子 [pou4 tai4 ji2] *n.* **(1)** Grape

葡萄乾 [pou4 tou4 gon1] *n.* **(1)** Raisin

葡萄園 [pou4 tou4 yuen4] *n.* **(1)** Vineyard

葡萄糖 [pou4 tou4 tong4] *n.* **(1)** Glucose

董事 [dung2 si2] *n.* **(1)** Director

葫蘆巴 [woo4 lou4 ba1] *n.* **(1)** Fenugreek

葬 [jong3] *v.* **(1)** Bury

葬禮 [jong3 lai5] *n.* **(1)** Funeral

蜂巢 [fung1 chaau4] *n.* **(1)** Honeycomb

蜆 [hin2] *n.* **(1)** Clam

裝修 [jong1 sau1] *v.* **(1)** Renovate

裝飾 [jong1 sik1] *n.* **(1)** Decoration

解凍 [gaai2 dung3] *v.* **(1)** Defrost (thaw (frozen food))

解剖 [gaai2 fau2] *n.* **(1)** Dissection (the action of cutting open a dead body or a plant to study its internal structure)

解剖學 [gaai2 fau2 hok6] *n.* **(1)** Anatomy (it is the scientific study of the structure of the body)

解藥 [gaai2 yeuk6] *n.* **(1)** Antidote

詢問處 [sun1 man6 chue3] *n.* **(1)** Information Office

試用期 [si3 yung6 kei2] *n.* **(1)** Probation

詩 [si1] *n.* **(1)** Poem

詩人 [si1 yan4] *n.* **(1)** Bard ; Poet

詩詞 [si1 chi4] *n.* **(1)** Verse

詩經 [si1 ging1] *n.* **(1)** Book Of Odes ; Book Of Songs ; Classic Of Poetry

誇張 [kwa1 jeung1] *v.* **(1)** Exaggerate

誠心所願 [sing4 sam1 soh2 yuen6] *interj.* **(1)** Amen

賄賂 [kooi2 lou6] *n.* **(1)** Bribe *v.* **(2)** Bribe

賄賂基金 [kooi2 lou6 gei1 gam1] *n.* **(1)** Slush Fund

CANTONESE TO ENGLISH DICTIONARY

資本主義 [ji1 boon2 jue2 yi6] *n.* **(1)** Capitalism

路牌 [lou6 paai2] *n.* **(1)** Street Sign

路費 [lou6 fai3] *n.* **(1)** Toll (a small charge for using a road, crossing a bridge, etc.)

路線 [lou6 sin3] *n.* **(1)** Route

跳水 [tiu3 sui2] *v.* **(1)** Dive (to jump into the water)

跳板 [tiu3 baan2] *n.* **(1)** Diving Board

跳舞廳 [tiu3 mou5 teng1] *n.* **(1)** Ballroom

農夫 [nung4 foo1] *n.* **(1)** Farmer ; Ploughman

農民 [nung4 man4] *n.* **(1)** Peasant

農作物 [nung4 jok3 mat6] *n.* **(1)** Crop (an amount of produce harvested)

農場 [nung4 cheung4] *n.* **(1)** Farm

農業 [nung4 yip6] *adj.* **(1)** Agricultural *n.* **(2)** Agriculture

農學 [nung4 hok6] *n.* **(1)** Agronomy

農藥 [nung4 yeuk6] *n.* **(1)** Pesticide

逼近 [bik1 gan6] *v.* **(2)** Loom (approach)

遊客 [yau4 haak3] *n.* **(1)** Tourist

遊樂場 [yau4 lok6 cheung4] *n.* **(1)** Playground

遊樂園 [yau4 lok6 yuen4] *n.* **(1)** Amusement Park

運河 [wan6 hoh4] *n.* **(1)** Canal

道教 [dou6 gaau3] *n.* **(1)** Taoism

道教徒 [dou6 gaau3 tou4] *n.* **(1)** Taoist

道歉 [dou6 hip3] *n.* **(1)** Apology *v.* **(2)** Apologise

達爾文主義 [daat6 yi5 man4 jue2 yi6] *n.* **(1)** Darwinism

鈴聲 [ling4 sing1] *n.* **(1)** Ringtone

鉛筆 [yuen4 bat1] *n.* **(1)** Pencil

隔籬 [gaak3 lei4] *adj.* **(1)** Adjacent ; Adjoining

零 [ling4] *num.* **(1)** Nought ; Zero

電心 [din6 sam1] *n.* **(1)** Battery

電荷 [din6 hoh6] *n.* **(1)** Electric Charge

電單車 [din6 daan1 che1] *n.* **(1)** Motorbike ; Motorcycle

電晶體 [din6 jing1 tai2] *n.* **(1)** Transistor

電費 [din6 fai3] *n.* **(1)** Electricity Bill

電費單 [din6 fai3 daan1] *n.* **(1)** Electricity Bill

電郵 [din6 yau4] *n.* **(1)** Email

電飯煲 [din6 faan1 bou1] *n.* **(1)** Electric Rice Cooker

電腦 [din6 nou5] *n.* **(1)** Computer

電腦病毒 [din6 nou5 beng6 duk6] *n.* **(1)** Computer Virus

電話簿 [din6 wa2 bou2] *n.* **(1)** Directory

電髮 [din6 faat3] *v.* **(1)** Perm

CANTONESE TO ENGLISH DICTIONARY

電器 [din6 hei3] *n.* **(1)** Electrical Appliance
預先煮好 [yue6 sin1 jue2 hou2] *v.* **(1)** Precook
預約 [yue6 yeuk3] *n.* **(1)** Appointment
預報 [yue6 bou3] *n.* **(1)** Forecast
預測 [yue6 chak1] *v.* **(1)** Forecast
預感 [yue6 gam2] *n.* **(1)** Hunch
預算 [yue6 suen3] *n.* **(1)** Budget
飽和脂肪 [baau2 woh4 ji1 fong1] *n.* **(1)** Saturated Fat
嘔 [au2] *v.* **(1)** Vomit
嘢 [ye5] *n.* **(1)** Stuff
嘥 [saai1] *adj.* **(1)** Profligate
圖書館 [tou4 sue1 goon2] *n.* **(1)** Library
團隊 [tuen4 dui2] *n.* **(1)** Team
塵 [chan4] *n.* **(1)** Dirt
嫲嫲 [ma4 ma4] *n.* **(1)** Grandmother (father's mother)
孵 [foo1] *v.* **(1)** Incubate
實心 [sat6 sam1] *adj.* **(1)** Solid
實用主義 [sat6 yung6 jue2 yi6] *n.* **(1)** Pragmatism
對...好重要嘅 [dui3...hou2 jung6 yiu3 ge3] *v.* **(1)** Mean (is important to...)
對手 [dui3 sau2] *n.* **(1)** Adversary
對面 [dui3 min6] *adj.* **(1)** Opposite (facing)

對象 [dui3 jeung6] *n.* **(1)** Object (cause)
對稱 [dui3 ching3] *n.* **(1)** Symmetry
徹底打敗 [chit3 dai2 da2 baai6] *v.* **(1)** Annihilate (defeat completely) ; Rout
徹底擊敗 [chit3 dai2 gik1 baai6] *v.* **(1)** Annihilate (defeat completely)
態度 [taai3 dou6] *n.* **(1)** Attitude ; Manner
慢 [maan6] *adj.* **(1)** Slow
慢吞吞 [maan6 tan1 tan1] *v.* **(1)** Dawdle ; Dilly-Dally
慳 [haan1] *adj.* **(1)** Thrifty
敲 [haau1] *v.* **(1)** Knock
榮譽 [wing4 yue6] *n.* **(1)** Glory ; Honour
榴槤 [lau4 lin4] *n.* **(1)** Durian
構成 [kau3 sing4] *v.* **(1)** Constitute
槌 [chui4] *n.* **(1)** Hammer
槍 [cheung1] *n.* **(1)** Gun
歌劇 [goh1 kek6] *n.* **(1)** Opera
歌劇院 [goh1 kek6 yuen2] *n.* **(1)** Opera House
滴 [dik6] *v.* **(1)** Drip
漁民 [yue4 man4] *n.* **(1)** Fishermen
演唱會 [yin2 cheung3 wooi2] *n.* **(1)** Concert
漢堡包 [hon3 bou2 baau1] *n.* **(1)** Hamburger
漢學家 [hon3 hok6 ga1] *n.* **(1)** Sinologist

CANTONESE TO ENGLISH DICTIONARY

煽動 [sin3 dung6] *n.* **(1)** Instigation *v.* **(2)** Incite；Instigate

熊貓 [hung4 maau1] *n.* **(1)** Panda

瘧疾 [yeuk6 jat6] *n.* **(1)** Malaria

監犯 [gaam1 faan2] *n.* **(1)** Prisoner

監獄 [gaam1 yuk6] *n.* **(1)** Jail；Prison

睡衣 [sui6 yi1] *n.* **(1)** Pyjamas

睡房 [sui6 fong2] *n.* **(1)** Bedroom

睡袋 [sui6 doi6] *n.* **(1)** Sleeping Bag

睡袍 [sui6 pou4] *n.* **(1)** Nightgown

碳 [taan3] *n.* **(1)** Carbon

碳水化合物 [taan3 sui2 fa3 hap6 mat6] *n.* **(1)** Carbohydrate

碳腳印 [taan3 geuk3 yan3] *n.* **(1)** Carbon Footprint

磁石 [chi4 sek6] *n.* **(1)** Magnet

磁性 [chi4 sing3] *adj.* **(1)** Magnetic *n.* **(2)** Magnetism

福音 [fuk1 yam1] *n.* **(1)** The Gospel

種子 [jung2 ji2] *n.* **(1)** Seeds

種族歧視 [jung2 juk6 kei4 si6] *n.* **(1)** Racism

端午節 [duen1 ng5 jit3] *n.* **(1)** Dragon Boat Festival

算盤 [suen3 poon4] *n.* **(1)** Abacus

精力 [jing1 lik6] *n.* **(1)** Energy

精彩 [jing1 choi2] *adj.* **(1)** Wonderful

精確 [jing1 kok3] *adj.* **(1)** Accurate；Precise

綠化 [luk6 fa3] *n.* **(1)** Greening (plants)

綠色 [luk6 sik1] *adj.* **(1)** Green (colour)

綠洲 [luk6 jau1] *n.* **(1)** Oasis

網頁 [mong5 yip6] *n.* **(1)** Webpage

網球 [mong5 kau4] *n.* **(1)** Tennis

網球手 [mong5 kau4 sau2] *n.* **(1)** Tennis Player

綾羅綢緞 [ling4 loh4 chau4 duen6] *n.* **(1)** Silk Fabric

緊身褲 [gan2 san1 foo3] *n.* **(1)** Tights

緊急 [gan2 gap1] *adj.* **(1)** Urgent

緊張 [gan2 jeung1] *adj.* **(1)** Nervous

翠玉瓜 [chui3 yuk6 gwa1] *n.* **(1)** Zucchini

聞 [man4] *v.* **(1)** Smell

腐爛 [foo6 laan6] *v.* **(1)** Rot

膊頭 [bok3 tau4] *n.* **(1)** Shoulder

蒔蘿 [si4 loh4] *n.* **(1)** Dill

蒜 [suen3] *n.* **(1)** Leek

蒜粉 [suen3 fan2] *n.* **(1)** Garlic Powder

蒲公英 [pou4 gung1 ying1] *n.* **(1)** Dandelion

蒲公英葉 [pou4 gung1 ying1 yip6] *n.* **(1)** Dandelion Leaves

蒲公英嫩葉 [pou4 gung1 ying1 nuen6 yip6] *n.* **(1)** Dandelion Greens

蒸氣 [jing1 hei3] *n.* **(1)** Steam

蜜月 [mat6 yuet6] *n.* **(1)** Honeymoon

CANTONESE TO ENGLISH DICTIONARY

蜜蜂酒 [mat6 fung1 jau2] *n.* **(1)** Mead
蜜糖 [mat6 tong4] *n.* **(1)** Honey
認 [ying6] *v.* **(1)** Admit
認爲 [ying6 wai4] *v.* **(1)** Deem；Reckon
誓言 [sai6 yin4] *n.* **(1)** Oath (a promise)
語言 [yue5 yin4] *n.* **(1)** Language
語言學 [yue5 yin4 hok6] *n.* **(1)** Linguistics
語言學家 [yue5 yin4 hok6 ga1] *n.* **(1)** Linguist
語法 [yue5 faat3] *n.* **(1)** Grammar
誤殺 [ng6 saat3] *n.* **(1)** Manslaughter
豪宅 [hou4 jaak2] *n.* **(1)** Mansion
賓館 [ban1 goon2] *n.* **(1)** Guesthouse
趕走 [gon2 jau2] *n.* **(1)** Eviction *v.* **(2)** Evict
跍 [mau1] *v.* **(1)** Squat (to lower oneself towards the ground but not touching it by balancing on one's feet with both legs bent)
辣椒 [laat6 jiu1] *n.* **(1)** Chilli
辣椒油 [laat6 jiu1 yau4] *n.* **(1)** Chilli Oil
辣椒粉 [laat6 jiu1 fan2] *n.* **(1)** Chilli Powder
辣椒醬 [laat6 jiu1 jeung3] *n.* **(1)** Chilli Sauce
遙遠 [yiu4 yuen5] *adj.* **(1)** Faraway (a long way away)
遞 [dai6] *v.* **(1)** Hand

遠 [yuen5] *adv.* **(1)** Far (not near in distance)
遠足 [yuen5 juk1] *n.* **(1)** Excursion
酵母菌 [haau1 mou5 kwan2] *n.* **(1)** Yeast
酶 [mooi4] *n.* **(1)** Enzyme
酸辣醬 [suen1 laat6 jeung3] *n.* **(1)** Chutney
鉸剪 [gaau3 jin2] *n.* **(1)** Scissors
銀行 [ngan4 hong4] *n.* **(1)** Bank
閣下 [gok3 ha6] *n.* **(1)** Lordship
颱風 [toi4 fung1] *n.* **(1)** Typhoon
餅乾 [beng2 gon1] *n.* **(1)** Biscuit
鳳爪 [fung6 jaau2] *n.* **(1)** Chicken Feet
鳳尾魚 [fung6 mei5 yue2] *n.* **(1)** Anchovy
鼻 [bei6] *n.* **(1)** Nose
鼻哥 [bei6 goh1] *n.* **(1)** Nose
鼻哥窿 [bei6 goh1 lung1] *n.* **(1)** Nostril
鼻鼾聲 [bei6 hon3 seng1] *n.* **(1)** Snore
鼻竇炎 [bei6 dau6 yim4] *n.* **(1)** Sinusitis
劇本 [kek6 boon2] *n.* **(1)** Script
劍 [gim3] *n.* **(1)** Sword
劍魚 [gim3 yue2] *n.* **(1)** Swordfish
噏 [ngap1] *v.* **(1)** Babble (to say or talk something in a confused, excited, quick or silly way) **(2)** Prattle

CANTONESE TO ENGLISH DICTIONARY

噴髮膠 [pan3 faat3 gaau1] *n.* **(1)** Hair Spray

墨水 [mak6 sui2] *n.* **(1)** Ink

墮胎 [doh6 toi1] *n.* **(1)** Abortion

墳場 [fan4 cheung4] Cemetery *n.* **(1)**

審查制度 [sam2 cha4 jai3 dou6] Censorship *n.* **(1)**

層 [chang4] *n.* **(1)** Layer

層雲 [chang4 wan4] *n.* **(1)** Stratus

層積雲 [chang4 jik1 wan4] *n.* **(1)** Stratocumulus

廚房 [chue4 fong2] *n.* (Kitchen **1**)

彈簧 [daan6 wong4] *n.* **(1)** Spring (coil)

影 [ying2] *n.* **(1)** Shadow

德國 [dak1 gwok3] *adj.* **(1)** German *n.* **(2)** Germany

德國大頭菜 [dak1 gwok3 daai6 tau4 choi3] *n.* **(1)** Kohlrabi

德國麻疹 [dak1 gwok3 ma4 chan2] *n.* **(1)** German Measles

慕絲 [mou6 si1] *n.* **(1)** Mousse

撮寫 [chuet3 se2] *n.* **(1)** Abbreviation

敵人 [dik6 yan4] *n.* **(1)** Enemy

數字 [sou3 ji6] *n.* **(1)** Numeral

數學家 [sou3 hok6 ga1] *n.* **(1)** Mathematician

數據 [sou3 gui3] *n.* **(1)** Data

數據庫 [sou3 gui3 foo3] *n.* **(1)** Database

暴君 [bou6 gwan1] *n.* **(1)** Tyrant

暴風雪 [bou6 fung1 suet3] *n.* **(1)** Blizzard (a severe snowstorm characterized by strong winds)

槳 [jeung2] *n.* **(1)** Oar

槳手 [jeung2 sau2] *n.* **(1)** Oarsman

樂趣 [lok6 chui3] *n.* **(1)** Joy

樂觀 [lok6 goon1] *adj.* **(1)** Optimistic

樂觀主義 [lok6 goon1 jue2 yi6] *n.* **(1)** Optimism

樂觀派 [lok6 goon1 paai3] *n.* **(1)** Optimist

標青 [biu1 cheng1] *adj.* **(1)** Outstanding

標題 [biu1 tai4] *n.* **(1)** Heading

歐洲 [au1 jau1] *n.* **(1)** Europe

潛力 [chim4 lik6] *n.* **(1)** Potential

潛水 [chim4 sui2] *v.* **(1)** Dive (to move down under the water)

潛水吸氣管 [chim4 sui2 kap1 hei3 goon2] *n.* **(1)** Snorkel

潛水衫 [chim4 sui2 saam1] *n.* **(1)** Wetsuit

潛水員 [chim4 sui2 yuen4] *n.* **(1)** Diver

潛水艇 [chim4 sui2 teng5] *n.* **(1)** Submarine

潛在 [chim4 joi6] *adj.* **(1)** Potential

潮汐 [chiu4 jik6] *n.* **(1)** Tide

澄清 [ching4 ching1] *v.* **(1)** Clarify

熱 [yit6] *adj.* **(1)** Hot

125

CANTONESE TO ENGLISH DICTIONARY

熱天 [yit6 tin1] *n.* **(1)** Summer
熱水 [yit6 sui2] *n.* **(1)** Hot Water
熱朱古力 [yit6 jue1 goo1 lik1] *n.* **(1)** Hot Chocolate
熱咖啡 [yit6 ga3 fe1] *n.* **(1)** Hot Coffee
熱狗 [yit6 gau2] *n.* **(1)** Hot Dog
熱狗檔 [yit6 gau2 dong3] *n.* **(1)** Hot-Dog Stand
熱茶 [yit6 cha4] *n.* **(1)** Hot Tea
熱情 [yit6 ching4] *n.* **(1)** Zest (excitement)
熱量計 [yit6 leung6 gai3] *n.* **(1)** Calorimeter
熱鬧 [yit6 naau6] *adj.* **(1)** Bustling
獎品 [jeung2 ban2] *n.* **(1)** Prize
獎牌 [jeung2 paai4] *n.* **(1)** Medal
瞓覺 [fan3 gaau3] *v.* **(1)** Sleep
碼頭 [ma5 tau4] *n.* **(1)** Dock；Wharf
稿紙 [gou2 ji2] *n.* **(1)** Draft Paper
箭 [jin3] *n.* **(1)** Arrow
範圍 [faan6 wai4] *n.* **(1)** Scope
編輯 [pin1 chap1] *n.* **(1)** Editor
編織物 [pin1 jik1 mat6] *n.* **(1)** Knit
膠布 [gaau1 bou3] *n.* **(1)** Adhesive Bandage
舖頭 [pou3 tau2] *n.* **(1)** Shop (it is a place where goods and services can be bought)
蓮子 [lin4 ji2] *n.* **(1)** Lotus Seed

蓮藕 [lin4 ngau5] *n.* **(1)** Lotus Root
蝗蟲 [wong4 chung4] *n.* **(1)** Locust
蝦 [ha1] *n.* **(1)** Prawn
蝦米 [ha1 mai5] *n.* **(1)** Dried Shrimp
蝨 [sat1] *n.* **(1)** Louse
衛生 [wai6 sang1] *n.* **(1)** Hygiene
調味品 [tiu4 mei6 ban2] *n.* **(1)** Seasonings
調味料 [tiu4 mei6 liu2] *n.* **(1)** Condiment；Seasonings
調校 [tiu4 gaau3] *v.* **(1)** Adjust
調解 [tiu4 gaai3] *n.* **(1)** Mediation *v.* **(2)** Mediate
調解員 [tiu4 gaai3 yuen4] *n.* **(1)** Mediator
請教 [ching2 gaau3] *v.* **(1)** Consult
論壇 [lun6 taan4] *n.* **(1)** Forum
諸事 [jue1 si6] *adj.* **(1)** Nosy
諸事丁 [jue1 si6 ding1] *n.* **(1)** Meddler
諸事理 [jue1 si6 lei1] *n.* **(1)** Meddler
豌豆 [woon2 dau2] *n.* **(1)** Peas
豬仔 [jue1 jai2] *n.* **(1)** Piglet
豬肉 [jue1 yuk6] *n.* **(1)** Pork
豬油 [jue1 yau4] *n.* **(1)** Lard；Pork Fat
豬膏 [jue1 gou1] *n.* **(1)** Lard

CANTONESE TO ENGLISH DICTIONARY

趣致 [chui3 ji3] *adj.* **(1)** It Means That Someone, An Animal Or A Thing Is Lovely And Is Liked By A Person

適合 [sik1 hap6] *adj.* **(1)** Applicable；Apposite

適合耕種嘅 [sik1 hap6 gaang1 jung3 ge3] *adj.* **(1)** Arable

適當 [sik1 dong3] *adj.* **(1)** Appropriate

適當嘅 [sik1 dong3 ge3] *adj.* **(1)** Apt

遮 [je1] *n.* **(1)** Umbrella

醃製三文魚 [yip3 jai3 saam1 man4 yue2] *n.* **(1)** Gravadlax；Gravlax

醉 [jui3] *adj.* **(1)** Drunk

靚 [leng3] *adj.* **(1)** Beautiful

靠得住 [kaau3 dak1 jue6] *adj.* **(1)** Dependable

鞋帶 [haai4 daai2] *n.* **(1)** Lace (string)

養分 [yeung5 fan6] *n.* **(1)** Nutrient

養蜂場 [yeung5 fung1 cheung4] *n.* **(1)** Apiary

髮型 [faat3 ying4] *n.* **(1)** Hairdo；Hairstyle

髮型師 [faat3 ying4 si1] *n.* **(1)** Hair-stylist

魅力 [mei6 lik6] *n.* **(1)** Charm

魷魚 [yau4 yue2] *n.* **(1)** Squid

鴉片 [a1 pin3] *n.* **(1)** Opium

麵包 [min6 baau1] *n.* **(1)** Bread

麵包店 [min6 baau1 dim3] *n.* **(1)** Bakery

麵包師傅 [min6 baau1 si1 foo2] *n.* **(1)** Baker

麵包棍 [min6 baau1 gwan3] *n.* **(1)** Breadstick

麵包糠 [min6 baau1 hong1] *n.* **(1)** Breadcrumbs

麵筋 [min6 gan1] *n.* **(1)** Gluten

麵團 [min6 tuen4] *n.* **(1)** Dough

黎明 [lai4 ming4] *n.* **(1)** Dawn；Daybreak

齒輪 [chi2 lun4] *n.* **(1)** Cogwheel

儒教 [yue4 gaau3] *n.* **(1)** Confucianism

凝集素 [ying4 jaap6 sou3] *n.* **(1)** Lectin

劑量 [jai1 leung6] *n.* **(1)** Dosage；Dose

器具 [hei3 gui6] *n.* **(1)** Appliance

噪音 [chou3 yam1] *n.* **(1)** Noise

學 [hok6] *v.* **(1)** Learn

學士 [hok6 si6] *n.* **(1)** Bachelor

學生 [hok6 saang1] *n.* **(1)** Student

學生證 [hok6 saang1 jing3] *n.* **(1)** Student Card

學者 [hok6 je2] *n.* **(1)** Scholar

學校 [hok6 haau6] *n.* **(1)** School

導盲犬 [dou6 maang4 huen2] *n.* **(1)** Guide Dog

導遊 [dou6 yau4] *n.* **(1)** Guide

戰爭 [jin3 jang1] *n.* **(1)** War

CANTONESE TO ENGLISH DICTIONARY

戰爭紀念碑 [jin3 jang1 gei3 nim6 bei1] *n.* **(1)** War Memorial

戰鬥 [jin3 dau3] *n.* **(1)** Battle

戰略 [jin3 leuk6] *n.* **(1)** Strategy

戰略上 [jin3 leuk6 seung6] *adv.* **(1)** Strategically

戰略性 [jin3 leuk6 sing3] *adj.* **(1)** Strategic

戰場 [jin3 cheung4] *n.* **(1)** Battle Site

擔心 [daam1 sam1] *adj.* **(1)** Worried

擔架 [daam1 ga2] *n.* **(1)** Stretcher

整瘀 [jing2 yue2] *v.* **(1)** Bruise

整濕 [jing2 sap1] *v.* **(1)** Moisten

樹林 [sue6 lam4] *n.* **(1)** Woods

橄欖 [gaam3 laam2] *n.* **(1)** Olive

橄欖油 [gaam3 laam2 yau4] *n.* **(1)** Olive Oil

橙 [chaang2] *n.* **(1)** Orange (fruit)

橙色 [chaang2 sik1] *adj.* **(1)** Orange (colour)

機長 [gei1 jeung2] *n.* **(1)** Pilot

機械 [gei1 haai6] *n.* **(1)** Machine ; Machinery

機會主義 [gei1 wooi6 jue2 yi6] *n.* **(1)** Opportunism

機器 [gei1 hei3] *n.* **(1)** Machine ; Machinery ; Engine

橡木 [jeung6 muk6] *n.* **(1)** Oak (wood)

橡皮軟糖 [jeung6 pei4 yuen5 tong2] *n.* **(1)** Gumdrop

橡樹 [jeung6 sue6] *n.* **(1)** Oak (tree)

歷史 [lik6 si2] *n.* **(1)** History

歷史記載 [lik6 si2 gei3 joi3] *n.* **(1)** Annals

歷史學家 [lik6 si2 hok6 ga1] *n.* **(1)** Historian

澳門 [ou3 moon2] *n.* **(1)** Macau

澳洲 [ou3 jau1] *n.* **(1)** Australia

澳洲人 [ou3 jau1 yan4] *n.* **(1)** Australian

燃燒 [yin4 siu1] *n.* **(1)** Combustion

燃燒三角 [yin4 siu1 saam1 gok3] *n.* **(1)** Fire Triangle

燃燒四面體 [yin4 siu1 sei3 min6 tai2] *n.* **(1)** Fire Tetrahedron

燈 [dang1] *n.* **(1)** Lamp

燈光 [dang1 gwong1] *n.* **(1)** Lighting

燈塔 [dang1 taap3] *n.* **(1)** Lighthouse

燈籠 [dang1 lung4] *n.* **(1)** Lantern

燒烤 [siu1 haau1] *v.* **(1)** Broil

燒烤醬 [siu1 haau1 jeung3] *n.* **(1)** Barbecue Sauce ; BBQ Sauce

燕麥 [yin3 mak6] *n.* **(1)** Oat

獨木舟 [duk6 muk6 jau1] *n.* **(1)** Canoe

獨木舟水球 [duk6 muk6 jau1 sui2 kau4] *n.* **(1)** Canoe Polo

獨家 [duk6 ga1] *adj.* **(1)** Exclusive

磨 [moh4] *v.* **(1)** Rub

CANTONESE TO ENGLISH DICTIONARY

積雨雲 [jik1 yue5 wan4] *n.* **(1)** Cumulonimbus

積雲 [jik1 wan4] *n.* **(1)** Cumulus

積極份子 [jik1 gik6 fan6 ji2] *n.* **(1)** Activist

篩 [sai1] *n.* **(1)** Sieve *v.* **(2)** Sieve；Sift (separate something through a sieve)

糖 [tong2] *n.* **(1)** Candy

糖衣 [tong4 yi1] *n.* **(1)** Icing

糖精 [tong4 jing1] *n.* **(1)** Saccharin

糖蜜 [tong4 mat6] *n.* **(1)** Molasses

糖漿 [tong4 jeung1] *n.* **(1)** Syrup

興奮 [hing1 fan5] *adj.* **(1)** Excited *n.* **(2)** Excitement

蕁麻 [cham4 ma4] *n.* **(1)** Nettle

蕃薯 [faan1 sue2] *n.* **(1)** Sweet Potato；Yam

蕉葉 [jiu1 yip6] *n.* **(1)** Banana Leaves

蕎麥 [kiu4 mak6] *n.* **(1)** Buckwheat

融洽 [yung4 hap1] *n.* **(1)** Rapport

螞蟻 [ma5 ngai5] *n.* **(1)** Ant

衛生棉條 [wai6 sang1 min4 tiu2] *n.* **(1)** Tampon

諷刺 [fung3 chi3] *n.* **(1)** Sarcasm；Satire

貓 [maau1] *n.* **(1)** Cat

貓頭鷹 [maau1 tau4 ying1] *n.* **(1)** Owl

輸水管 [sue1 sui2 goon2] *n.* **(1)** Aqueduct

輸血 [sue1 huet3] *n.* **(1)** Blood Transfusion

遵守 [jun1 sau2] *n.* **(1)** Adherence *v.* **(2)** Adhere；Obey

選票 [suen2 piu3] *n.* **(1)** Ballot

選擇 [suen2 jaak6] *n.* **(1)** Option

遺棄 [wai4 hei3] *v.* **(1)** Abandon

遺產 [wai4 chaan2] *n.* **(1)** Bequest；Heritage

遺傳學家 [wai4 chuen4 hok6 ga1] *n.* **(1)** Geneticist

醒目 [sing2 muk6] *adj.* **(1)** Clever

鋼琴 [gong3 kam4] *n.* **(1)** Piano

錢 [chin2] *n.* **(1)** Means (money)；Money

錯誤 [choh3 ng6] *n.* **(1)** Error；Mistake

隧道 [sui6 dou6] *n.* **(1)** Tunnel

雕刻家 [diu1 hak1 ga1] *n.* **(1)** Sculptor

雕像 [diu1 jeung6] *n.* **(1)** Sculpture

霍亂 [fok3 luen6] *n.* **(1)** Cholera

頭皮 [tau4 pei4] *n.* **(1)** Scalp

頭皮碎 [tau4 pei4 sui3] *n.* **(1)** Dandruff

頭盔 [tau4 kwai1] *n.* **(1)** Helmet

頭髮 [tau4 faat3] *n.* **(1)** Hair

餐 [chaan1] *n.* **(1)** Meal (food)

餐巾 [chaan1 gan1] *n.* **(1)** Napkin

CANTONESE TO ENGLISH DICTIONARY

餐枱 [chaan1 toi2] *n.* **(1)** Dining Table
餐廳 [chaan1 teng1] *n.* **(1)** Restaurant
鴕鳥 [toh4 niu5] *n.* **(1)** Ostrich
鴨 [aap3] *n.* **(1)** Duck
龍 [lung4] *n.* **(1)** Dragon
優點 [yau1 dim2] *n.* **(1)** Advantage
儲備基金 [chue5 bei6 gei1 gam1] *n.* **(1)** Reserve Fund
嚇 [haak3] *v.* **(1)** Daunt
壓力 [aat3 lik6] *n.* **(1)** Stress
壓制 [aat3 jai3] *v.* **(1)** Oppress
壓縮 [aat3 suk1] *v.* **(1)** Compress
嬲 [nau1] *adj.* **(1)** Angry
幫 [bong1] *v.* **(1)** Help
幫...打預防針 [bong1...da2 yue6 fong4 jam1] *v.* **(1)** Inoculate
幫助 [bong1 joh6] *n.* **(1)** Help
懇求 [han2 kau1] *v.* **(1)** Plead
擱置 [gok3 ji3] *n.* **(1)** Abeyance
濕度 [sap1 dou6] *n.* **(1)** Humidity
濫用 [laam5 yung6] *v.* **(1)** Abuse (to use something in a way that is considered either harmful or morally wrong)
營養 [ying4 yeung5] *n.* **(1)** Nourishment ; Nutrition
營養師 [ying4 yeung5 si1] *n.* **(1)** Dietician ; Dietitian
燭台 [juk1 toi4] *n.* **(1)** Candlestick

爵士音樂 [jeuk3 si6 yam1 ngok6] *n.* **(1)** Jazz
癌 [ngaam4] *n.* **(1)** Cancer
瞬間 [sun3 gaan1] *n.* **(1)** Moment
糞便 [fan3 bin6] *n.* **(1)** Faeces
糠 [hong1] *n.* **(1)** Bran
縮骨遮 [suk1 gwat1 je1] *n.* **(1)** Folding Umbrella
縮寫 [suk1 se2] *n.* **(1)** Abbreviation *v.* **(2)** Abbreviate
總決賽 [jung2 kuet3 choi3] *n.* **(1)** Final
繃帶 [bang1 daai2] *n.* **(1)** Bandage
罅 [la3] *n.* **(1)** Crack
膽汁 [daam2 jap1] *n.* **(1)** Bile (a fluid produced by the liver that helps with the digestion of fat)
臨床 [lam4 chong4] *adj.* **(1)** Clinical
薄霧 [bok6 mou6] *n.* **(1)** Mist (a thin fog)
薑粉 [geung1 fan2] *n.* **(1)** Ginger Powder
薯仔 [sue4 jai2] *n.* **(1)** Potato
薯條 [sue4 tiu2] *n.* **(1)** French Fries
蟋蟀 [sik1 sut1] *n.* **(1)** Cricket (insect)
謎語 [mai4 yue5] *n.* **(1)** Riddle
謙虛 [him1 hui1] *adj.* **(1)** Humble ; Modest
賺 [jaan6] *v.* **(1)** Earn
購物車 [kau3 mat6 che1] *n.* **(1)** Shopping Cart

130

CANTONESE TO ENGLISH DICTIONARY

購物籃 [kau3 mat6 laam2] *n.* **(1)** Shopping Basket

避孕 [bei6 yan6] *n.* **(1)** Contraception

錨 [maau4] *n.* **(1)** Anchor

鎂 [mei5] *n.* **(1)** Magnesium

闊 [foot3] *adj.* **(1)** Wide

闊佬懶理 [foot3 lou2 laan5 lei5] *v.* **(1)** To Not Bother To Deal With A Matter Or Something Because One Does Not Show Interest In It

闊度 [foot3 dou6] *n.* **(1)** Width

霜 [seung1] *n.* **(1)** Frost

韓國 [hon4 gwok3] *adj.* **(1)** Korean

鴯鶓 [yi4 miu4] *n.* **(1)** Emu

麋鹿 [mei4 luk6] *n.* **(1)** Moose

黏 [nim4] *v.* **(1)** Affix

黏土 [nim1 tou2] *n.* **(1)** Clay

點心 [dim2 sam1] *n.* **(1)** Dim Sum

齋啡 [jaai1 fe1] *n.* **(1)** Black Coffee

叢林 [chung4 lam4] *n.* **(1)** Jungle

嚟 [lei4] *v.* **(1)** Come *phr. v.* **(2)** Come Back

擴音器 [kwong3 yam1 hei3] *n.* **(1)** Amplifier

瀉藥 [se3 yeuk6] *n.* **(1)** Laxative ; Purgative

瀑布 [buk6 bou3] *n.* **(1)** Waterfall

獵人 [lip6 yan4] *n.* **(1)** Hunter

獵物 [lip6 mat6] *n.* **(1)** Prey

獵鷹 [lip6 ying1] *n.* **(1)** Falcon

禮拜 [lai5 baai3] *n.* **(1)** Week

禮拜一 [lai5 baai3 yat1] *n.* **(1)** Monday

禮拜二 [lai5 baai3 yi6] *n.* **(1)** Tuesday

禮拜三 [lai5 baai3 saam1] *n.* **(1)** Wednesday

禮拜五 [lai5 baai3 ng5] *n.* **(1)** Friday

禮拜六 [lai5 baai3 luk6] *n.* **(1)** Saturday

禮拜日 [lai5 baai3 yat6] *n.* **(1)** Sunday

禮拜四 [lai5 baai3 sei3] *n.* **(1)** Thursday

禮儀 [lai5 yi4] *n.* **(1)**(a display of very formal and polite behavior by a person)

簡單 [gaan2 daan1] *adj.* **(1)** Simple

簡稱 [gaan2 ching1] *n.* **(1)** Abbreviation

織 [jik1] *v.* **(1)** Knit

織布機 [jik1 bou3 gei1] *n.* **(1)** Loom (weaving machine)

翻譯 [faan1 yik6] *n.* **(1)** Translation *v.* **(2)** Translate

翻譯家 [faan1 yik6 ga1] *n.* **(1)** Translator

職責 [jik1 jaak3] *n.* **(1)** Onus

職業 [jik1 yip6] *n.* **(1)** Occupation

膥袋 [chun1 doi2] *n.* **(1)** Scrotum

藍色 [laam4 sik1] *adj.* **(1)** Blue (colour)

CANTONESE TO ENGLISH DICTIONARY

藍莓 [laam4 mooi2] *n.* **(1)** Blueberry

蟲 [chung4] *n.* **(1)** Bug ; Insect

轆 [luk1] *n.* **(1)** Wheel

轉喻 [juen3 yue6] *n.* **(1)** Metonymy

轉插 [juen3 chaap3] *n.* **(1)** Adapter (it is a device that is used to connect two pieces of equipment)

轉賬卡 [juen2 jeung3 kaat1] *n.* **(1)** Debit Card

醫生 [yi1 sang1] *n.* **(1)** Medic

醫院 [yi1 yuen2] *n.* **(1)** Hospital

醫療卡 [yi1 liu4 kaat1] *n.* **(1)** Medical Card

醫藥 [yi1 yeuk6] *n.* **(1)** Medicine

釐米 [lei4 mai5] *n.* **(1)** Centimetre

鎮定 [jan3 ding6] *adj.* **(1)** Calm

雙邊主義 [seung1 bin1 jue2 yi6] *n.* **(1)** Bilateralism

雜草 [jaap6 chou2] *n.* **(1)** Weed (plant)

雜種 [jaap6 jung2] *n.* **(1)** Hybrid

雜誌 [jaap6 ji3] *n.* **(1)** Magazine

雞 [gai1] *n.* **(1)** Chicken

雞公 [gai1 gung1] *n.* **(1)** Rooster

雞肉卷 [gai1 yuk6 guen2] *n.* **(1)** Chicken Wrap

雞尾酒 [gai1 mei5 jau2] *n.* **(1)** Cocktail

雞㜪 [gai1 na2] *n.* **(1)** Hen

雞胸肉 [gai1 hung1 yuk6] *n.* **(1)** Chicken Breast

雞湯 [gai1 tong1] *n.* **(1)** Chicken Broth ; Chicken Soup

雞㰵 [gai1 hong2] *n.* **(1)** Young Chicken

雞翼 [gai1 yik6] *n.* **(1)** Chicken Wings

離婚 [lei4 fan1] *n.* **(1)** Divorce *v.* **(2)** Divorce

騎兵 [ke4 bing1] *n.* **(1)** Cavalry

騎師 [ke4 si1] *n.* **(1)** Jockey

鯉魚 [lei5 yue2] *n.* **(1)** Common Carp

鵝卵石 [ngoh4 lun2 sek6] *n.* **(1)** Cobblestone

壞咗 [waai6 joh2] *v.* **(1)** Malfunction

懶 [laan5] *adj.* **(1)** Lazy

懶惰 [laan5 doh6] *adj.* **(1)** Lazy

矇查查 [mung4 cha4 cha4] *adj.* **(1)** Daft

繩 [sing2] *n.* **(1)** String

羅經 [loh4 gaang1] *n.* **(1)** Compass

藝術 [ngai6 sut6] *adj.* **(1)** Artistic *n.* **(2)** Art

藝術作品 [ngai6 sut6 jok3 ban2] *n.* **(1)** Artwork

藝術家 [ngai6 sut6 ga1] *n.* **(1)** Artist

藤 [tang4] *n.* **(1)** Rattan

藤籃 [tang4 laam2] *n.* **(1)** Rattan basket

藥丸 [yeuk6 yuen2] *n.* **(1)** Pill

藥水膠布 [yeuk6 sui2 gaau1 bou3] *n.* **(1)** Adhesive Bandage

CANTONESE TO ENGLISH DICTIONARY

藥膏 [yeuk6 gou1] *n.* **(1)** Ointment
蟹 [haai5] *n.* **(1)** Crab
蟹肉 [haai5 yuk6] *n.* **(1)** Crab Meat
證據 [jing3 gui3] *n.* **(1)** Evidence
邊 [bin1] *n.* **(1)** Rim
邊緣 [bin1 yuen4] *n.* **(1)** Margin
邋遢 [laat6 taat3] *adj.* **(1)** Dirty ; Filthy
邋遢嘢 [laat6 taat3 ye5] *n.* **(1)** Filth
鏟 [chaan2] *n.* **(1)** Shovel
鏡 [geng3] *n.* **(1)** Mirror
關於 [gwaan1 yue1] *prep.* **(1)** About (connected with)
關節 [gwaan1 jit3] *n.* **(1)** Joints
關節炎 [gwaan1 jit3 yim4] *n.* **(1)** Arthritis
難過 [naan4 gwoh3] *adj.* **(1)** Sad *v.* **(2)** Sorrow
霧 [mou6] *n.* **(1)** Fog (it is a weather condition in which tiny visible water droplets or ice crystals clumped together and forming a cloudlike mass close to the surface of the Earth)
類型 [lui6 ying4] *n.* **(1)** Category
騙子 [pin3 ji2] *n.* **(1)** Swindler
嚴格 [yim4 gaak3] *adj.* **(1)** Strict
寶石 [bou2 sek6] *n.* **(1)** Gem ; Gemstone
懸崖 [yuen4 ngaai4] *n.* **(1)** Cliff
競爭 [ging3 jang1] *n.* **(1)** Competition
籃 [laam2] *n.* **(1)** Basket

繼續 [gai3 juk6] *v.* **(1)** Continue
蘆葦 [lou4 wai5] *n.* **(1)** Reed
蘆薈 [lou4 wooi6] *n.* **(1)** Aloe
蘇打粉 [sou1 da2 fan2] *n.* **(1)** Baking Soda ; Sodium Bicarbonate
蘋果 [ping4 gwoh2] *n.* **(1)** Apple
蠔 [hou4] *n.* **(1)** Oyster
蠔油 [hou4 yau4] *n.* **(1)** Oyster Sauce
警方 [ging2 fong1] *n.* **(1)** The Police
警署 [ging2 chue5] *n.* **(1)** Police Station
警察 [ging2 chaat3] *n.* **(1)** Police Officer
議會 [yi5 wooi2] *n.* **(1)** Parliament
鐘 [jung1] *n.* **(1)** Clock
鐘頭 [jung1 tau4] *n.* **(1)** Hour
騷擾 [sou1 yiu2] *n.* **(1)** Harassment *v.* **(2)** Harass
鹹 [haam4] *adj.* **(1)** Salty
攝氏 [sip3 si6] *n.* **(1)** Celsius ; Centigrade
殲滅 [chim1 mit6] *v.* **(1)** Annihilate (destroy completely)
蠟 [laap6] *n.* **(1)** Wax
蠟燭 [laap6 juk1] *n.* **(1)** Candle
襪 [mat6] *n.* **(1)** Sock
護士 [woo6 si6] *n.* **(1)** Nurse
護身符 [woo6 san1 foo4] *n.* **(1)** Amulet

CANTONESE TO ENGLISH DICTIONARY

護衛 [woo6 wai6] *n.* **(1)** Guard
護髮素 [woo6 faat3 sou3] *n.* **(1)** Hair Conditioner
鐵路 [tit3 lou6] *n.* **(1)** Railroad ; Railway
鐵路線 [tit3 lou6 sin3] *n.* **(1)** Railway Line
露水 [lou6 sui2] *n.* **(1)** Dew
顧問 [goo3 man6] *n.* **(1)** Consultant
魔術 [moh1 sut6] *n.* **(1)** Magic
魔術師 [moh1 sut6 si1] *n.* **(1)** Magician
麝香 [se6 heung1] *n.* **(1)** Musk
彎腰 [waan1 yiu1] *v.* **(1)** Hunch
籠 [lung4] *n.* **(1)** Cage
聽日 [ting1 yat6] *adv.* **(1)** Tomorrow (day after today) *n.* **(2)** Tomorrow (day after today)
聽話 [teng1 wa6] *adj.* **(1)** Obedient
聽覺嘅 [ting1 gok3 ge3] *adj.* **(1)** Auditory
聾 [lung4] *adj.* **(1)** Deaf
讀者 [duk6 je2] *n.* **(1)** Reader
贖罪 [suk6 jui6] *n.* **(1)** Atonement
鑊 [wok6] *n.* **(1)** Wok
龕 [ham1] *n.* **(1)** Alcove
纖維素 [chim1 wai4 sou3] *n.* **(1)** Cellulose
蠱惑 [goo2 waak6] *n.* **(1)** Guile
邏輯 [loh4 chap1] *n.* **(1)** Logic

顯著 [hin2 jue3] *adj.* **(1)** Striking
驗血 [yim6 huet3] *n.* **(1)** Blood Test
驚 [geng1] *adj.* **(1)** Afraid
體育 [tai2 yuk6] *adj.* **(1)** Sports
體育堂 [tai2 yuk6 tong4] *n.* **(1)** Physical Education
體育場 [tai2 yuk6 cheung4] *n.* **(1)** Stadium
體溫過低 [tai2 wan1 gwoh3 dai1] *n.* **(1)** Hypothermia
體溫過高 [tai2 wan1 gwoh3 gou1] *n.* **(1)** Hyperthermia
體操 [tai2 chou1] *n.* **(1)** Gymnastics
鱔 [sin5] *n.* **(1)** Eel
黐線 [chi1 sin3] *adj.* **(1)** Crazy ; Nutty (crazy)
黐線嘅 [chi1 sin3 ge3] *adj.* **(1)** Crazy ; Lunatic
癲佬 [din1 lou2] *n.* **(1)** Lunatic (of male)
罐 [goon3] *n.* **(1)** Jar
罐頭 [goon3 tau2] *n.* **(1)** Tin
靈感 [ling4 gam2] *n.* **(1)** Muse
鷹嘴豆泥 [ying1 jui2 dau6 nai4] *n.* **(1)** Hummus
鹽 [yim4] *n.* **(1)** Salt
鹽水 [yim4 sui2] *n.* **(1)** Brine ; Salt Water
欖球 [laam2 kau6] *n.* **(1)** Rugby

CANTONESE TO ENGLISH DICTIONARY

觀察 [goon1 chaat3] *n.* **(1)** Observation *v.* **(2)** Observe

觀察力強 [goon1 chaat3 lik6 keung4] *adj.* **(1)** Observant

驢 [lui4] *n.* **(1)** Donkey

纜車 [laam6 che1] *n.* **(1)** Cable Car

鸚鵡 [ying1 mou5] *n.* **(1)** Parrot

USEFUL CANTONESE EXPRESSIONS

The following are just some of the useful expressions commonly used by Cantonese speakers, and their English equivalents are listed first and sorted in alphabetical order for your viewing convenience:-

(1) **Are you free this evening?** 你今晚得唔得閒呀？ [nei5 gam1 maan5 dak1 m4 dak1 haan4 a3?]

(2) **Bye bye!** 拜拜！ [baai1 baai3!]

(3) **Call the police!** 報警！ [bou3 ging2!]

(4) **Can I take a look?** 我可唔可以睇下？ [ngoh5 hoh2 m4 hoh2 yi5 tai2 ha5?]

(5) **Can you lower the price?** 你可唔可以平啲呀？ [nei5 hoh2 m4 hoh2 yi5 peng4 di1 a3?]

(6) **Can you suggest a good place for dinner?** 你可以介紹個食晚飯嘅好地方嗎？ [nei5 hoh2 yi5 gaai3 siu6 goh3 sik6 maan5 faan6 ge3 hou2 dei6 fong1 ma3?]

(7) **Can you suggest a good place for lunch?** 你可以介紹個食晏嘅好地方嗎？ [nei5 hoh2 yi5 gaai3 siu6 goh3 sik6 aan3 ge3 hou2 dei6 fong1 ma3?]

(8) **Can you translate for me?** 你可唔可以幫我翻譯呀？ [nei5 hoh2 m4 hoh2 yi5 bong1 ngoh5 faan1 yik6 a3?]

(9) **Cheers!** 飲杯！ [yam2 booi1!]

(10) **Congratulations!** 恭喜！恭喜！ [gung1 hei2! gung1 hei2!]

(11) **Could you speak more slowly.** 請你講慢啲。 [ching2 nei5 gong2 maan6 di1.]

(12) **Do you accept credit card?** 你收唔收信用卡？ [nei5 sau1 m4 sau1 sun3 yung6 kaat1?]

136

USEFUL CANTONESE EXPRESSIONS

(13) **Do you have an English menu?** 有冇英文餐牌呀？[yau5 mou5 ying1 man2 chaan1 paai2 a3?]

(14) **Do you speak English?** 你識唔識講英文呀？[nei5 sik1 m4 sik1 gong2 ying1 man2 a3?]

(15) **Do you understand what I am trying to say?** 你明唔明我想講啲咩啊？[nei5 ming4 m4 ming4 ngoh5 seung2 gong2 di1 me1 a3?]

(16) **Do you understand?** 你明唔明啊？[nei5 ming4 m4 ming4 a3?]

(17) **Do you agree?** 你同唔同意呀？[nei5 tung4 m4 tung4 yi3 a3?]

(18) **Do you have a map?** 你有冇地圖？[nei5 yau5 mou5 dei6 tou4?]

(19) **Does anyone here speak English?** 呢度有冇人識講英文呀？[ni1 dou6 yau5 mou5 yan4 sik1 gong2 ying1 man6 a3?]

(20) **Don't stand on ceremony.** 唔使客氣。[m4 sai2 haak3 hei3.] (This expression is said to a guest who pays a visit to the host to tell him or her to make himself or herself at home.)

(21) **Eat some more!** 食多啲啦！[sik6 doh1 di1 la1!]

(22) **Excuse me, is there a restaurant nearby?** 請問附近有冇餐廳呀？[ching4 man6 foo6 gan6 yau5 mou5 chaan1 teng1 a3?]

(23) **Excuse me, please step aside.** 唔該借借。[m4 goi1 je3 je3.]

(24) **Excuse me, what is your name?** 請問你叫咩名？[ching2 man6 nei5 giu3 me1 meng2?]

(25) **Excuse me, where is the washroom?** 請問洗手間喺邊度呀？[ching2 man6 sai2 sau2 gaan1 hai2 bin1 dou6 a3?]

(26) **Fine, and how about you?** 幾好，你呢？[gei2 hou2, nei5 ne1?]

(27) **Fire!** 火燭！[foh2 juk1!]

(28) **Good luck!** 祝你好運！[juk1 nei5 hou2 wan6!]

(29) **Good morning!** 早晨！[jou2 san4!]

(30) **Good night!** 早唞！[jou2 tau2!]

(31) **Good night, see you tomorrow.** 早唞，聽日見。[jou2 tau2, ting1 yat6 gin3.]

(32) **Happy birthday to you!** 祝你生日快樂！[juk1 nei5 saang1 yat6 faai3 lok6!]

USEFUL CANTONESE EXPRESSIONS

(33) **Happy Easter!** 復活節快樂！[fuk6 woot6 jit3 faai3 lok6!]

(34) **Happy Valentine's Day!** 情人節快樂！[ching4 yan4 jit3 faai3 lok6!]

(35) **Have a rest first.** 唞一下先。[tau2 yat1 ha5 sin1.]

(36) **Have you eaten yet?** 你食咗飯未呀？[nei5 sik6 joh2 faan6 mei6 a3?]

(37) **Have you heard of ...?** 你有冇聽過……啊？[nei5 yau5 mou5 teng1 gwoh3 …… a3?]

(38) **Help!** 救命呀！[gau3 meng6 a3!]

(39) **How are you?** 你好嗎？[nei5 hou2 ma3?]

(40) **How do you pronounce that?** 呢個點讀呀？[ni1 goh3 dim2 duk6 a3?]

(41) **How do you say this in Cantonese?** 呢個用廣東話點講？[ni1 goh3 yung6 gwong2 dung1 wa2 dim2 gong2?]

(42) **How have you been lately?** 你最近幾好嗎？[nei5 jui3 gan6 gei2 hou2 ma3?]

(43) **How much is it?** 幾多錢呀？[gei2 doh1 chin2 a3?]

(44) **How much for a weekly hire of a car?** 租一個禮拜車要幾多錢？[jou1 yat1 goh3 lai5 baai3 che1 yiu3 gei2 doh1 chin2?]

(45) **I am a vegeterian.** 我係食齋嘅人。[ngoh5 hai6 sik6 jaai1 ge3 yan4.]

(46) **I am Chinese.** 我係中國人。[ngoh5 hai6 jung1 gwok3 yan4.]

(47) **I am full.** 我食飽啦。[ngoh5 sik6 baau2 la3.]

(48) **I am going to bed now, good night.** 我去瞓喇，早唞。[ngoh5 hui3 fan3 la3, jou2 tau2.]

(49) **I am very hungry.** 我好肚餓。[ngoh5 hou2 tou5 ngoh6.]

(50) **I came by bus.** 我搭巴士嚟嘅。[ngoh5 daap3 ba1 si2 lai4 ge3.]

(51) **I came by minibus.** 我搭小巴嚟嘅。[ngoh5 daap3 siu2 ba1 lai4 ge3.]

(52) **I came by plane.** 我坐飛機嚟嘅。[ngoh5 choh5 fei1 gei1 lai4 ge3.]

(53) **I came by ship.** 我坐船嚟嘅。[ngoh5 choh5 suen4 lai4 ge3.]

(54) **I came by train.** 我搭火車嚟嘅。[ngoh5 daap3 foh2 che1 lai4 ge3.]

USEFUL CANTONESE EXPRESSIONS

(55) **I have not eaten yet.** 我仲未食呀。 [ngo5 jung6 mei6 sik6 a3.]

(56) **I hope that you will get well soon!** 我希望你快啲好番呀！
[ngoh5 hei1 mong6 nei5 faai3 di1 hou2 faan1 a3!]

(57) **I know how to speak a little bit of English.** 我識講少少英文呀。
[ngoh5 sik1 gong2 siu2 siu2 ying1 man2 a3.]

(58) **I know how to speak Cantonese.** 我識講廣東話。 [ngoh5 sik1 gong2 gwong2 dung1 wa2.]

(59) **I like to eat Chinese cuisine.** 我鍾意食中個菜。 [ngoh5 jung1 yi3 sik6 jung1 gwok3 choi3.]

(60) **I like to eat Western cuisine.** 我鍾意食西餐。 [ngoh5 jung1 yi3 sik6 sai1 chaan1.]

(61) **I like to go to see a movie.** 我鍾意去睇戲。 [ngoh5 jung1 yi3 hui3 tai2 hei3.]

(62) **I like to listen to music.** 我鍾意聽音樂。 [ngoh5 jung1 yi3 teng1 yam1 ngok6.]

(63) **I like to play on the swings.** 我鍾意打鞦韆。 [ngoh5 jung1 yi3 da2 chin1 chau1.]

(64) **I live in Australia.** 我喺澳洲住。 [ngoh5 hai2 ou3 jau1 jue6.]

(65) **I love you.** 我愛你。 [ngoh5 oi3 nei5.]

(66) **I miss you.** 我掛住你呀。 [ngoh5 gwa3 jue6 nei5 a3.]

(67) **I shall meet you then.** 我哋到時見。 [ngoh5 dei6 dou3 si4 gin3.]

(68) **I shall meet you there.** 我哋喺嗰度見。 [ngoh5 dei6 hai2 goh2 dou6 gin3.]

(69) **I understand Cantonese.** 我識聽廣東話。 [ngoh5 sik1 teng1 gwong2 dung1 wa2.]

(70) **I would like to buy that one.** 我想買嗰個。 [ngoh5 seung2 maai5 goh2 goh3.]

(71) **I would like to buy this one.** 我想買呢個。 [ngoh5 seung2 maai5 ni1 goh3.]

(72) **I would like to drink a cup of water.** 我想飲一杯水。 [ngoh5 seung2 yam2 yat1 booi1 sui2.]

(73) **I would like to pay the bill.** 我想埋單。 [ngoh5 seung2 maai4 daan1.]

USEFUL CANTONESE EXPRESSIONS

(74) I am very busy. 我好忙。 [ngoh5 hou2 mong4.]

(75) I would like to introduce you to .... 我想介紹……你識。 [ngoh5 seung2 gaai3 siu6 …… nei5 sik1.]

(76) I saw a large panda. 我見到一隻大熊貓。 [ngoh5 gin3 dou2 yat1 jek3 daai6 hung4 maau1.]

(77) I am very happy. 我好開心。 [ngoh5 hou2 hoi1 sam1.]

(78) I have a reservation. 我預訂咗。 [ngoh5 yue6 deng6 joh2.]

(79) I would like to book a room. 我想訂房。 [ngoh5 seung2 deng6 fong2.]

(80) I do not drink alcohol. 我唔飲酒。 [ngoh5 m4 yam2 jau2.]

(81) I agree with .... 我同意……。 [ngoh5 tung4 yi3 …….]

(82) I don't agree with .... 我唔同意……。 [ngoh5 m4 tung4 yi3 …….]

(83) I am from Hong Kong. 我係喺香港嚟嘅。 [nei5 hai6 hai2 heung1 gong2 lai4 ge3.]

(84) I am starving! 餓死我囉！ [ngoh6 sei2 ngoh5 loh3!]

(85) I am extremely happy. 我極之開心。 [ngoh5 gik6 ji1 hoi1 sam1.]

(86) I am very delighted to see you. 我好高興見到你。 [ngoh5 hou2 gou1 hing3 gin3 dou2 nei5.]

(87) I want to hire a car. 我想租架車。 [ngoh5 seung2 jou1 ga3 che1.]

(88) I am your friend. 我係你嘅朋友。 [ngoh5 hai6 nei5 ge3 pang4 yau5.]

(89) I am lost. 我蕩失路。 [ngoh5 dong6 sat1 lou6.]

(90) I feel ill. 我唔舒服。 [ngoh5 m4 sue1 fuk6.]

(91) I love this dish. 我鍾意呢味菜。 [ngoh5 jung1 yi3 ni1 mei6 choi3.]

(92) I am leaving now. 我而家走啦。 [ngoh5 yi4 ga1 jau2 la3.]

(93) Is ... far from here? ……離呢度遠唔遠呀？ […… lei4 ni1 dou6 yuen5 m4 yuen5 a3?]

(94) Is ... near from here? ……離呢度近唔近呀？ […… lei4 ni1 dou6 kan5 m4 kan5 a3?]

(95) It is 6 p.m. now. 而家係下晝6點。 [yi4 ga1 hai6 ha6 jau3 luk6

USEFUL CANTONESE EXPRESSIONS

dim2.]

(96) **It is 8 a.m. now.** 而家係上晝 8 點。 [yi4 ga1 hai6 seung6 jau3 baat3 dim2.]

(97) **It is in the front.** 喺前便。 [hai2 chin4 bin6.]

(98) **It is on the left.** 喺左便。 [hai2 joh2 bin6.]

(99) **It is on the right.** 喺右便。 [hai2 yau6 bin6.]

(100) **It is very cold today.** 今日好凍。 [gam1 yat6 hou2 dung3.]

(101) **It is very hot today.** 今日好熱。 [gam1 yat6 hou2 yit6.]

(102) **It takes only around ... minutes from ... to ... by the ....** 搭......由......到......只需大概......分鐘嘅車程。 [daap3 ......yau4 ......dou3 ......ji2 sui1 daai6 koi3 ......fan1 jung1 ge3 che1 ching4.]

(103) **It is quarter to eight now.** 而家係七點九。 [yi4 ga1 hai6 chat1 dim2 gau2.]

(104) **Keep the change.** 唔使找啦。 [m4 sai2 jaau2 la3!]

(105) **Keep in touch!** 保持聯絡！ [bou2 chi4 luen4 lok6!]

(106) **Leave me alone!** 唔好搞我！ [m4 hou2 gaau2 ngoh5!]

(107) **Let me help you.** 等我幫你手。 [dang2 ngoh5 bong1 nei5 sau2.]

(108) **Long time no see!** 好耐冇見！ [hou2 noi6 mou5 gin3!]

(109) **Look out!** 小心！ [siu2 sam1!]

(110) **May I ask what is the time now?** 請問而家係幾多點？ [ching2 man6 yi4 ga1 hai6 gei2 doh1 dim2?]

(111) **May I ask which bus can take me to ...?** 請問搭幾號巴士可以到......？ [ching2 man6 daap3 gei2 hou6 ba1 si2 hoh2 yi5 dou3 ......?]

(112) **May I ask you what is this?** 請問呢啲係乜嘢呀？ [ching2 man6 ni1 di1 hai6 mat1 ye5 a3?]

(113) **May the New Year bring you prosperity!** 恭喜發財！ [gung1 hei2 faat3 choi4!]

(114) **May you have a safe journey!** 祝你一路平安！ [juk1 nei5 yat1 lou6 ping4 on1!]

USEFUL CANTONESE EXPRESSIONS

(115) **My name is ....** 我叫做……。 [ngoh5 giu3 jou6 …….]

(116) **Never mind.** 唔緊要。 [m4 gan2 yiu3.]

(117) **Not too bad!** 仲可以！ [jung6 hoh2 yi5!]

(118) **Please do not bother.** 唔使客氣。 [m4 sai2 haak3 hei3.] (It is said by a guest to refuse politely an invitation offered by the host.)

(119) **Please help me.** 唔該幫我。 [m4 goi1 bong1 ngoh5.]

(120) **Please leave your phone number.** 請留低你個電話號碼。 [ching2 lau4 dai1 nei5 goh3 din6 wa2 hou6 ma5.]

(121) **Please make it cheaper!** 唔該平啲啦！ [m4 goi1 peng4 di1 la1!]

(122) **Please say it again.** 請你講多次。 [ching2 nei5 gong2 doh1 chi3.]

(123) **Please write down the price.** 唔該寫低個價錢。 [m4 goi1 se2 dai1 goh3 ga3 chin4.]

(124) **Pleased to meet you.** 好高興認識你。 [hou2 gou1 hing3 ying6 sik1 nei5.]

(125) **See you later.** 遲啲見。 [chi4 di1 gin3.]

(126) **See you tommorrow.** 聽日見。 [ting1 yat6 gin3.]

(127) **Sorry.** 對唔住。 [dui3 m4 jue6.]

(128) **Stop!** 停低！ [ting4 dai1!]

(129) **Thank you very much!** 真係唔該晒你啊！ [jan1 hai6 m4 goi1 saai3 nei5 a3!]

(130) **Thank you.** 唔該。 [m4 goi1.] (This expression is said to the one who has done you a favour.)

(131) **Thank you.** 多謝。 [doh1 je6.] (This expression is said to the one who has given you the gift.)

(132) **Thanks for coming.** 多謝賞面。 [doh1 je6 seung2 min2.]

(133) **Thanks for everything.** 多謝晒。 [doh1 je6 saai3.]

(134) **Thanks for your hospitality.** 多謝你嘅款待。 [doh1 je6 nei5 ge3 foon2 doi6.]

(135) **That is too expensive.** 太貴啦。 [taai3 gwai3 la3.]

(136) **The food at this restaurant is very tasty.** 呢間餐廳啲嘢好好食㗎。 [ni1 gaan1 chaan1 teng1 di1 ye5 hou2 hou2 sik6 ga3.]

USEFUL CANTONESE EXPRESSIONS

(137) **The weather is very good today.** 今日天氣好好。[gam1 yat6 tin1 hei3 hou2 hou2.]

(138) **The people here are very friendly.** 呢度啲人好友善。[ni1 dou6 di1 yan4 hou2 yau5 sin6.]

(139) **These are not delicious.** 呢啲嘢唔好食。[ni1 di1 ye5 m4 hou2 sik6.]

(140) **These are very delicious.** 呢啲嘢好好食。[ni1 di1 ye5 hou2 hou2 sik6.]

(141) **Thief!** 有賊啊！[yau5 chaak2 a3!]

(142) **This is my home address.** 呢個係我嘅屋企地址。[ni1 goh3 hai6 ngoh5 ge3 uk1 kei5 dei6 ji2.]

(143) **This is not what I ordered.** 我冇叫呢樣嘢㗎。[ngoh5 mou5 giu3 ni1 yeung6 ye5 ga3.]

(144) **Today is Friday.** 今日係禮拜五。[gam1 yat6 hai6 lai5 baai3 ng5.]

(145) **Today is 1st of January.** 今日係一月一號。[gam1 yat6 hai6 yat1 yuet6 yat1 hou6.]

(146) **Uh-oh.** 弊啦。[bai6 la3.]

(147) **We are late.** 我哋遲到啦。[ngoh5 dei6 chi4 dou3 la3.]

(148) **What a coincidence!** 乜咁啱嘅！[mat1 gam3 ngaam1 ge2!]

(149) **What can I catch to get there?** 我可以搭乜嘢去呀？[ngoh5 hoh2 yi5 daap3 mat1 ye5 hui3 a3?]

(150) **What did you say?** 你講乜嘢話？[nei5 gong2 mat1 ye5 wa2?]

(151) **What does this mean?** 呢個點解呀？[ni1 goh3 dim2 gaai3 a3?]

(152) **What date is it today?** 今日幾號？[gam1 yat6 gei2 hou6?]

(153) **What is your name?** 你點稱呼呀？[nei5 dim2 ching1 foo1 a3?]

(154) **What is your surname?** 你貴姓呀？[nei5 gwai3 sing3 a3?]

(155) **What time will it start?** 幾時開始？[gei2 si4 hoi1 chi2?]

(156) **What is your occupation?** 你做邊行㗎？[nei5 jou6 bin1 hong4 ga3?]

(157) **What hobbies do you have?** 你有咩嗜好啊？[nei5 yau5 me1 si3 hou3 a3?]

USEFUL CANTONESE EXPRESSIONS

(158) **What is a typical breakfast?** 早餐一般食乜嘢？[jou2 chaan1 yat1 boon1 sik6 mat1 ye5?]

(159) **What is the weather like tomorrow?** 聽日嘅天氣係點樣？ [ting1 yat6 ge3 tin1 hei3 hai6 dim2 yeung2?]

(160) **Where is the toilet?** 廁所喺邊度呀？ [chi3 soh2 hai2 bin1 dou6 a3?]

(161) **Where are you from?** 你係邊度人？ [nei5 hai6 bin1 dou6 yan4?]

(162) **Where is the petrol station?** 電油站喺邊度？ [din6 yau4 jaam6 hai2 bin1 dou6?]

(163) **Where is the bus station?** 巴士站喺邊度？ [ba1 si2 jaam6 hai2 bin1 dou6?]

(164) **Which country do you come from?** 你喺邊個國家嚟㗎？ [nei5 hai2 bin1 goh3 gwok3 ga1 lai4 ga3?]

(165) **Which day of the week is today?** 今日係禮拜幾呀？ [gam1 yat6 hai6 lai5 baai3 gei2 a3?]

(166) **Who are you?** 你係邊個呀？ [nei5 hai6 bin1 goh3 a3?]

(167) **Who is going to pay?** 邊個畀錢呀？ [bin1 goh3 bei2 chin2 a3?]

(168) **Wish you a happy new year!** 祝你新年快樂！ [juk1 nei5 san1 nin4 faai3 lok6!]

(169) **You are welcome.** 唔使客氣。 [m4 sai2 haak3 hei3.]

(170) **You can catch the bus to go there.** 你可以搭巴士去嗰度。 [nei5 hoh2 yi5 daap3 ba1 si2 hui3 goh2 dou6.]

(171) **You can catch the minibus to go there.** 你可以搭小巴去嗰度。 [nei5 hoh2 yi5 daap3 siu2 ba1 hui3 goh2 dou6.]

(172) **You can catch the train to go there.** 你可以搭火車去嗰度。 [nei5 hoh2 yi5 daap3 foh2 che1 hui3 goh2 dou6.]

(173) **You can go there by metro.** 你可以搭地鐵去嗰度。 [nei5 hoh2 yi5 daap3 dei6 tit3 hui3 goh2 dou6.]

(174) **You have already said it very clear.** 你已經講得好明啦。 [nei5 yi5 ging1 gong2 dak1 hou2 ming4 la1.]

(175) **You overly praise me too much.** 你太過獎啦。 [nei5 taai3 gwoh3 jeung2 la3.]

(176) **You should come.** 你應該嚟。 [nei5 ying1 goi1 lai4.]

SIDNEY LAU CANTONESE ROMANISATION SYSTEM PRONUNCIATION GUIDE

The pronunciation in Cantonese for each Chinese character is usually made up of three main elements: **Initial Sound**, **Final Sound** and **Tone**.

Cantonese Initial Sounds

There are 19 Initial Sounds in standard Cantonese, and these are listed in the following table.

Cantonese Initial Sound	Initial Sound To Be Pronounced For The Bold Part Of The Following English Word	Sidney Lau Cantonese Romanisation for the Example Chinese Character	Example Chinese Character	Example Chinese Character In English
b	**b**aby	**b**a1	爸	Father
ch	**ch**urch	**ch**a1	叉	Fork
d	**d**ot	**d**a1	打	Dozen
f	**f**ather	**f**a1	花	Flower
g	**g**un	**g**a1	家	Family
gw	**gw**endoline	**gw**a1	瓜	Melon
h	**h**ouse	**h**a1	蝦	Prawn
j	**j**aw	**j**a1	揸	Carry
k	**k**ick	**k**a1	鉲	Californium
kw	**qu**ick	**kw**a1	誇	Exaggerate
l	**l**ong	**l**ou6	路	Road
m	**m**y	**m**a1	媽	Mother
n	**n**ail	**n**ou6	怒	Angry

SIDNEY LAU CANTONESE ROMANISATION SYSTEM
PRONUNCIATION GUIDE

Cantonese Initial Sound	Initial Sound To Be Pronounced For The Bold Part Of The Following English Word	Sidney Lau Cantonese Romanisation for the Example Chinese Character	Example Chinese Character	Example Chinese Character In English
ng	si**ng**	**ng**a4	牙	Tooth
p	**p**ark	**p**eng4	平	Inexpensive
s	**s**and	**s**a1	沙	Sand
t	**t**eam	**t**a1	他	Him
w	**w**in	**w**a1	蛙	Frog
y	**y**oung	**y**a5	也	Also

Cantonese Final Sounds

There are 53 Final Sounds in standard Cantonese, and these are listed in the following table.

Cantonese Final Sound	Final Sound To Be Pronounced For The Bold Part Of The Following English or Foreign Word	Sidney Lau Cantonese Romanisation for the Example Chinese Character	Example Chinese Character	Example Chinese Character In English
a	c**a**r	g**a**1	家	Family
aai	**ai**sle	m**aai**5	買	Buy
aak	**ark** (where k is unaspirated)	b**aak**6	白	White
aam	**arm**	s**aam**1	三	Three
aan	**aun**t	ch**aan**1	餐	Meal
aang	c**a**r + **ng**	ch**aang**1	瞠	Stare
aap	h**arp** (where p is unaspirated)	**aap**3	鴨	Duck
aat	**art** (where t is unaspirated)	b**aat**3	八	Eight

SIDNEY LAU CANTONESE ROMANISATION SYSTEM PRONUNCIATION GUIDE

Cantonese Final Sound	Final Sound To Be Pronounced For The Bold Part Of The Following English or Foreign Word	Sidney Lau Cantonese Romanisation for the Example Chinese Character	Example Chinese Character	Example Chinese Character In English
aau	c**ow**	gaau3	教	Teach
ai	c**up + it**	sai3	細	Small
ak	du**ck** (where k is unaspirated)	hak1	黑	Black
am	s**um**	sam1	心	Heart
an	g**un**	san1	新	New
ang	r**ung**	dang1	燈	Lamp
ap	c**up** (where p is unaspirated)	sap6	十	Ten
at	b**ut** (where t is unaspirated)	mat1	乜	What
au	sh**out**	gau3	夠	Enough
e	ch**erry**	che1	車	Car
ei	d**ay** (a close pronunciation only)	fei1	飛	Fly
ek	ne**ck** (where k is unaspirated)	tek3	踢	Kick
eng	l**eng**th	teng1	聽	Listen
euh	h**er**	heuh1	靴	Boot
euk	p**erk** (where k is unaspirated)	jeuk3	鵲	Magpie
eung	h**er + ng**	jeung2	槳	Oar
i	s**ee**	si1	詩	Poem
ik	si**ck** (where k is unaspirated)	sik6	食	Eat
im	h**im**	tim4	甜	Sweet
in	b**in**	min6	麵	Noodles
ing	s**ing**	bing1	冰	Ice
ip	t**ip** (where p is unaspirated)	jip3	懾	Afraid
it	h**it** (where t is unaspirated)	tit3	鐵	Iron

SIDNEY LAU CANTONESE ROMANISATION SYSTEM
PRONUNCIATION GUIDE

Cantonese Final Sound	Final Sound To Be Pronounced For The Bold Part Of The Following English or Foreign Word	Sidney Lau Cantonese Romanisation for the Example Chinese Character	Example Chinese Character	Example Chinese Character In English
iu	hit + would	siu3	笑	Smile
m	mmm	m4	唔	Not
ng	sing	ng5	五	Five
oh	law	goh1	歌	Song
oi	toy	hoi1	開	Open
ok	lock (where k is unaspirated)	hok6	學	Learn
on	fawn	gon1	乾	Dry
ong	long	long6	浪	Wave
oo	could	foo3	褲	Pants
ooi	could + it	booi1	杯	Cup
oon	could + n	woon2	碗	Bowl
oot	could + t (where t is unaspirated)	foot3	闊	Wide
ot	bought (where t is unaspirated)	hot3	渴	Thirsty
ou	go (based on Scottish pronunciation)	gou1	高	High
ue	dessus (based on French pronunciation)	sue1	書	Book
uen	une (based on French pronunciation)	suen1	酸	Sour
uet	chute (based on French pronunciation, and where t is unaspirated)	suet3	雪	Snow
ui	Dueil (based on French pronunciation)	tui1	推	Push
uk	book (where k is unaspirated)	uk1	屋	House
un	fashion	jun1	樽	Bottle

SIDNEY LAU CANTONESE ROMANISATION SYSTEM PRONUNCIATION GUIDE

Cantonese Final Sound	Final Sound To Be Pronounced For The Bold Part Of The Following English or Foreign Word	Sidney Lau Cantonese Romanisation for the Example Chinese Character	Example Chinese Character	Example Chinese Character In English
ung	ach**tung** (based on German pronunciation)	tung2	桶	Bucket
ut	mall**et** (where t is unaspirated)	jut1	怵	Afraid

Cantonese Tones

According to some scholars who deal with the research of Cantonese phonology, there should be seven tones in Cantonese, and this is consistent with the original Sidney Lau Cantonese Romanisation System Pronunciation Guide on Tones.

For simplicity, only **six tones** are indicated by the numbers **1** to **6** in the Cantonese romanisation of all the Chinese characters in this dictionary.

The underlying reasons are that the high level tone and high falling tone are often not distinguished by the speakers of the younger generation especially in Hong Kong and most textbooks would simply treat these two tones as tone number **1**.

Please see the table below for details in relation to the tone numbers used in this dictionary.

SIDNEY LAU CANTONESE ROMANISATION SYSTEM PRONUNCIATION GUIDE

Cantonese Tone Number	Tone Name	Sidney Lau Cantonese Romanisation for the Example Chinese Character	Example Chinese Character	Example Chinese Character In English
1	High Level	si1	詩	Poem
1	High Falling	saam1	三	Three
2	Middle Rising	gau2	九	Nine
3	Middle Level	baat3	八	Eight
4	Low Falling	ling4	零	Zero
5	Low Rising	ng5	五	Five
6	Low Level	yi6	二	Two

Printed in Great Britain
by Amazon